de Gruyter Lehrbuch
Niemeyer · Programmieren in PASCAL

Gerhard Niemeyer

Einführung in das Programmieren in PASCAL

mit Sonderteil TURBO-PASCAL-System

Dritte, bearbeitete und erweiterte Auflage

Walter de Gruyter · Berlin · New York 1990

Dr. rer. pol. *Gerhard Niemeyer,*
o. Professor für Wirtschaftsinformatik
an der Universität Regensburg

Ⓢ Gedruckt auf säurefreiem Papier, das die US-ANSI-Norm über Haltbarkeit erfüllt.

CIP-Titelaufnahme der Deutschen Bibliothek

Niemeyer, Gerhard:
Einführung in das Programmieren in PASCAL : mit Sonderteil TURBO-PASCAL-System / Gerhard Niemeyer. - 3., bearb. u. erw. Aufl. - Berlin ; New York : de Gruyter, 1990
(De-Gruyter-Lehrbuch)
ISBN 3-11-012726-1

Printed in Germany
Druck: Kupijai & Prochnow, Berlin.
Buchbinderische Verarbeitung: Dieter Mikolai, Berlin.

Vorbemerkungen

Seit einigen Jahren macht das Schlagwort von der Strukturierten Programmierung die Runde. Mit dieser insbesondere von E.W. Dijkstra konzipierten Methode wird gegenüber dem herkömmlichen Vorgehen ein grundsätzlich neuer Ansatz zur Problemlösung im allgemeinen und zur Programmentwicklung im besonderen aufgezeigt.

Das Neuartige besteht in einer hierarchisch-rekursiven Zerlegung eines Problems in Teilprobleme, und zwar solange, bis leicht überschaubare und lösbare Problemgrößen erreicht werden. Der bei der Zerlegung anzuwendende strenge Hierarchismus bietet die Gewähr, daß sich alle Teillösungen einer bestimmten Unterordnung zur Lösung des übergeordneten Problems zusammenfügen.

Auf die Programmentwicklung übertragen ermöglicht dieses Konzept die Untergliederung einer Datenverarbeitungsaufgabe von der allgemeinen Problemdefinition über Prozedurhierarchien bis hin zu den ausführenden Anweisungen einer Programmiersprache. Dabei sind die Prozeduren einer bestimmten Hierarchiestufe innerhalb einer Substruktur "arbeitsteilig" voneinander abhängig, da zwischen ihnen ein Datenaustausch stattfindet. Hingegen herrscht zwischen den Prozeduren verschiedener Substrukturen Unabhängigkeit, da ein Datenaustausch nur über die nächsthöhere Hierarchiestufe möglich ist.

Daraus ergeben sich insbesondere bei hochkomplexen Datenverarbeitungsaufgaben folgende Vorteile gegenüber den herkömmlichen "flow-chart"-Lösungen:

(1) Die Programmentwicklung wird wegen der größeren Übersichtlichkeit und Unabhängigkeit der Teilprobleme erheblich beschleunigt.
(2) Die Programmwartung wird wegen der besseren Lesbarkeit und Auffindbarkeit der zu ändernden Prozeduren wesentlich vereinfacht.
(3) Die Übertragung von Teilaufgaben auf verschiedene Personen wird wegen der guten Integrierbarkeit erleichtert.

Mit dem Aufkommen dieses Konzepts wurde allerdings deutlich, daß die meisten der gängigen Programmiersprachen keine unmittelbare Unterstützung für den streng hierarchischen Programmaufbau bieten. Zwar können auch mit FORTRAN oder COBOL strukturierte Programme geschrieben werden; jedoch kann dies nur durch eine intensive Anwendung der intermodularen Unterprogrammtechnik sowie über selbst auferlegte Beschränkungen bei der Anwendung von Sprunganweisungen erreicht werden.

Neuere Sprachen erzwingen hingegen förmlich die hierarchische Strukturierung durch das Fehlen oder die Einschränkung von Sprunganweisungen in der Sprachdefinition, durch die Begrenzung der Zeilenzahlen in einer Prozedur sowie durch die Möglichkeit der geschachtelten Prozedurdefinition.

Zu diesen neueren Entwicklungen gehört neben ELAN und ALGOL-68 vor allem die von Jensen und Wirth definierte Programmiersprache PASCAL.

PASCAL hat dank der Aktivitäten der University of California / San Diego (UCSD) insofern eine gewisse Verbreitung gefunden, als dort ein komplettes Entwicklungssystem für Mikrocomputer geschaffen wurde. Mikrocomputer werden in großen Stückzahlen verkauft und das UCSD-PASCAL-System ist mit Abstand das sicherste und komfortabelste Programmierinstrument in dieser Computerkategorie.

Allmählich dringt PASCAL aber auch in die Domäne der größeren Computer ein, so daß zumindest an den meisten Hochschulrechenzentren PASCAL-Compiler verfügbar sind.

Beim gegenwärtigen Definitions- und Implementierungsstand von PASCAL erscheint jedoch der in den USA verbreitete Optimismus ein wenig verfrüht, daß ALGOL, COBOL, PL/I und FORTRAN völlig ersetzt werden könnten. Hierzu bedarf es sicherlich noch eines weiteren Ausbaus u.a. bei den mathematischen Standardfunktionen, bei den Ein- und Ausgabeprozeduren und bei den Dateizugriffsmethoden. Andererseits ist zumindest das UCSD-PASCAL durch Schnittstellen zu ASSEMBLER so flexibel, daß fehlende Teile vom Benutzer selbst erzeugt werden können.

Ziel des vorliegenden Lehrbuchs ist es, eine einfache Einführung in die Sprache PASCAL zu geben; denn die Durchsicht der einschlägigen PASCAL-Publikationen hat gezeigt, daß PASCAL zumeist als "esoterische" Domäne der Informatiker begriffen wird. Der gewöhnliche Anwender wird i.d.R. durch den abstrakten Formalismus bei den

Definitionen der Sprachelemente sowie durch die Kompliziertheit der Programmbeispiele von der Benutzung abgeschreckt oder gar ausgeschlossen.

Beim eigenen Umgang mit dieser Sprache hat sich indessen gezeigt, daß PASCAL zu den am leichtesten erlernbaren Programmiersprachen gehört, sofern man sich mit dem für normale betriebswirtschaftliche und wissenschaftliche Anwendungen erforderlichen Niveau begnügt. Eben dieses Niveau wird im folgenden angestrebt und zwar in der Absicht, PASCAL und das Konzept der strukturierten Programmierung einem möglichst großen Benutzerkreis zu erschließen.

Zugleich besteht die Absicht, eine solide Basis für ein vertieftes Studium dieser Sprache zu schaffen. Der Leser soll durch Programmbeispiele zu allen wichtigen Sprachelementen zum Selbststudium angeregt werden. Die Beispiele sind bewußt einfach gehalten, um die Aufmerksamkeit direkt auf die Sprache lenken zu können. Ferner wird auf die nur Informatikern geläufige Backus-Notation verzichtet, denn es erscheint didaktisch nicht sinnvoll, dem Anfänger das Erlernen einer Sprache nur über den Umweg einer formalen Metasprache zu gestatten.

Schließlich werden die anspruchsvollen Datentypen SET und POINTER nicht behandelt, weil deren Anwendungen das Niveau einer Einführung überschreiten.

Besonderes Augenmerk wird indessen auf die hierarchische Strukturierung der Programme gelegt. Dazu wird für den Programmentwurf eine an meinem Lehrstuhl entwickelte Variante der Nassi-Shneiderman-Diagramme verwendet, die den Vorzug einer flexibleren graphischen Gestaltung bietet. Sicherlich kann das Anliegen der Strukturierung wegen der Einfachheit der Beispiele nicht voll überzeugend dargestellt werden. Es muß also an die Phantasie und die Kreativität des Lesers appelliert werden, sich die abgedruckten Programme als Teillösungen komplexerer Datenverarbeitungsaufgaben vorzustellen und die Inhalte einzelner Strukturblöcke durch Abwandlung und Erweiterung zu komplizieren.

Im letzten Teil des Buches findet sich eine Darstellung der wichtigsten Optionen des UCSD-PASCAL-Systems[0)] in Form einer Benutzeranleitung; insbesondere werden der

---

0) In der vorliegenden dritten Auflage wurde dieses System durch TURBO-PASCAL ersetzt.

Editor und das Dateisystem behandelt. Mit dieser Benutzeranleitung werden die Voraussetzungen für einen unmittelbaren Einstieg in das Selbststudium geschaffen.

An dieser Stelle möchte ich meinen Mitarbeitern Fräulein Gutschmidt, Fräulein Riegger und Herrn Kammermeier für ihre Unterstützung bei der Entwicklung und Erprobung der Programmbeispiele danken. Anerkennung gebührt insbesondere auch meinem Assistenten, Herrn Dr. Ferstl, für die Entwicklung des o.g. Struktogrammkonzepts. Schließlich möchte ich meiner Sekretärin Fräulein Thumser für ihre Geduld bei der "iterativen" Herstellung des druckreifen Manuskripts danken.

Regensburg, im Februar 1980 *Gerhard Niemeyer*

Vorwort zur zweiten Auflage

Eine Analyse der Sprachsituation im Jahre 1982 zeigt, daß sich PASCAL im Bereich der Mikrocomputer einen sicheren Platz erobert hat und hier auch gegenüber BASIC an Bedeutung gewinnt. Neuere Sprachversionen bieten gegenüber der ursprünglichen Wirthschen Definition erhebliche Komfortsteigerungen insbesondere bei der Dateiorganisation und bei den Input/Output-Funktionen. Einige Versionen bieten integrierte ASSEMBLER-Schnittstellen sowie Möglichkeiten der Bit-Manipulation, der Port-Adressierung und der physikalischen Dateimanipulation, wodurch PASCAL zur idealen Implementierungssprache wird.

Nach wie vor ist das UCSD-PASCAL-System das sicherste und komfortabelste Entwicklungssystem, dessen Standard selbst von Großrechnersystemen nicht erreicht wird.

Bei den Herstellern mittlerer und größerer Anlagen wie z.B. Kienzle oder Siemens gehört PASCAL mittlerweile zum Standardangebot. Mit Interesse wird vermerkt, daß PASCAL-Compiler auch für IBM-Anlagen verfügbar sind und daß das UCSD-PASCAL-System auf dem neuen Personal-Computer von IBM läuft.

Die vorliegende zweite Auflage des Buches "Programmieren in PASCAL" wurde in didaktischen Einzelheiten überarbeitet und von den bisher entdeckten Druckfehlern befreit.

Regensburg, im Juli 1982 *Gerhard Niemeyer*

Vorwort zur dritten Auflage

Die Software-Situation ist seit Mitte der 80er Jahre in einem tiefgreifenden Wandel begriffen. Die Anwendung der sogenannten Integrierten Pakete auf PC's sowie von Standardpaketen auf Großrechnern hat stark zugenommen und damit die klassische Programmentwicklung auf den zweiten Platz verdrängt. Als Reaktion darauf sind bereits einige Hochschullehrer für Wirtschaftsinformatik dazu übergegangen, die Programmierausbildung weitgehend durch die Unterweisung im Handhaben von Integrierten Paketen und Standardprogrammen zu ersetzen.

Absolut gesehen haben jedoch wegen der starken Zunahme der Rechnerinstallationen die Programmieraktivitäten zugenommen. Folglich wurden auch die Programmentwicklungssysteme ständig verbessert und haben heute in puncto Sicherheit, Schnelligkeit und Komfort einen bisher nicht für möglich gehaltenen Standard erreicht. Auf der Großrechnerseite sind in diesem Zusammenhang die sogenannten Vierte-Generations-Systeme INFORMIX, ADABAS, DELTA, u.a. zu nennen, während auf der PC-Seite die integrierten Entwicklungssysteme der Firmen Borland und Microsoft für die Sprachen PASCAL, "C" und PROLOG hervorzuheben sind.

In Bezug auf die Programmiersprache PASCAL ist festzustellen, daß sie sowohl in der Hochschullandschaft als auch in der Industrie einen beachtlichen Stellenwert erreicht hat, jedoch von der Sprache "C" hart bedrängt wird. Dies liegt einmal an der zunehmenden Verbreitung des Betriebssystems UNIX, dessen Basis- und Implementierungssprache "C" ist. Zum anderen ist festzustellen, daß "C" in den USA als amerikanisches Konzept deutlich bevorzugt wird.

Aus der Sicht des Software Engineering ist diese Entwicklung zu bedauern, weil "C" aus der Denkwelt der veralteten Sprachkonzepte von FORTRAN und BASIC stammt und die modernen Konzepte des hierarchischen Programmaufbaus nach dem Bausteinprinzip nur unvollkommen mit Hilfe von Baum- und Netzkonstruktionen realisieren kann. Hinzu kommt eine stark gewöhnungsbedürftige Syntax, die die Lesbarkeit der Programme im Vergleich zu PASCAL deutlich erschwert.

Die Strukturierungsideen von Nassi und Shneiderman sowie von Jensen und Wirth sind im Angesicht der weiterhin galoppierenden Software-Krise wichtiger denn je. Aus diesem Grunde ist eine Programmiersprache wie PASCAL, die diese Konzepte 1:1 unterstützt, nach wie vor ein optimaler "stilbildender" Einstieg in die Welt des Programmierens.

Die vorliegende dritte Auflage nimmt auf eine Reihe neuerer Entwicklungen Rücksicht:

Im allgemeinen Sprachteil wurden
(1) alle noch vorhandenen Reste der "GOTO-Programmierung" eliminiert,
(2) das Konzept der Rekursion eingeführt und
(3) die Datentypen SET und POINTER aufgenommen.

Das Kapitel 4 wurde komplett neu gefaßt, wobei anstelle des vom Markt verschwundenen UCSD-PASCAL-Systems nunmehr das allgemein verbreitete und sensationell effiziente TURBO-PASCAL-System der Firma Borland dargestellt wird.

Eine weitere wichtige Neuerung ist die Aufnahme einer Aufgabensammlung mit Musterlösungen; diese Sammlung bildet die Basis für den am Lehrstuhl für Wirtschaftsinformatik an der Universität Regensburg regelmäßig veranstalteten Programmierkurs in PASCAL.

An dieser Stelle möchte ich allen Mitarbeitern für ihre Hilfe bei der Neugestaltung des Buches und beim Testen der Beispielprogramme danken.

Regensburg, im Mai 1990 *Gerhard Niemeyer*

Inhalt

1 Der Aufbau von PASCAL-Programmen

Der Aufbau eines PASCAL-Programms läßt sich mit folgendem Schema darstellen:

PROGRAM *name*;
  Definitionsteil
BEGIN
  Ablaufteil
END.

Für die häufig parallel zum Code angegebene Struktogrammdarstellung soll jede zwischen BEGIN und END eingeschlossene Anweisungsfolge als Block bezeichnet und graphisch als Rechteck dargestellt werden.

Gelegentlich werden auch einzelne Anweisungen als Blöcke gezeichnet. Es soll ferner vereinbart werden, sämtliche Programmwörter, die den Übersetzungsvorgang steuern (reserved words), in Großbuchstaben und sämtliche Benutzerwörter in Kleinbuchstaben zu notieren. Metasprachliche Benutzerwörter (Erklärungen für Benutzerwörter in Schemata oder Formalbeschreibungen) werden kursiv geschrieben.

Zu den nachfolgenden zahlreichen Programmbeispielen ist anzumerken, daß diese wegen der stets angestrebten Lauffähigkeit i.d.R. dem im Text erreichten Definitionsstand vorauseilen. Es wird jedoch immer auf die Punkte des Programms hingewiesen, auf die es in der betreffenden Situation ankommt.

Programmbeispiel:

```
PROGRAM beispiel_1;
(* Bottom up - Entwurf (1-stufig) *)
VAR operand,
    summe,
    produkt : REAL;
BEGIN
  WRITELN ('Bitte Operand eingeben :');
  READLN (operand);
  summe   := operand + 10;
  produkt := operand * 10;
  WRITELN ('Summe   = ',summe);
  WRITELN ('Produkt = ',produkt);
END.
```

Die Zeichenfolge "(* Bottom up - Entwurf (1-stufig) *)" ist ein Kommentar, der für den Übersetzungsvorgang ohne Wirkung ist und lediglich der Programmdokumentation dient. Kommentare können in beliebiger Zahl auftreten und an beliebigen Stellen eines Programms stehen.

Struktogramm: Bottom up-Entwurf (ein-stufig)

Stufe 1

beispiel_1

Das Programm beispiel_1 zeigt die drei Grundphasen jeder vollständigen Datenverarbeitungsaufgabe, nämlich die **Eingabe**, die **Verarbeitung** und die **Ausgabe**. Der Definitionsteil besteht in diesem Beispiel nur aus der Variablenerklärung. Allgemein kann der Definitionsteil jedoch folgende Komponenten enthalten:

(1) Konstantenerklärungen
(2) Typenerklärungen
(3) Variablenerklärungen
(4) Prozeduren, Funktionen

Eine rekursiv-hierarchische Zerlegung einer Datenverarbeitungsaufgabe wird dadurch möglich, daß für die unter (4) genannten Prozeduren und Funktionen wiederum das gleiche Aufbauschema gilt wie für das Programm.

PROCEDURE *name* [(*parameter*)];
    Definitionsteil
BEGIN
    Ablaufteil
END;

FUNCTION *name* [(*parameter*)]: *typ*;
    Definitionsteil
BEGIN
    Ablaufteil
END;

Ein geringfügiger Unterschied besteht lediglich darin, daß eine Prozedur bzw. Funktion mit einem ";" endet, während ein Programm mit einem "." abschließt. Die Schreibweise "[(*paramter*)]" bedeutet, daß "(*parameter*)" eine Option ist, die auch entfallen kann.

Programmbeispiel:

```
PROGRAM beispiel_2;
(* Bottom up - Entwurf (2-stufig) *)
VAR operand,
    summe,
    produkt  : REAL;

  PROCEDURE eingeben;
  (* Einlesen einer Zahl von der Tastatur *)
  BEGIN
    WRITELN ('Bitte Operand eingeben :');
    READLN (operand);
  END;

  PROCEDURE verarbeiten;
  (* Durchfuehrung der Berechnungen *)
  BEGIN
    summe   := operand + 10;
    produkt := operand * 10;
  END;

  PROCEDURE ausgeben;
  (* Ausgeben der Ergebnisse am Bildschirm *)
  BEGIN
    WRITELN ('Summe   = ',summe);
    WRITELN ('Produkt = ',produkt);
  END;

BEGIN
  eingeben;
  verarbeiten;
  ausgeben;
END.
```

Struktogramm: Bottom up-Entwurf (zwei-stufig)

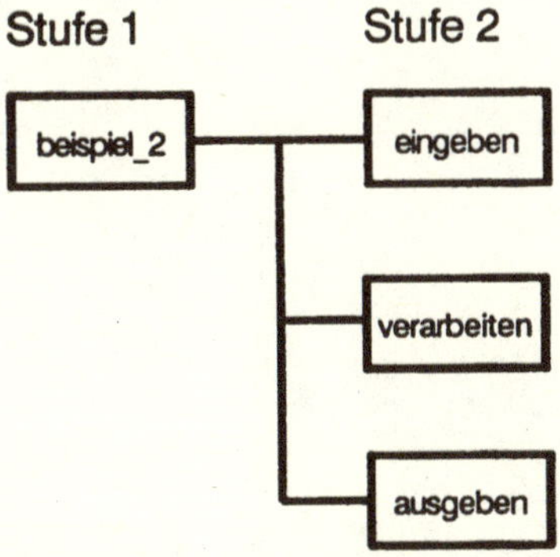

Das Programm beispiel_2 zeigt, wie die drei Grundphasen einer Datenverarbeitungsaufgabe **Eingabe, Verarbeitung** und **Ausgabe** als Prozeduren vereinbart und im Ablaufteil des Programms aufgerufen werden.

Struktogrammtechnisch ergeben sich drei Blöcke, die sich in einer sequentiellen Anordnung befinden; und es gilt die Konvention, daß diese in der angegebenen Reihenfolge von oben nach unten durchlaufen werden.

Programmbeispiel:

```
PROGRAM beispiel_3;
(* Bottom up - Entwurf (3-stufig) *)
VAR operand,
    summe,
    produkt    : REAL;


  PROCEDURE eingeben;
  (* Einlesen einer Zahl von der Tastatur *)
  BEGIN
    WRITELN ('Bitte Operand eingeben :');
    READLN (operand);
  END;


  PROCEDURE verarbeiten;
  (* Durchfuehrung der Berechnungen  *)


    PROCEDURE addieren;
    (* Berechnung der Summe *)
    BEGIN
      summe := operand + 10;
    END;


    PROCEDURE multiplizieren;
    (* Berechnung des Produkts *)
    BEGIN
      produkt := operand * 10;
    END;


  BEGIN
    addieren;
    multiplizieren;
  END;


  PROCEDURE ausgeben;
  (* Ausgabe der Ergebnisse am Bildschirm *)
  BEGIN
    WRITELN ('Summe   = ',summe);
    WRITELN ('Produkt = ',produkt);
  END;

BEGIN

  eingeben;

  verarbeiten;

  ausgeben;

END.
```

Struktogramm: Bottom up-Entwurf (drei-stufig)

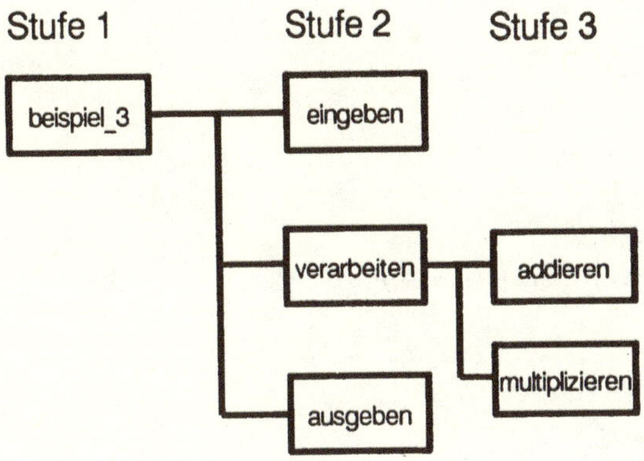

Das Programm beispiel_3 zeigt dasselbe Problem in einer dreistufigen Hierarchie.

Eine Vorgehensweise, die zunächst die prozedurale Zerlegung eines Problems und ganz zum Schluß die unterste Anweisungsebene realisiert, nennt man **top down-Methode.** Umgekehrt nennt man ein Vorgehen, das von der untersten Anweisungsebene ausgehend allmählich zu einem hierarchischen Programmaufbau gelangt, **bottom up-Methode.**

In der Praxis werden beide Methoden der Strukturierung in beliebiger Folge und auf beliebigen Zerlegungsstufen eine Problems gemischt. Die bevorzugte Richtung sollte jedoch stets "top down" sein, weil man hiermit am schnellsten zu einer sauberen Programmstruktur gelangt. Da jedoch die Abschätzung der Komplexität der einzelnen Prozeduren i.d.R. schwerfällt, wird man häufig erst bei der Realisierung auf Anweisungsebene die Notwendigkeit einer weiteren Problemzerlegung erkennen und dann als Korrekturphase die bottom up-Richtung einschlagen.

Die bisherigen Programmbeispiele zeigen in der Reihenfolge beispiel_1, beispiel_2, beispiel_3 ein reines bottom up-Verfahren. Die nachfolgenden Codebeispiele zeigen dagegen die zwei Vorphasen des Programmbeispiels beispiel_3 bei reiner top down-Konstruktion:

1. Phase (nicht lauffähig)

```
PROGRAM beispiel_3;(top down - Entwurf(1.Phase))

BEGIN
  eingeben;
  verarbeiten;
  ausgeben;
END.
```

2. Phase (nicht lauffähig)

```
PROGRAM beispiel_3;(top down - Entwurf(2.Phase))
VAR operand,summe,produkt : REAL;

  PROCEDURE eingeben;
  BEGIN
    WRITELN ('bitte operand eingeben :');
    READLN (operand);
  END;

  PROCEDURE verarbeiten;
  BEGIN
    addieren;
    multiplizieren;
  END;

  PROCEDURE ausgeben;
  BEGIN
    WRITELN ('SUMME   = ',summe);
    WRITELN ('PRODUKT = ',produkt);
  END;

BEGIN
  eingeben;
  verarbeiten;
  ausgeben;
END.
```

Die dritte Phase ist identisch mit der dritten Stufe des zuvor beschriebenen bottom up-Entwurfs und wird daher nicht mehr gezeigt.

2 Der Definitionsteil von PASCAL-Programmen

Definitionen sollten aus Gründen der Verfügbarkeit und Übersichtlichkeit in der nachfolgend angegebenen Reihenfolge vorgenommen werden:

(1) Konstantendefinitionen
(2) Typendefinitionen
(3) Variablendefinitionen
(4) Prozeduren, Funktionen

Einzelne Definitionsarten können fallweise fehlen.

Für die Namensbildung bei Konstanten, Typen, Variablen, Prozeduren und Funktionen gelten folgende Regeln: Ein Name kann beliebig viele Zeichen (Buchstaben, Ziffern) haben, von denen allerdings nur die ersten 63 signifikant sind. Das erste Zeichen muß ein Buchstabe oder ein Underscore "_" sein; Sonderzeichen dürfen nicht verwendet werden.

2.1 Konstantendefinition

Konstanten sind Werte, die im Ablaufteil oder bei den Definitionen eines Programms verwendet werden und die ihre Werte stets unverändert beibehalten. Konstanten können entweder durch Wertangabe unmittelbar oder durch Zuordnung zu frei wählbaren Namen im Definitionsteil vereinbart werden. Im ersten Fall spricht man von **direkten** Konstanten und im zweiten von **indirekten** Konstanten. Zur Namensbildung siehe oben.

Indirekte Konstanten können unter ihrem Namen aufgerufen werden; dabei kann sich ein Codiervorteil ergeben, wenn eine Konstante von erheblicher Länge ist, der Name hingegen kurz und die Verwendung häufig ist. Andernfalls empfiehlt sich aus Gründen der Übersichtlichkeit die Anwendung von direkten Konstanten.

PASCAL kennt folgende Konstantentypen:
Ganzzahlige, reelle, boolesche Konstanten, Zeichen- und Zeichenketten-Konstanten.

Die Erzeugung indirekter Konstanten geschieht durch eine CONST-Anweisung. Das allgemeine Format lautet:

$$\text{CONST } \mathit{kname}_1 = \mathit{wert}_1;\ldots;\mathit{kname}_n = \mathit{wert}_n;$$

Codierbeispiel:

```
CONST x      = 31745; negx = -x;
      e      = 2.7183;
      on     = TRUE; off = FALSE;
      key    = 'A';
      meldung = 'unzulaessiger Operand; Eingabe wiederholen';
```

Im obigen Beispiel sind "x" und "negx" ganzzahlige, "e" eine reelle, "on" und "off" boolesche Konstanten, "key" eine Zeichenkonstante und "meldung" eine Zeichenketten-Konstante. Der Typ wird durch die Wertzuweisung festgelegt; besonderer Typenerklärungen bedarf es nicht. Beachtenswert ist, daß "negx" die unmittelbar vorausgehende Definition benutzen kann.

Manche PASCAL-Implementierungen liefern häufig vorkommende Konstanten wie e, π, etc., gleich als Systemkonstanten, d.h. eine Vereinbarung ist nicht erforderlich. Eine häufig implementierte Systemkonstante ist ferner MAXINT, die die größtmögliche ganze Zahl des betreffenden Rechners angibt.

Programmbeispiel:

```
PROGRAM beispiel_4;
(* Definition und Verwendung von Konstanten *)
CONST const_integ = 10000;
      const_reell = 0.001;
      txt_integ   = 'INTEGER';
      txt_reell   = 'REAL';
      txt_const   = ' - KONSTANTE';
VAR   var_integ : INTEGER;
      var_reell : REAL;
      var_char  : CHAR;
BEGIN
  var_char := ':';
  WRITELN (txt_integ, txt_const, var_char,' ',const_integ);
  WRITELN (txt_reell, txt_const, var_char, const_reell);
  var_integ := const_integ  + 10000;
  var_reell := const_reell + 0.009;
  WRITELN (txt_integ, txt_const, var_char, ' ', var_integ);
  WRITELN (txt_reell, txt_const, var_char, var_reell);
END.
```

Das Beispiel beispiel_4 zeigt die arithmetische Verknüpfung von indirekten und direkten Konstanten sowie die Verwendung von Zeichen- und Zeichenketten-Konstanten.

2.2 Typendefinition

Typen sind die Codeformen, mit denen die Datenelemente oder Datenstrukturen eines PASCAL-Programms verarbeitet werden können. Typen können im Definitionsteil durch Zuordnung frei vorgebbarer Benutzernamen als **indirekte Typen** (Benutzertypen) vereinbart werden (zur Namensbildung vgl. S. 7). Die Namen sind bei nachfolgenden Typendefinitionen und vor allem bei Variablendefinitionen verwendbar, wodurch komplexe Definitionen strukturiert und leichter lesbar werden.

Daneben ist bei der Variablendefinition auch eine **direkte Typenvereinbarung** möglich, bei der der Typ unmittelbar bei den Variablen angegeben wird (vgl. S. 21f.).

In diesem Zusammenhang muß betont werden, daß mit der indirekten Typendefinition keine Speicherplatzreservierung und keine Wertzuweisung an die einzelnen Datenelemente verbunden ist. Es werden lediglich die Codierung und der Wertebereich festgelegt. Die Speicherplatzreservierung erfolgt erst durch die Variablendefinition und die Wertzuweisung erst durch Lese- oder Wertzuweisungsbefehle.

Die Erzeugung indirekter Typen geschieht durch eine TYPE-Anweisung.

Das allgemeine Format lautet:

TYPE $tname_1$ = typ_1;...;$tname_n$ = typ_n;

Für typ_1 bis typ_n können System- oder Benutzertypen eingesetzt werden; letztere müssen jedoch zuvor durch Systemtypen definiert worden sein. Die Systemtypen werden in den nachfolgenden Abschnitten beschrieben.

2.2.1 Einfache Typen

2.2.1.1 Der Typ BOOLEAN

Der Typ BOOLEAN hat den Wertebereich {TRUE, FALSE}; d.h. ein Datenelement dieses Typs kann nur diese beiden Werte annehmen.

Das allgemeine Format für die Definitionsanweisung lautet:

TYPE *tname* = BOOLEAN;

Codierbeispiel:

```
TYPE janein = BOOLEAN;
```

2.2.1.2 Der Typ INTEGER

Der Typ INTEGER hat den Wertebereich {-32768, 32767} und umfaßt damit den gesamten Vorrat der bei einem Mikrocomputer in 16 Bits darstellbaren ganzen Zahlen.[1)] Das allgemeine Format für die Definitionsanweisung lautet:

TYPE *tname* = INTEGER;

Codierbeispiel:

```
TYPE ganz_typ = INTEGER;
```

2.2.1.3 Der Typ REAL

Der Typ REAL hat den Wertebereich aller darstellbaren reellen Zahlen.[1)] Eine REAL-Zahl setzt sich aus drei Komponenten zusammen: dem Vorzeichen, einer Mantisse und einem Exponenten, wobei der Exponent wiederum ein Vorzeichen hat.

Die in der Mantisse gespeicherten Dezimalstellen bestimmen die Genauigkeit des Wertes und der Wert des Exponenten legt den Platz auf der Zahlengerade fest. TURBO-PASCAL speichert REAL-Zahlen in 6 Bytes und erreicht damit einen Wertebereich von etwa $\pm\ 10^{-38}$ bis $\pm\ 10^{38}$ bei einer Genauigkeit von ca. 11 Dezimalstellen.[2)]

Neben der Darstellung mit Mantisse und Exponent ist auch die normalisierte Darstellung mit Dezimalpunkt möglich.

---

1) Ausführliche Angaben: siehe Anhang D

2) Diese Angaben gelten für Compiler-Einstellungen ohne Arithmetikprozessor bzw. ohne Emulation.

Das allgemeine Format für die Definitionsanweisung lautet:

TYPE *tname* = REAL;

Codierbeispiel:

```
TYPE ergebnis_typ = REAL;
```

2.2.1.4 Der Typ CHAR

Der Typ CHAR umfaßt den Wertebereich aller darstellbaren Zeichen des ASCII-Code, nämlich die Großbuchstaben A bis Z, die Kleinbuchstaben a bis z und die Ziffern 0 bis 9, sowie eine Reihe von Sonderzeichen. Eine Tabelle des ASCII-Code befindet sich im Anhang C.

Das allgemeine Format für die Definitionsanweisung lautet:

TYPE *tname* = CHAR;

Codierbeispiel:

```
TYPE zeichen_typ = CHAR;
```

Programmbeispiel:

```
PROGRAM beispiel_5;
(* Benutzertypen- und Variablendefinition *)
CONST  const_integ = 2;
       const_reell = 0.999999;
       kommentar   = 'Bitte Faktor eingeben für ';
       txt_integ   = 'INTEGER - Zahl';
       txt_reell   = 'REAL - Zahl';
TYPE   ganz_typ  = INTEGER;
       reell_typ = REAL;
VAR    faktor_integ,
       integ_zahl    : ganz_typ;
       faktor_reell,
       reell_zahl    : reell_typ;
BEGIN
  WRITELN (kommentar,txt_integ);
  READLN (faktor_integ);
  WRITELN (kommentar,txt_reell);
  READLN (faktor_reell);
  integ_zahl := const_integ * faktor_integ;
  reell_zahl := const_reell * faktor_reell;
  WRITELN ('Integerzahl = ',integ_zahl);
  WRITELN ('Realzahl    = ',reell_zahl);
END.
```

Das Programm beispiel_5 zeigt die Definition der Benutzertypen "ganztyp" und "reelltyp" sowie deren Verwendung bei der Variablendefinition.

2.2.2 Strukturierte Typen

Strukturierte Datentypen dienen der Definition von **Datenstrukturen**, die stets aus mehreren Datenelementen zusammengesetzt sind.

2.2.2.1 Der Aufzählungstyp

Der Aufzählungstyp gestattet die Angabe einer Liste von Wertnamen und deren Zuordnung zu einem Benutzernamen. Das allgemeine Format für die Definitionsanweisung lautet:

TYPE *tname* = (*wertname*$_1$,...,*wertname*$_n$);

Intern werden den Wertnamen 1 bis n die Ordinalwerte 0 bis n-1 zugeordnet, die über die PASCAL-Funktion ORD(wertname$_k$) erreicht werden können; dabei darf n den Wert 256 nicht überschreiten. Der Zweck dieser Typenvereinbarung ist die Einschränkung des Wertebereichs einer Variable auf die Elemente der Aufzählung, bzw. genauer auf die hinter den Wertnamen stehenden Ordinalzahlen. Allerdings können nur die vereinbarten Wertnamen (und nicht etwa die Ordinalzahlen) im Zusammenhang mit dieser Variable verwendet werden. Andere Wertzuweisungen oder Vergleiche führen zu Übersetzungsfehlern.

Da die Ordinalzahlen andererseits i.d.R. nicht alleiniger Gegenstand der Verarbeitung sind, werden Aufzählungen vielfach in Verbindung mit Feldtypen (vgl. S. 15ff.) als Indexmengen verwendet; d.h. sie dienen der qualifizierten Adressierung von weitergehenden Informationen in den betreffenden Datenfeldern.

Codierbeispiel:

```
TYPE werktage = (montag,dienstag,mittwoch,donnerstag,freitag);
     bits     = (b7,b6,b5,b4,b3,b2,b1,b0);
```

Der Typ "werktage" hat die Werte "montag" bis "freitag", die intern durch die Ordinalzahlen 0 bis 4 dargestellt werden. Der Typ "bits" hat die Werte "b7" bis "b0", die intern durch die Ordinalzahlen 0 bis 7 dargestellt werden.

Programmbeispiel:

```
PROGRAM beispiel_6;
(* Aufzaehlungstyp *)
TYPE woche = (mo,di,mi,dn,fr,sa,so);

VAR  tag       : ARRAY [woche] OF STRING[10];
     feldindex : woche;
     eingabe   : INTEGER;

BEGIN
  tag[mo] := 'Montag';
  tag[di] := 'Dienstag';
  tag[mi] := 'Mittwoch';
  tag[dn] := 'Donnerstag';
  tag[fr] := 'Freitag';
  tag[sa] := 'Samstag';
  tag[so] := 'Sonntag';

  WRITELN ('Bitte Tagzahl eingeben : ');
  READLN (eingabe);
  IF eingabe <= 1  THEN  feldindex := mo;
  IF eingabe  = 2  THEN  feldindex := di;
  IF eingabe  = 3  THEN  feldindex := mi;
  IF eingabe  = 4  THEN  feldindex := dn;
  IF eingabe  = 5  THEN  feldindex := fr;
  IF eingabe  = 6  THEN  feldindex := sa;
  IF eingabe >= 7  THEN  feldindex := so;
  WRITELN (eingabe,' ',tag[feldindex]);
END.
```

Das Programm beispiel_6 zeigt die Verwendung eines Aufzählungstyps. Bei Eingabe einer Zahl zwischen 1 und 7 erscheint der Text des entsprechenden Wochentags. Dabei ist zu beachten, daß die Feldvariable "tag" aufgrund der angegebenen Definition nur durch Werte oder Variablen des Typs "woche" indiziert werden kann.

Andererseits akzeptiert der Lesebefehl READLN keine Variable dieses Aufzählungstyps, so daß die aufwendige Umsetzung des eingelesenen Wertes "eingabe" in einen Wert der Variable "feldindex" erfolgen muß: Eine einfache Wertzuweisung feldindex := eingabe ist nicht möglich, weswegen hier eine Folge von bedingten Anweisungen nötig ist (zu IF vgl. S. 47ff.).

Eine weitere Eigentümlichkeit im vorliegenden Beispiel ist die Verwendung des Kurznamens "dn" für Donnerstag: Der Name "do" wird nicht akzeptiert, da es sich um ein "reserved word" handelt.

2.2.2.2 Der Ausschnittstyp

Der Ausschnittstyp gestattet in Verbindung mit einem *vorangehenden* Aufzählungstyp oder Mengentyp (siehe Abschnitt 2.2.2.7) die Definition von **zusammenhängenden** Teilfolgen aus einer Werteaufzählung. Das allgemeine Definitionsformat lautet:

$$\textit{tname} = \textit{wertname}_k..\textit{wertname}_m;$$
$$\text{mit } \mathrm{ORD}(\textit{wertname}_k) \geq \mathrm{ORD}(\textit{wertname}_1)$$
$$\text{und } \mathrm{ORD}(\textit{wertname}_m) \leq \mathrm{ORD}(\textit{wertname}_n)$$

(*zu* $\textit{wertname}_1$..., $\textit{wertname}_n$ s. S. 12)

Codierbeispiel:

```
TYPE fach = (bwl,vwl,soz,mat,phy,che,bio);
     wiso = bwl..soz;
```

Auch hier stehen hinter den Wertnamen in Wahrheit die Ordinalzahlen, die entsprechend der vorangegangenen Aufzählung auf den zusammenhängenden Ausschnitt entfallen.

Programmbeispiel:

```
PROGRAM beispiel_7;
(* Aufzählungs- und Ausschnittstyp *)

CONST txt = 'Studierende';

TYPE  fach = (bwl,vwl,soz,mat,phy,che,bio);
      wiso = bwl..soz;

VAR   gesamt,
      wiwi       : INTEGER;
      studzahl   : ARRAY [fach] OF INTEGER;
      fach_index : fach;
      wiso_index : wiso;

  PROCEDURE initialisieren;
  (* Vorbesetzen der Variablen mit den entsprechenden Werten *)
  BEGIN
    gesamt := 0;
    wiwi   := 0;
    studzahl[bwl] := 1395;
    studzahl[vwl] :=  289;
    studzahl[soz] :=   78;
    studzahl[mat] :=  258;
    studzahl[phy] :=   64;
    studzahl[che] :=  112;
    studzahl[bio] :=  237;
  END;
```

```
BEGIN (* beispiel_7 *)
  initialisieren;
  FOR fach_index := bwl TO bio DO
    gesamt := gesamt + studzahl[fach_index];
  FOR wiso_index := bwl TO soz DO
    wiwi  := wiwi  + studzahl[wiso_index];
  WRITELN (txt, ' gesamtamt : ', gesamt);
  WRITELN (txt, ' WiSo      : ', wiwi);
END.
```

Das Programm beispiel_7 zeigt die Verwendung des Aufzählungstyps "fach" und des Ausschnittstyps "wiso" in Laufanweisungen (zu FOR vgl. S. 63 ff.). Zu beachten ist, daß die Laufvariablen hier ebenfalls vom Aufzählungstyp "fach" bzw. Ausschnittstyp "wiso" sein müssen.

Laufvariablen etwa vom Typ INTEGER werden hier nicht akzeptiert. Damit wird demonstriert, wie durch die Aufzählungs- und Ausschnittstypen die Lesbarkeit erhöht und die Wertebereiche von Laufvariablen sogleich bei der Codierung auf die zugehörigen Indexmengen festgelegt werden können.

Eine Besonderheit stellen Ausschnittstypen aus dem Bereich der ganzen Zahlen und der druckbaren Zeichen dar: Sie lassen sich ohne vorangehenden Aufzählungstyp definieren.

Codierbeispiel:

```
TYPE kleinbuchstaben = 'a'..'z';
     ziffern = 1..9;
```

2.2.2.3 Der Feldtyp

Der Feldtyp definiert 1- bis n-dimensionale Datenfelder (Matrizen) mit Elementen von angebbarem Typ. Die Anzahl n der Dimensionen ist nach oben theoretisch unbegrenzt.

Das allgemeine Definitionsformat lautet:

TYPE *tname* = ARRAY [*bereichsangabe*] OF *typenangabe*;

bereichsangabe liefert den Wertebereich für eine Indizierung (Adressierung) der Elemente eines Datenfeldes. *typenangabe* legt den Typ der Datenelemente fest; man spricht daher auch vom **Basistyp**.

Codierbeispiele:

a) `TYPE vektor    = ARRAY [0..99] OF BOOLEAN;`

b) `TYPE matrix    = ARRAY [0..9,0..3] OF CHAR;`

c) `TYPE d3_matrix = ARRAY [0..9,0..14,0..2] OF INTEGER;`

Beispiel a) definiert ein 1-dimensionales Datenfeld (Vektor) für 100 BOOLEAN-Elemente. Der Wertebereich für die Indizierung geht von 0 bis 99. Beispiel b) definiert ein 2-dimensionales Datenfeld (Matrix) für 10 * 4 = 40 CHAR-Elemente. Der Wertebereich für die Indizierung geht von 0 bis 9 in Zeilenrichtung und von 0 bis 3 in Spaltenrichtung. Beispiel c) definiert ein 3-dimensionales Datenfeld für 10 * 15 * 3 = 450 INTEGER-Elemente; der Wertebereich für die Indizierung geht von 0 bis 9 in x-Richtung, von 0 bis 14 in y-Richtung und von 0 bis 2 in z-Richtung.

Die Bereichsangaben in den obigen Beispielen a) bis c) sind durchwegs Ausschnittstypen aus dem Bereich der natürlichen Zahlen. Ebenfalls zulässig für Bereichsangaben sind Ausschnittstypen aus dem Bereich der ganzen Zahlen, beliebige andere Ausschnittstypen sowie Aufzählungstypen.

Codierbeispiele:

d) `TYPE verteilung = ARRAY [-95..94] OF REAL;`

e) `TYPE tage       = (mo,di,mi,dn,fr,sa,so);`

f) `TYPE werktage   = ARRAY [mo..fr] OF INTEGER;`

g) `TYPE tagnr1     = ARRAY [tage] OF INTEGER;`

Beispiel d) definiert ein 1-dimensionales Datenfeld für 191 Elemente des Typs REAL. Der Wertebereich für die Indizierung geht von -95 bis +95. Beispiel e) definiert einen Aufzählungstyp mit der Indexmenge "mo" bis "so". Beispiel f) definiert gemeinsam mit dem Benutzertyp "tage" ein 1-dimensionales Datenfeld für 5 Elemente des Typs INTEGER; der Wertebereich für die Indizierung geht von "mo" bis "fr". Beispiel g) definiert ein 1-dimensionales Datenfeld für 7 Elemente des Typs INTEGER; der Wertebereich für die Indizierung geht von "mo" bis "so".

Die Basistypen in den obigen Beispielen a) bis g) sind durchwegs einfache Systemtypen. Ebenfalls zulässig sind alle bisher behandelten komplexen Datentypen einschließlich der Feldtypen.

Codierbeispiele:

h)
```
TYPE tagnr2  = ARRAY[tage] OF 1..7;
```

i)
```
TYPE woche   = ARRAY[1..7] OF tage;
```

j)
```
TYPE artnum  = 001..999;
     artikel = ARRAY[artnum] OF ARRAY[1..9] OF REAL;
```

Beispiel h) definiert in Verbindung mit Beispiel e) ein 1-dimensionales Datenfeld mit 7 Elementen, deren Wertebereich 1 bis 7 ist; der Wertebereich für die Indizierung geht von "mo" bis "so". Beispiel i) definiert in Verbindung mit Beispiel e) ein 1-dimensionales Datenfeld mit 7 Elementen, deren Wertebereich "mo" bis "so" ist; der Wertebereich für die Indizierung ist 1 bis 7. Beispiel j) definiert ein 1-dimensionales Datenfeld mit 999 Komponenten, deren "Wertebereich" je ein 1-dimensionales Datenfeld mit 9 Elementen des Typs REAL ist.

Als besondere Form des Feldtyps sieht PASCAL den "gepackten" Feldtyp vor, bei dem aus Gründen einer rationellen Speicherbelegung u.a. führende Nullen eliminiert sowie Umschichtungen der Elemente vorgenommen werden. Das allgemeine Format der Definitionsanweisung lautet:

TYPE *tname* = PACKED ARRAY [*bereichsangabe*] OF *typenangabe*;

Die Anwendung dieser Form ist insbesondere bei Datenfeldern vom Typ CHAR angezeigt, weil hier Speicherplatzeinsparungen bis zu 50 % möglich sind. Da TURBO-PASCAL ausschließlich mit gepackten Formaten arbeitet, ist die Anweisung PACKED zwar zulässig, aber überflüssig.

2.2.2.4 Der String-Typ (Zeichenketten-Typ)

Der Typ STRING definiert einen Datenfeldtyp mit dynamischer Länge von 1 bis 255 Bytes zur Aufnahme einer Folge von Zeichen (Zeichenkette).

Das allgemeine Anweisungsformat lautet:

TYPE *tname* = STRING [*längenangabe*]; bzw.
TYPE *tname* = STRING;

Codierbeispiele:

```
TYPE str10 = STRING [10];
     str   = STRING;
```

Mit "str10" wird durch "STRING[10]" ein Feld für maximal 10 Zeichen definiert. Bei "str" fehlt die Längenangabe, wodurch die maximale Länge automatisch auf 255 festgelegt wird.

2.2.2.5 Der Satztyp

Der Satztyp gestattet die Vereinigung mehrerer Typendefinitionen gleicher oder verschiedener Art unter einem einheitlichen Typennamen und gestattet damit die Erzeugung von Datensätzen mit heterogenen Inhalten und Codes, wie sie z.B. in der kaufmännischen Datenverarbeitung gebräuchlich sind. Das allgemeine Format für die Definitionsanweisung lautet:

TYPE *tname* = RECORD
$tname_1 : typenangabe_1;$
$tname_2 : typenangabe_2;$
:
$tname_n : typenangabe_n;$
END;

Haben mehrere Teildefinitionen eines Satzes den selben Typ, so können sie zusammengefaßt werden:

TYPE *tname* = RECORD
:
$tname_k, tname_{k+1}, \ldots, tname_m : typenangabe;$
:
END;

Codierbeispiele:

a)
```
TYPE adresse    = RECORD
                  strasse  : STRING [19];
                  hausnr   : STRING [3];
                  postleitz: STRING [4];
                  ort      : STRING [23];
                 END;
```

b)
```
buchzeile  = RECORD
               datum,gegkto : INTEGER;
               betrag : REAL;
             END;
```

c)
```
kundensatz = RECORD
               knr : 0001..9999;
               kadr: adresse;
               kkto: RECORD
                       saldo : REAL;
                       blatt : ARRAY [1..24] OF buchzeile;
                       blattnr : INTEGER;
                       zeilennr : INTEGER;
                     END;

             END;
```

Das Beispiel c) enthält die Benutzer-Typen "adresse" und "buchzeile", die in den vorangehenden Satzvereinbarungen a) bzw. b) definiert wurden. Die Teildefinition "blatt" im Beispiel c) definiert ein Datenfeld mit 24 Elementen des Typs "buchzeile".

Ebenso wie beim Feldtyp gibt es beim Satztyp die gepackte Form. Das allgemeine Format der Definitionsanweisung lautet:

TYPE *tname* = PACKED RECORD *teildefinitionen* END;

Die bereits beim Feldtyp angesprochene Besonderheit von TURBO-PASCAL gilt auch hier.

2.2.2.6 Der Dateityp

Der Dateityp stellt eine Folge gleichartiger Datentypen dar, die entweder seriell oder durch Direktzugriff auf externe Datenträger geschrieben bzw. von diesen gelesen werden. Das allgemeine Format für die Definitionsanweisung lautet:

TYPE *tname* = FILE OF *typenangabe*;

Für *typenangabe* können alle bisher behandelten Typen ausgewählt werden, allerdings nicht der Dateityp selbst. In der kaufmännischen Datenverarbeitung wird man häufig den Satztyp verwenden.

Codierbeispiele:

a)
```
TYPE kundensatz...
      .
      .
      .
      kundendatei = FILE OF kundensatz;
```

b)
```
TYPE messdaten = FILE OF RECORD
                           messung : INTEGER;
                           x1,x2,x3,t : REAL;
                         END;
```

c)
```
TYPE werte = FILE OF ARRAY [1..100] OF REAL;
```

Mit jedem Schreib-(Lese-)befehl würde im Falle a) ein Kundensatz gemäß Definitionsbeispiel auf S. 19, im Falle b) ein Meßdatensatz bestehend aus den Teiltypen "messung", "x1", "x2", "x3", "t" und im Falle c) ein Datenfeld mit 100 REAL-Elementen geschrieben (gelesen).

2.2.2.7 Der Mengentyp

Mit Hilfe des Mengentyps lassen sich Gruppen von Elementen eines bestimmten Basistyps darstellen. Unter Basistyp versteht man den Typ der Elemente.

Das allgemeine Format für die Definitionsanweisung lautet:

TYPE *tname* = SET OF *typenangabe*;

Für *typenangabe* sind nur **Ordinaltypen** zulässig, deren Wertebereich höchstens 256 Werte umfaßt, also BOOLEAN, CHAR, Aufzählungs- und Ausschnittstypen.

Codierbeispiel:

```
TYPE farben = SET OF (rot, blau, gruen);
```

2.2.2.8 Der Zeigertyp

Ein Zeigertyp (POINTER) definiert eine Menge von Werten, die auf Variablen eines festgelegten Typs zeigen. Ein Zeiger enthält somit im Gegensatz zu allen anderen Datentypen in PASCAL keinen Datenwert, sondern die Speicheradresse eines Wertes.

Das allgemeine Format der Definitionsanweisung lautet:

TYPE *tname* = ^*typenangabe*;

Als *typenangabe* können alle bisher behandelten Datentypen mit Ausnahme des Dateityps verwendet werden.

Codierbeispiel:

```
TYPE int_zeiger = ^INTEGER;
VAR p: int_zeiger;          (* p ist keine INTEGER-Variable, sondern zeigt auf einen INTEGER-Wert *)
```

2.3 Variablendefinition

Variablen sind Datenelemente oder Datenstrukturen, denen im Gegensatz zu den Konstanten während eines Programmablaufs Werte zugewiesen werden können.

Variablen werden durch Vergabe eines Namens und Zuordnung eines Typs definiert. Das allgemeine Format der Definitionsanweisung lautet:

VAR $vname_1$:typ_1; ...; $vname_n$:typ_n;

Die Typen können zuvor definierte Benutzertypen oder Systemtypen sein (zur Namensbildung vgl. S. 7).

Codierbeispiele (indirekte Typenvereinbarung):

a)
```
TYPE  typ1 = INTEGER;
      typ2 = REAL;
      typ3 = (b7,b6,b5,b4,b3,b2,b1,b0);
      typ4 = b5..b3;

VAR   var1 : typ1;
      var2 : typ2;
      var3 : typ3;
      var4 : typ4;
```

b)
```
TYPE satz = RECORD
              nummer  : INTEGER;
              name    : STRING [24];
              adresse : ARRAY [1..24] OF CHAR;
              saldo   : REAL;
            END;

VAR kunde  : satz;
    liefer : satz;
```

c)
```
TYPE datei = FILE OF RECORD
                         nummer  : INTEGER;
                         name    : STRING [24];
                         adresse : ARRAY [1..24] OF CHAR;
                         saldo   : REAL;
                       END;

VAR kundendatei : datei;
    lieferdatei : datei;
```

Codierbeispiele (direkte Typenvereinbarung):

d)
```
VAR   var1 : INTEGER;
      var2 : REAL;
      var3 : (b7,b6,b5,b4,b3,b2,b1,b0);
      var4 : b5..b3;
```

e)
```
VAR kunde : RECORD
              nummer  : INTEGER;
              name    : STRING [24];
              adresse : ARRAY [1..24] OF CHAR;
              saldo   : REAL;
            END;
```

f)
```
VAR kunddatei : FILE OF RECORD
                          nummer  : INTEGER;
                          name    : STRING [24];
                          adresse : ARRAY [1..24] OF CHAR;
                          saldo   : REAL;
                        END;
```

Aus den Beispielen b) und c) wird ein wichtiger Vorteil der indirekten Typenvereinbarung ersichtlich: Ein und derselbe Typ kann bei indirekter Vereinbarung für verschiedene Variablen benutzt werden; bei direkter Vereinbarung würde sich der Codieraufwand u. U. mit der Variablenzahl multiplizieren.

2.4 Definition von Prozeduren und Funktionen

Prozeduren und Funktionen sind Programmstücke, die zum Zweck einer hierarchischen Strukturierung (top down; bottom up s. S. 1-6) und zur Verallgemeinerung häufig wiederkehrender Algorithmen gleichsam aus dem eigentlichen Programm herausgezogen und im Definitionsteil vereinbart werden.

Der Unterschied zwischen Prozeduren und Funktionen besteht, abgesehen von einigen Formalismen bei der Definition, im wesentlichen in der Art ihres Aufrufs:

Prozeduraufrufe sind Anweisungen, während Funktionsaufrufe Ausdrücke sind (vgl. S. 31ff.). Innerhalb des Ablaufteils einer Funktionsdefinition muß daher eine Wertzuweisung des Resultats zum Funktionsnamen enthalten sein.

Eine mehrstufige Hierarchisierung wird dadurch möglich, daß in jeder Prozedur und Funktion wiederum Prozeduren und Funktionen vereinbart werden können. Dabei ist zu beachten, daß eine in einer Prozedur oder Funktion vereinbarte Prozedur oder Funktion nur innerhalb dieser verwendet werden kann; d.h. den anderen nebengeordneten oder gar übergeordneten Prozeduren (Funktionen) ist sie nicht bekannt; dagegen kann sie in allen Prozeduren (Funktionen), die der definierenden Einheit hierarchisch untergeordnet sind, verwendet werden. Die Konsequenz ist, daß die Verallgemeinerung um so größer ist, je weiter oben eine Prozedur (Funktion) in der Programmhierarchie angesiedelt (definiert) wird.

Ähnliche Überlegungen gelten für die Konstanten-, Typen- und Variablendefinitionen: Ihre Gültigkeit (Bekanntheit) ist auf die definierende Einheit und damit auf alle hierarchisch untergeordneten Prozeduren (Funktionen) beschränkt. Aus diesem Grund heißen sie aus der Sicht der definierenden Einheit auch lokale Konstanten, Typen und Variablen. Aus der Sicht der untergeordneten Einheiten heißen sie jedoch globale Konstanten, Typen und Variablen, da sie für diese Einheiten in einer weitergefaßten Umgebung gelten. Die größtmögliche Verallgemeinerung (absolute Globalität) wird durch die Definition im eigentlichen Programm erreicht.

Soll eine allgemein definierte Prozedur (Funktion) der speziellen Datenumgebung einer aufrufenden Einheit angepaßt werden, so ist der Informationsaustausch mit Hilfe von Parametern abzuwickeln; dabei müssen i.d.R. sowohl Werte (Konstanten, Variablen) aus der übergeordneten Einheit an die lokalen Variablen der untergeordneten Prozedur (Funktion) als auch umgekehrt Werte von lokalen Variablen an Variablen der übergeordneten Einheit übergeben werden.

2.4.1 Definitionsanweisungen

Die Definition von Prozeduren und Funktionen geschieht mit Hilfe der PROCEDURE- bzw. FUNCTION-Anweisung im Definitionsteil eines Programms, einer Prozedur oder einer Funktion.

Die allgemeinen Anweisungsformate lauten:

a) für Prozeduren ohne Parameter:
PROCEDURE *prozedurname*;

b) für Prozeduren mit Parametern:
PROCEDURE *prozedurname (Liste der formalen Parameter);*

c) für Funktionen ohne Parameter:
FUNCTION *funktionsname : ftyp*;

d) für Funktionen mit Parametern:
FUNCTION *funktionsname (Liste der formalen Parameter) : ftyp*;

Für die Namensbildung gelten die üblichen PASCAL-Konventionen (vgl. S. 7).

Als Funktionstypen *ftyp* kommen nur die einfachen Typen INTEGER, REAL, BOOLEAN und CHAR sowie der Typ STRING in Betracht.

Für die formalen Parameter können zwei Formen gewählt werden: *Wertparameter* und *Variablenparameter*.

(1) Wertparameter.
Das allgemeine Format lautet:

($name_1$: $ptyp_1$;...;$name_k$: $ptyp_k$)

Sie dienen ausschließlich der Eingabe von Werten (Anfangswerte, Steuergrößen) in eine Prozedur (Funktion). Diese Werte stehen unter den formalen Namen innerhalb der Prozedur (Funktion) zur Verfügung; eine Rückgabe von Werten an die übergeordnete Einheit ist mit Wertparametern **nicht** möglich.

(2) Variablenparameter.
Das allgemeine Format lautet:

(VAR $name_1$: $ptyp_1$;...;VAR $name_k$: $ptyp_k$)

Sie dienen der Werteingabe (Anfangswerte, Steuergrößen) in eine und der Wertausgabe aus einer Prozedur bzw. Funktion. Die Eingabewerte stehen unter den formalen Namen innerhalb der Prozedur (Funktion) zur Verfügung; die gegebenenfalls in der Prozedur (Funktion) veränderten Werte stehen unter den beim Aufruf angegebenen aktuellen Namen in der übergeordneten Einheit zur Verfügung, sobald die Prozedur (Funktion) verlassen wird.

Als Parametertypen *ptyp* kommen sämtliche System- und Benutzertypen in Betracht. Allerdings können nur die einfachen Systemtypen INTEGER, REAL, BOOLEAN und CHAR unmittelbar in die Parameterklammer eingetragen werden; komplexe Typen wie ARRAY, STRING, RECORD, etc. müssen zuvor als Benutzertypen definiert werden. Eine Angabe des Typs STRING ohne Längenvereinbarung ist in der Parameterklammer direkt möglich; der Parameter hat dann das Längenattribut 255.

Sind bei den o.g. Parameterdefinitionen einige Werte oder Variablen vom gleichen Typ, so können sie durch Kommata getrennt unter einer Typenbezeichnung *ptyp* zusammengefaßt werden; also

$name_1, name_2, \ldots, name_m$: *ptyp*; bzw.
VAR $name_1, name_2, \ldots, name_m$: *ptyp*;

2.4.2 Definitionskörper

Der Definitionskörper besteht bei Prozeduren wie Funktionen wiederum aus einem Definitionsteil und einem Ablaufteil. Zusammen mit den Definitionsanweisungen ergibt sich somit folgender allgemeiner Aufbau:

```
PROCEDURE prozedurname...        FUNCTION funktionsname...
  definitionsteil                  definitionsteil
BEGIN                            BEGIN
  ablaufteil                       ablaufteil
END;                               mit funktionsname := resultat
                                 END;
```

Zu beachten ist, daß die in den Listen der formalen Parameter definierten Namen nicht noch einmal im Definitionsteil der Prozedur bzw. Funktion erscheinen dürfen.

Ferner ist anzumerken, daß bei Funktionen, die mehr als ein Resultat haben, einige Resultate auch über globale Variablen oder über die Parameterliste an das aufrufende Programm zurückgegeben werden können.

Programmbeispiel:

```
PROGRAM beispiel_8;
(* Prozeduren- und Funktionendefinition *)
CONST wert = 1;
VAR int_zahl,
    int_eingabe,
    int_ausgabe   : INTEGER;
    reell_ausgabe : REAL;

  PROCEDURE proc1 (    eingabe_wert1,
                       eingabe_wert2 : INTEGER;
                   VAR ausgabe_int   : INTEGER;
                   VAR ausgabe_reell : REAL);
  BEGIN
    ausgabe_int   := eingabe_wert1 + eingabe_wert2;
    ausgabe_reell := ausgabe_int;
  END;

  PROCEDURE proc2;
  BEGIN
    int_ausgabe := int_eingabe + wert;
  END;

  FUNCTION func1 (innen   : INTEGER;
                  int_ein : INTEGER) : INTEGER;
  BEGIN
    func1 := int_ein + innen;
  END;

  FUNCTION func2 : INTEGER;
  BEGIN
    func2 := int_eingabe + wert;
  END;

  FUNCTION func3 (    inwert             : INTEGER;
                  VAR ein_wert, aus_wert : INTEGER) : INTEGER;
  BEGIN
    aus_wert := ein_wert + inwert;
    ein_wert := ein_wert - inwert;
    func3    := aus_wert + ein_wert;
  END;

BEGIN
  int_eingabe := 1;
  proc1 (wert, int_eingabe, int_ausgabe, reell_ausgabe);
  WRITELN ('Resultat Prozedur PROC1 : ', int_ausgabe, ' ',  reell_ausgabe);
  int_eingabe := 2;
  proc2;
  WRITELN ('Resultat Prozedur PROC2 : ', int_ausgabe);
  int_eingabe  := 3;
  int_ausgabe := func1 (wert, int_eingabe);
  WRITELN ('Resultat Funktion FUNC1 : ', int_ausgabe);
  int_eingabe := 4;
  int_ausgabe := func2;
  WRITELN ('Resultat Funktion FUNC2 : ', int_ausgabe);
  int_eingabe := 5;
  int_zahl := func3 (wert, int_eingabe, int_ausgabe);
  WRITELN ('Resultat Funktion FUNC3 : ', int_ausgabe);
END.
```

Das Programm beispiel_8 zeigt die Definition von Prozeduren und Funktionen sowie deren Verwendung in einer einstufigen Hierarchie. Bei "func3" wird gezeigt, wie bei Funktionen Resultate auch über die Parameter an das aufrufende Programm zurückgegeben werden können.

2.4.3 Hierarchische Definitionen

Definitionen von Prozeduren und Funktionen lassen sich theoretisch in beliebiger Tiefe schachteln; dabei können sowohl Prozeduren innerhalb von Funktionen als auch Funktionen innerhalb von Prozeduren definiert werden.

Codierbeispiel: Definitionsstruktur:

```
PROGRAM prog;
  PROCEDURE sub1;
    PROCEDURE sub11;
    .
    .
    .
    END;
    PROCEDURE sub12;
    .
    .
    .
    END;
  BEGIN (* sub1 *)
  .
  .
  .
  END;
  PROCEDURE sub2;
  .
  .
  END;
  PROCEDURE sub3;
  .
  .
  .
  END;
BEGIN (* prog *)
.
.
.
END.
```

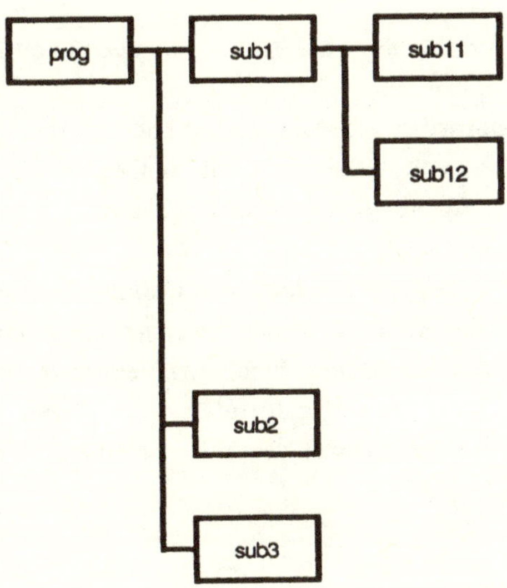

Werden bei einer hierarchischen Programmkonstruktion in einer Einheit (Programm, Prozedur, Funktion) mehrere Prozeduren (Funktionen) definiert, so bilden diese eine Nebenordnung.

Sollen Prozeduren (Funktionen) in anderen Prozeduren (Funktionen) derselben Nebenordnung aufgerufen werden, so müssen die gerufenen **vor** den rufenden definiert werden.

Soll z.B. aus Gründen der Programmdokumentation hiervon abgewichen werden, so kann dies mittels einer FORWARD-Definition[3)] erreicht werden: Vor die aufrufende Einheit wird die Definitionsanweisung der gerufenen Einheit gesetzt, und zwar mit dem Zusatz FORWARD.

Die allgemeinen Formate lauten also:

PROCEDURE *name (Liste der formalen Parameter);*FORWARD;

und

FUNCTION *name (Liste der formalen Parameter) : ftyp;*FORWARD;

Der eigentliche Definitionskörper (Definitionsteil und Ablaufteil) kann dann hinter der aufrufenden Einheit stehen und erhält lediglich als Überschrift eine einfache parameterlose Definitionsanweisung mit gleicher Namensgebung.

Das Programm beispiel_9 zeigt die hierarchische Definition von Prozeduren und Funktionen. Dabei differiert die Ablaufstruktur ein wenig von der Definitionsstruktur, weil die Prozedur "proc1 und die Funktion "func1" als Nebenordnung definiert sind, beim Ablauf indessen "proc1" von "func1" aufgerufen wird. Ferner ist eine FORWARD-Definition von "proc1" erforderlich, weil "proc1" hinter "func1" angeordnet ist.

---

3) Weitere Einzelheiten zur FORWARD-Deklaration in TURBO-PASCAL, siehe S.166, 177.

Programmbeispiel:

```
PROGRAM beispiel_9;
(* Prozeduren- und Funktionen - Hierarchie *)
CONST wert = 1;
VAR   dummy,
      int_var  : INTEGER;
      reel_var : REAL;

    PROCEDURE proc1 (ein1, ein2   : INTEGER;
                     VAR aus_int  : INTEGER;
                     VAR aus_reel : REAL);     FORWARD;

    FUNCTION func1 (sum1, sum2 : INTEGER) : INTEGER;
    VAR resultat : INTEGER;

      FUNCTION func2  (parameter : INTEGER) : INTEGER;
      BEGIN
        func2 := sum2 + parameter;
      END;

      PROCEDURE proc2;

         PROCEDURE ausgabe;
         BEGIN
           WRITELN ('Ergebnis von FUNC1 : ', resultat);
         END;

      BEGIN (* proc2 *)
        ausgabe;
      END;

    BEGIN (* func1 *)
      proc1 (wert, 1, int_var, reel_var);
      WRITELN ('Ergebnis von PROC1 : ', int_var,' ', reel_var);
      resultat := func2 (sum1);
      proc2;
      func1 := resultat * 10;
    END;

    PROCEDURE proc1;

      FUNCTION int : INTEGER;
      BEGIN
        int := ein1 + ein2;
      END;

      PROCEDURE reel (VAR erg : REAL);
      BEGIN
        erg := int_var;
      END;

    BEGIN (* proc1 *)
      aus_int := int;
      reel (aus_reel);
    END;

BEGIN (* beispiel_9 *)
  dummy := func1 (wert, 3);
END.
```

Definitionsstruktur:

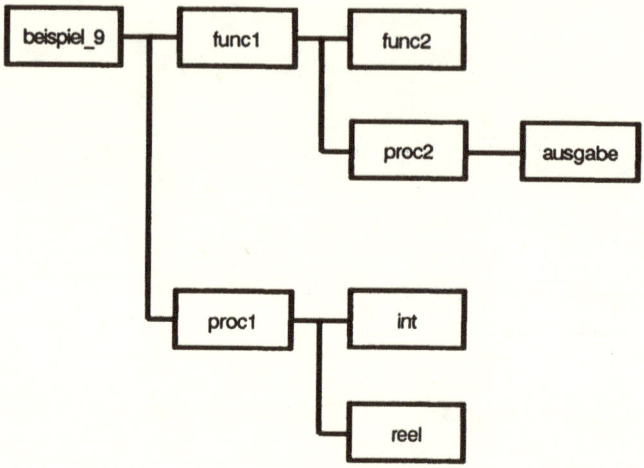

Ablaufstruktur:

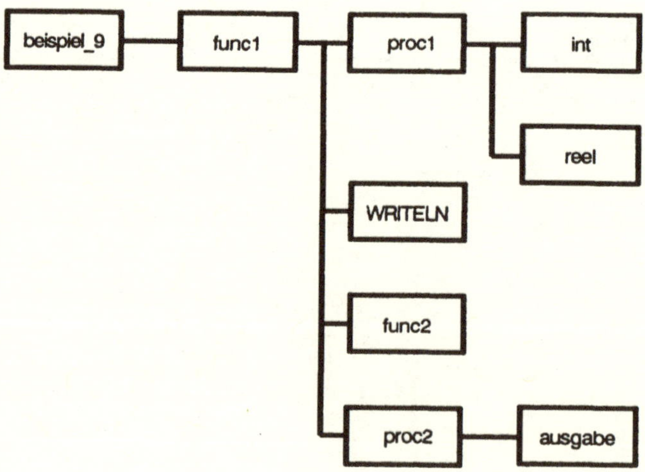

3 Der Ablaufteil von PASCAL-Programmen

3.1 Ausdrücke

Ausdrücke sind wichtige Bestandteile einer Reihe von Anweisungen, aus denen der Ablaufteil eines PASCAL-Programms gebildet wird. Es ist daher vorteilhaft, ihre Darstellung an den Anfang dieses Kapitels zu stellen.

Ausdrücke sind Werte, die aus Konstanten-, Variablen- und Funktionsaufrufen gebildet werden. Man unterscheidet einfache und zusammengesetzte Ausdrücke, je nachdem, ob ein Wert durch einen einzelnen Konstanten-, bzw. einen einzelnen Variablen-, bzw. einen einzelnen Funktionsaufruf oder aus einer Verknüpfung von Konstanten-, Variablen- und Funktionsaufrufen gebildet wird. Im letzteren Fall werden einfache Ausdrücke zu Operanden und ihre Verknüpfung geschieht durch arithmetische oder logische Operatoren.

Die Operanden in zusammengesetzten Ausdrücken müssen, bis auf wenige Ausnahmen (vgl. S. 46f.), vom gleichen Datentyp sein. Diese Typen wiederum müssen einfach sein; d.h. es sind i.d.R. nur Operanden des Typs BOOLEAN, INTEGER, REAL und CHAR sowie ARRAY-Elemente von diesen erlaubt. Einen Sonderfall bilden Operanden vom Typ SET.

Jeder Typ hat seine spezifischen Operatoren, so daß sich eine Behandlung der Ausdrücke nach Typen anbietet. Zuvor sind jedoch einige Einzelheiten der Konstanten-, Variablen- und Funktionsaufrufe zu behandeln.

3.1.1 Aufruf von Konstanten, Variablen und Funktionen

3.1.1.1 Konstantenaufruf

Der Aufruf von indirekten Konstanten geschieht durch Nennung der im Definitionsteil mit der CONST-Anweisung vereinbarten Namen. Die Namen sind symbolische Adressen, die bei der Programmübersetzung in Arbeitsspeicheradressen umgewandelt werden. Die Konstantenwerte sind an diesen Adressen verfügbar.

Der Aufruf von direkten Konstanten geschieht durch unmittelbare Angabe des Wertes; dabei gilt für CHAR- und STRING-Konstanten, daß diese in Hochkommata einzukleiden sind.

Beispiele: 10.0, 'abc', 529, TRUE, '/'

3.1.1.2 Variablenaufruf

Der Aufruf von Variablen geschieht duch Nennung der im Definitionsteil mit der VAR-Anweisung vereinbarten Namen. Die Namen sind symbolische Adressen, die bei der Programmübersetzung in Arbeitsspeicheradressen umgewandelt werden. Die Variablenwerte sind an diesen Adressen verfügbar.

Für die einzelnen Variablentypen gelten darüberhinaus folgende Besonderheiten:

(1) Bei den Variablen des Typs BOOLEAN, INTEGER, REAL, CHAR, SET sowie des Aufzählungs- und Ausschnittstyps geschieht der Aufruf durch einfache Namensnennung.

Codierbeispiele zu den Definitions-Beispielen auf S. 21: var1, var2, var3, var4

(2) Bei Feldtypen (ARRAY, STRING) können einzelne Elemente eines Feldes durch Indizierung oder das gesamte Feld durch einfache Namensnennung aufgerufen werden. Für jede Dimension des Feldes muß ein besonderer Index vergeben werden. Das allgemeine Format lautet:

name [$Index_1$,...,$Index_n$]

Dabei ist es gleichgültig, in welcher Form die Variable vereinbart wurde:

name: ARRAY [1..m_1,1..m_2,...,1..m_n] OF *typ*

oder

name: ARRAY [1..m_1] OF ARRAY [1..m_2] OF ... ARRAY [1..m_n] OF *typ*

Codierbeispiele: rabatt [003,8], studzahl [bwl]

Indizes können Konstanten des Typs INTEGER, Variablen des Typs INTEGER sowie Elemente von Aufzählungs- und Ausschnittstypen sein.

Hinweis: Bei STRING-Variablen ist eine Adressierung der Datenelemente nur mit der Indexmenge 1..max.feldlänge möglich; denn das Datenelement[0] ist für die Verwaltung der aktuellen String-Länge reserviert.

(3) Bei Satztypen (RECORD) ruft man den gesamten Satz durch einfache Namensnennung und einzelne Satzteile durch kombinierte Namensnennung auf. Die allgemeinen Formate lauten:

Satzname bzw. *Satzname.Satzteilname*

Codierbeispiel zu den Definitionen auf S. 21:

```
kunde
kunde.nummer
kunde.name[1]
kunde.adresse
```

Soll in einem Programmstück eine Vielzahl von Satzteilen einer RECORD-Variable verarbeitet werden, so kann durch die WITH-Anweisung Schreibarbeit gespart werden. Hierbei nennt man den Satznamen nur einmal und kann dann alle in BEGIN und END eingeschlossenen Satzteilnamen benutzen, ohne daß der Satzname als Präfix anzugeben ist. Das allgemeine Format lautet:

WITH *satzname* DO
 BEGIN
 :
div. *satzteilnamen* von *satzname*
 :
 END;

Codierbeispiel:

```
WITH kunde DO
  BEGIN
    WRITELN (nummer);
    WRITELN (name[1]);
    WRITELN (adresse);
  END;
```

(4) Bei Dateitypen (FILE) ruft man den einzelnen Satz durch Namensnennung und Inhaltsoperator auf. Das allgemeine Format lautet:

dateiname ^

Einzelne Satzteile werden wie beim Satztyp durch kombinierte Namensnennung aufgerufen. Das allgemeine Format lautet:

dateiname^.Satzteilname bzw.
dateiname^.Satzteilname [$\text{Index}_1,\ldots,\text{Index}_n$] (* für indizierte Satzteilvariablen *)

Codierbeispiele zu den Definitionen auf S. 22:

```
kundendatei^.saldo,
kundendatei^.adresse[k]
```

In TURBO-PASCAL existiert der Inhaltsoperator nicht: Auf einen einzelnen Satz der Datei kann nur nach einem vorangegangenen Lesebefehl (READ vgl. 3.5.2.7) zugegriffen werden. Das folgende Programmierbeispiel ist deshalb nur unter Standard-PASCAL, nicht jedoch unter TURBO-PASCAL lauffähig.

Programmbeispiel:

```
PROGRAM beispiel_10;
(* Satz- und Dateitypen (nur Standard-Pascal) *)
TYPE kundensatz = RECORD
                    knr   : STRING[3];
                    name  : STRING[20];
                    saldo : REAL;
                  END;
     kundatei    = FILE OF kundensatz;
VAR  kundendatei : kundatei;
     einr, aufl  : CHAR;

     PROCEDURE einrichten;
     (* Diese Prozedur erzeugt die Datei KUNDEN.DAT, liest Kundensaetze
        von der Tastatur ein (Abbruchkriterium : kundennummer = 0) und
        speichert diese in der Datei. *)
     VAR kunde : kundensatz;
     BEGIN
       ASSIGN (kundendatei, 'KUNDEN.DAT');
       REWRITE (kundendatei);
       WITH kunde DO
         REPEAT
           WRITE ('Nummer :  ');
           READLN (knr);
           IF knr <> '0' THEN
             BEGIN
               WRITE ('Name   :  ');
               READLN (name);
               WRITE ('Saldo  :  ');
               READLN (saldo);
             END;
```

```
         kundendatei^ := kunde;
         PUT (kundendatei);
       UNTIL knr = '0';
     CLOSE (kundendatei);
   END;

   PROCEDURE auflisten;
   (* Diese Prozedur gibt den Dateiinhalt am Bildschirm aus *)
   BEGIN
     ASSIGN (kundendatei, 'KUNDEN.DAT');
     RESET (kundendatei);
     WHILE kundendatei^.knr <> '0' DO
       BEGIN
         WRITELN ('Nummer :  ',kundendatei^.knr);
         WRITELN ('Name   :  ',kundendatei^.name);
         WRITELN ('Saldo  :  ',kundendatei^.saldo);
         GET (kundendatei);
       END;
     CLOSE (kundendatei);
   END;

BEGIN
  WRITE ('Einrichten  ? (J/N)');
  READLN (einr);
  IF einr = 'J' THEN
    einrichten;
  WRITE ('Verarbeiten ? (J/N)');
  READLN (aufl);
  IF aufl = 'J' THEN
    auflisten;
END.
```

Das Programm beispiel_10 zeigt die Definition und den Aufruf verschiedener Variablentypen sowie den Aufruf direkter Konstanten des Typs CHAR (STRING). Insbesondere wird die Handhabung von Satz- und Dateivariablen sowie die Anwendung der WITH-Anweisung vorgeführt. Bei der WITH-Anweisung ist zu beachten, daß sie nur für Satzvariablen nicht jedoch für Dateivariablen zulässig ist; dies macht erforderlich, daß in der Prozedur "einrichten" der Inhalt der Satzvariable "kunde" an die Dateivariable "kundendatei" übergeben werden muß.

3.1.1.3 Funktionsaufruf

Der Aufruf einer Funktion geschieht durch Nennung des im Definitionsteil mit der FUNCTION-Anweisung vereinbarten Namens, der gegebenenfalls von einer Liste aktueller Parameter gefolgt wird. Der Funktionsname ist eine symbolische Adresse, die bei der Übersetzung in eine Arbeitsspeicheradresse umgewandelt wird. Durch den Funktionsaufruf erfolgt eine Programmverzweigung in die betreffende Routine und nach Beendigung dieses Unterprogramms wird normalerweise der Funktionswert an der Adresse des Funktionsnamens zur Verfügung gestellt.

Das allgemeine Aufrufformat lautet:

funktionsname bzw.
funktionsname (Liste der aktuellen Parameter)

Die aktuellen Parameter sind Ausdrücke, wenn die entsprechenden formalen Parameter als Wertparameter vereinbart wurden; sie sind Variablennamen, wenn die entsprechenden formalen Parameter als Variablenparameter vereinbart wurden. Ausführliche Betrachtungen hierzu finden sich auf S. 94f.

Codierbeispiel:

Gegeben sei folgende Funktionsdefinition:

```
FUNCTION func(w1,w2:REAL;VAR v3:REAL):REAL;
BEGIN
.
.
.
END;
```

Dann könnte ein Aufruf dieser Funktion wie folgt lauten:

```
wert:= func(3+v[i,j]*7,wert,zahl);
```

Man beachte, daß für die formalen Wertparameter "w1", "w2" als Aktualparameter einfache oder zusammengesetzte Ausdrücke eingesetzt werden müssen, während für den formalen Variablenparameter "v3" der aktuelle Parameter ein Variablenname sein muß:

"v[i,j]" sei der Aufruf des Elements einer Feldvariable und "wert" der Aufruf einer Konstante, dagegen sei "zahl" ein Variablenname.

Programmbeispiel:

```
PROGRAM beispiel_11;
(* Funktionsaufrufe am Beispiel : Mittelwert *)
TYPE  vektor = ARRAY [1..10] OF REAL;
VAR   xquer,
      summe  : REAL;
      anzahl : INTEGER;
      werte  : vektor;

  FUNCTION mittel (max_werte : INTEGER) : REAL;
  VAR index : INTEGER;
  BEGIN
    summe := 0;
    FOR index := 1 TO max_werte DO
      summe := summe + werte[index];
    mittel := summe/max_werte;
  END;

  PROCEDURE einlesen (VAR zaehler : INTEGER);
  VAR eingabe : REAL;
  BEGIN
    WRITELN;
    zaehler := 1;
    REPEAT
      WRITE ('Bitte ', zaehler:2, '.ten Wert eingeben : ');
      READLN (eingabe);
      IF eingabe <> 0 THEN
         BEGIN
           werte[zaehler] := eingabe;
           zaehler := zaehler + 1;
         END;
    UNTIL (zaehler > 10) OR (eingabe = 0);
    zaehler := zaehler - 1;
  END;

  PROCEDURE ausgabe (minimum, maximum : REAL);
  BEGIN
    WRITELN;
    WRITELN ('Mittelwert   : ', xquer);
    WRITELN ('Maximalwert  : ', maximum);
    WRITELN ('Minimalwert  : ', minimum);
  END;

  FUNCTION maxmin (modus, max_zahlen : INTEGER) : REAL;
  VAR vergleich : REAL;
      i         : INTEGER;
  BEGIN
    IF modus = 1 THEN     (* Minimalwert ermitteln *)
       BEGIN
         vergleich := werte[1];
         FOR i := 2 TO max_zahlen DO
           IF werte[i] < vergleich THEN
              vergleich := werte [i];
       END
    ELSE
      IF modus = 0 THEN   (* Maximalwert ermitteln *)
         BEGIN
           vergleich := werte[1];
           FOR i := 2 TO max_zahlen DO
             IF werte[i] > vergleich THEN
                vergleich := werte [i];
         END;
    maxmin := vergleich;
  END;

BEGIN
  einlesen (anzahl);
  xquer := mittel (anzahl);
  ausgabe (maxmin (1, anzahl), maxmin (0, anzahl));
END.
```

Das Programm beispiel_11 zeigt u.a. den Aufruf der Funktion "mittel" in einer Wertzuweisung sowie den Aufruf der Funktion "maxmin" in einem Prozeduraufruf.

Struktogramm: Mittelwert, Minimalwert, Maximalwert

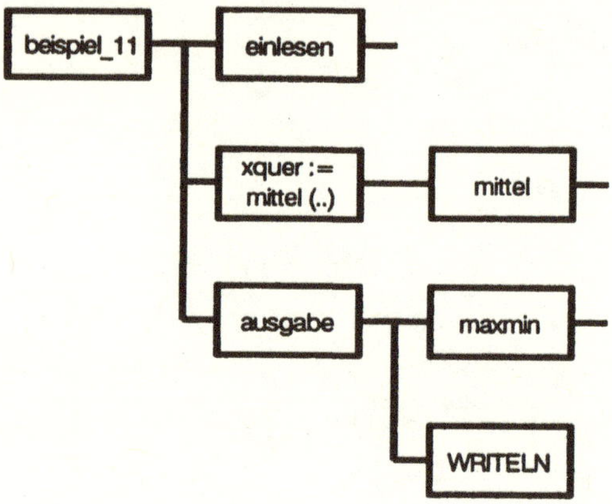

3.1.2 Arithmetische Ausdrücke

Arithmetische Ausdrücke werden aus Konstanten-, Variablen- und Funktionsaufrufen vom Typ INTEGER oder REAL gebildet. Die Verknüpfung geschieht durch arithmetische Operatoren wie z.B. Addition, Subtraktion, Multiplikation, Division etc.; dabei gelten die üblichen arithmetischen Rang- und Auswertungsreihenfolgen, die durch Klammerung modifiziert werden können.

3.1.2.1 INTEGER-Ausdrücke

INTEGER-Ausdrücke sind Konstanten-, Variablen- oder Funktionsaufrufe vom Typ INTEGER oder arithmetische Verknüpfungen aus diesen. Zulässige Operatoren sind:

+	Addition	DIV	Division (Resultat: ganzzahliger Quotient)
-	Subtraktion	MOD	Modulodivision (Resultat: Rest)
*	Multiplikation		

Codierbeispiele:
In einem Programm seien folgende Definitionen gegeben:

```
VAR a,b,i,j,k:INTEGER;
    c:ARRAY[1..5,1..10] OF INTEGER;

FUNCTION d(e:INTEGER):INTEGER;
  .
  .
  .
END;
```

Dann könnten in diesem Programm folgende INTEGER-Ausdrücke auftreten:

5	(a+b)*5-c[i,4]
a	a MOD 3 * d(c[3,k])
b	15 * a DIV b
c[1,7]	

Ferner handelt es sich u.a. bei folgenden Aufrufen von Standardfunktionen um INTEGER-Ausdrücke:

ABS(i)	-	Absolutbetrag
SQR(i)	-	Quadrat
ORD(a)	-	Ordinalzahl in einer Reihung
TRUNC(r)	-	ganzzahliger Teil (abgeschnitten)
ROUND(r)	-	ganzzahliger Teil (gerundet)

Darin bedeuten
i : ein INTEGER-Ausdruck
a: ein Element des Aufzählungstyps
r : ein REAL-Ausdruck

3.1.2.2 REAL-Ausdrücke

REAL-Ausdrücke sind Konstanten-, Variablen- oder Funktionsaufrufe vom Typ REAL oder arithmetische Verknüpfungen aus diesen. Zulässige Operatoren sind:

+	Addition	*	Multiplikation
-	Subtraktion	/	Division

Beispiele: In einem Programm seien folgende Definitionen gegeben:

```
VAR a,b: REAL;c:ARRAY[1..20] OF REAL;
    i,j: INTEGER;

FUNCTION d(e:REAL):REAL;
  .
  .
  .
END;
```

Dann könnten in diesem Programm folgende REAL-Ausdrücke auftreten:

5.3
a+b
c[i,j]/(a+b)
c[1,j]*2.6+d(2.8*b)

Ferner stellen u.a. folgende Aufrufe von Standardfunktionen REAL-Ausdrücke dar:

ABS(*r*)	- Absolutbetrag
SQR(*r*)	- Quadrat
SQRT(*r*)	- Quadratwurzel
EXP(*r*)	- Exponentialfunktion
LN(*r*)	- Logarithmus naturalis
SIN(*r*)	- Sinus
COS(*r*)	- Cosinus
ARCTAN(*r*)	- Arcustangens

Darin ist *r* ein REAL-Ausdruck.

3.1.3 Boolesche Ausdrücke

Boolesche Ausdrücke sind Konstanten-, Variablen- oder Funktionsaufrufe vom Typ BOOLEAN oder logische Verknüpfungen aus diesen. Zulässige boolesche Operatoren sind

OR : logisches Oder
AND : logisches Und
NOT : Negation

Codierbeispiel:

In einem Programm seien folgende Definitionen gegeben:

```
VAR a,b: BOOLEAN; c: ARRAY[1..10] OF BOOLEAN; variable1: INTEGER;

FUNCTION d(VAR e: INTEGER): BOOLEAN;
  .
  .
  .
END;
```

Dann könnten in diesem Programm folgende BOOLEAN-Ausdrücke auftreten:

TRUE
a OR b
(NOT a OR d(variable1)) AND c[2]

Ferner haben Relationen zwischen arithmetischen Ausdrücken den Typ BOOLEAN. Zulässige Relationsoperatoren sind:

=	gleich
<	kleiner
>	größer
< =	kleiner oder gleich
> =	größer oder gleich
< >	ungleich

Das gleiche gilt für Gleichheits- und Ungleichheitsrelationen zwischen Werten (Variablen, Konstanten) anderer Typen wie z.B. CHAR, STRING etc.

Codierbeispiel:

In einem Programm seien folgende Definitionen gegeben:

```
CONST k = 10

VAR a,b : REAL;
    c   : INTEGER;
    e,f : CHAR;

FUNCTION d : INTEGER;
  .
  .
  .
END;
```

Dann könnten in diesem Programm folgende BOOLEAN-Ausdrücke auftreten:

a < = b + 10
d > 10
(d + 3 > c) OR (d < = k)) AND (b < > a)
d = 'A'

Hinweis: Relationen zwischen arithmetischen Ausdrücken in OR- bzw. AND-Konstruktionen sind in Klammern einzukleiden.

Folgende Aufrufe von Standardfunktionen sind Ausdrücke vom Typ BOOLEAN:

ODD(i) - Test auf ungerade: TRUE wenn der INTEGER-Ausdruck i einen ungeraden Wert hat, sonst FALSE.
EOF - Test auf Dateiende (vgl. S. 87ff.) : TRUE, wenn Dateiende erreicht.
EOLN - Test auf Zeilenende : TRUE, wenn Zeilenende erreicht.

Programmbeispiel:

```
PROGRAM beispiel_12;
(* Matrizenoperationen *)
TYPE  int_matrixtyp   = ARRAY [1..5, 1..5] OF INTEGER;
      reell_matrixtyp = ARRAY [1..5, 1..5] OF REAL;
VAR   reell_mat1,
      reell_mat2,
      prod_mat   :  reell_matrixtyp;
      int_mat1,
      int_mat2   : int_matrixtyp;
      startwert  : INTEGER;

  FUNCTION zufallszahl (referenz : INTEGER): INTEGER;
  (* Erzeugen einer Zufallszahl *)
  BEGIN
    startwert   := referenz * startwert + 1;
    zufallszahl := startwert MOD 10;
  END;

  PROCEDURE ganzzahlige_matrix (VAR matrix_int : int_matrixtyp);
  (* Fuellen einer Matrix mit Zufallszahlen und Ausgabe der entstandenen
     Matrix *)
  VAR i, j, x, y: INTEGER;
  BEGIN
    WRITELN;
    FOR i := 1 TO 5 DO
      BEGIN
        WRITELN;
        x := i - 1;
        FOR j := 1 TO 5 DO
          BEGIN
            y := j - 1;
            matrix_int[i,j] := zufallszahl (7) + ABS (x-y) DIV 5;
            WRITE (matrix_int[i,j]:2);
          END;
      END;
  END;
```

```
PROCEDURE konvertieren_und_multiplizieren;
(* Umwandlung der ganzzahligen in reellwertige Matrizen und Berechnung des Produktes *)
VAR i, j : INTEGER;

  FUNCTION skalarprodukt (mat1, mat2: reell_matrixtyp; i, j: INTEGER) : REAL;
  VAR puffer : REAL;
      k      : INTEGER;
  BEGIN
    puffer := 0;
    FOR k := 1 TO 5 DO
      puffer := puffer + mat1[i,k] * mat2[k,j];
    skalarprodukt := puffer;
  END;

  PROCEDURE umwandeln;
  VAR index1, index2 : INTEGER;
  BEGIN
    FOR index1 := 1 TO 5 DO
      FOR index2 := 1 TO 5 DO
        BEGIN
          reell_mat1[index1,index2] := int_mat1[index1,index2];
          reell_mat2[index1,index2] := int_mat2[index1,index2];
        END;
  END;

 BEGIN
   WRITELN;
   umwandeln;
   FOR i := 1 TO 5 DO
     BEGIN
       WRITELN;
       FOR j := 1 TO 5 DO
         BEGIN
           prod_mat[i,j] := skalarprodukt (reell_mat1, reell_mat2, i, j);
           WRITE (prod_mat[i,j]:10:2);
         END;
     END;
 END;

 PROCEDURE reell_zu_boolean;
 VAR bool_mat : ARRAY [1..5,1..5] OF BOOLEAN; i, j: INTEGER;

   FUNCTION binaer (i, j : INTEGER) : BOOLEAN;
   BEGIN
     binaer := (prod_mat[i,j] > 100) AND (int_mat1[i,j] <> 0);
   END;

  BEGIN
    FOR i := 1 TO 5 DO
      FOR j := 1 TO 5 DO
        bool_mat[i,j] := binaer(i, j);
    WRITELN;
    FOR i := 1 TO 5 DO
      BEGIN
        WRITELN;
        FOR j := 1 TO 5 DO
          IF NOT bool_mat[i,j] THEN
            WRITE ('0':4)
          ELSE
            WRITE ('1':4);
      END;
  END;

BEGIN
  startwert := 181;
  ganzzahlige_matrix (int_mat1);
  ganzzahlige_matrix (int_mat2);
  konvertieren_und_multiplizieren;
  reell_zu_boolean;
END.
```

Das Programm beispiel_12 zeigt die Anwendung aller besprochenen Ausdruckstypen an einem Beispiel für verschiedene Matrizenoperationen:

Die Prozedur "ganzzahlige_matrix" füllt eine als Variablenparameter übergebene Matrix mit Zufallszahlen aus der Funktion "zufallszahl". Die Prozedur "konvertieren_und_multiplizieren" wandelt zunächst die INTEGER-Matrizen "int_mat1" und "int_mat2" mit Hilfe der Prozedur "umwandeln" in die REAL-Matrizen "reell_mat1" und "reell_mat2" um und multipliziert sie sodann mit Hilfe der Funktion "skalarprodukt". Die Prozedur "reell_zu_boolean" diagnostiziert die Elemente der Produktmatrix "prod_mat" und "wandelt" sie in boolesche Werte um, die in die BOOLEAN-Matrix "bool_mat" eingetragen werden.

3.1.4 Mengen-Ausdrücke

Mengen-Ausdrücke sind Variablen vom Typ SET OF *typenangabe*. Zulässige Operatoren sind:

+	Vereinigung
-	Differenz
*	Durchschnitt
=	Gleich
<=	Kleiner oder Gleich
>=	Größer oder Gleich
IN	Enthalten in

Die Resultate der Operationen ergeben sich aus den Gesetzen der Mengenlehre.

Beispiele:

```
VAR c1, c2, c3 : SET OF CHAR; b : BOOLEAN; ch : CHAR;

    c1 := ['A','B','C'];
    c2 := ['C','D','E'];

    c3 := c1 + c2;          (* ['A','B','C','D','E']  --> Vereinigungsmenge *)
    c3 := c1 - c2;          (* ['A','B','D','E']      --> Differenzenmenge *)
    c3 := c1 * c2;          (* ['C']                  --> Schnittmenge      *)

    b := 'D' IN c3;
    b :=  ch IN ['A','B','C'];
```

3.1.5 Sonstige Ausdrücke

Unter "Sonstige Ausdrücke" soll ein Sammelbegriff für alle Konstanten-, Variablen- und Funktionsaufrufe verstanden werden, die nicht vom Typ INTEGER, REAL, SET oder BOOLEAN sind.

Insbesondere handelt es sich um Variablen- oder Funktionsaufrufe des Typs CHAR und STRING sowie um Variablenaufrufe vom Aufzählungs- oder Ausschnittstyp und vom Satz- oder Dateityp. Auch sind einfache relationale Verknüpfungen wie Gleichheit und Ungleichheit zwischen diesen Aufrufen möglich, wodurch allerdings boolesche Ausdrücke entstehen.

Besonders erwähnenswert ist der Aufruf der Standardfunktion CHR. Diese Funktion ist vom Typ CHAR und hat das Aufrufformat:

CHR(i)

Dabei ist i ein INTEGER-Ausdruck mit Werten zwischen 0 und 255.

Diese Funktion liefert das der laufenden Nummer i entsprechende ASCII-Zeichen und wird u.a. zur Ausgabe von Bildschirm-Steuerzeichen benutzt (eine Tabelle mit allen ASCII-Zeichen befindet sich im Anhang C).

Programmbeispiel:

```
PROGRAM beispiel_13;
(* Standard-Funktion CHR *)

VAR asciinr : INTEGER;

BEGIN
  WRITELN ('  Tabelle des ASCII-Code ');
  WRITELN (' Dezimalwert          Steuerzeichen  ');
  WRITELN ('-----------------------------------');
  FOR asciinr := 1 TO 255 DO
    BEGIN
      WRITELN ('    ', asciinr :3, '        --->        ', CHR(asciinr));
      IF asciinr MOD 22 = 0 THEN
         BEGIN
           WRITELN ('Weiter mit der <RETURN> - Taste.');
           READLN;
           WRITELN;
         END;
    END;
END.
```

3.2 Wertzuweisungen

Wertzuweisungen bilden einen Großteil der Anweisungen eines jeden Programms. In PASCAL-Programmen lautet das allgemeine Format:

variable := ausdruck;

Als *ausdruck* kommen arithmetische und boolesche Ausdrücke in Betracht. Ferner können Variablen komplizierter Typen wie z.B. STRING, ARRAY, RECORD, FILE, Aufzählung und Ausschnitt verwendet werden. Die Grundregel dabei lautet, daß *variable* und *ausdruck* vom gleichen Typ sein müssen.

Eine wichtige Ausnahme bildet die Typenkonversion zwischen INTEGER und REAL, die allerdings nur in einer Richtung funktioniert; d.h. ein INTEGER-Ausdruck wird REAL, wenn er einer REAL-Variable zugewiesen wird. Das gleiche gilt für gemischte Ausdrücke, die REAL- und INTEGER-Komponenten enthalten.

Soll ein Ausdruck vom Typ REAL einer Variable vom Typ INTEGER zugewiesen werden, so kann dies nur über die Funktionen TRUNC oder ROUND geschehen.

Codierbeispiel:

```
i := TRUNC(r/100.0-a);
```

Dabei seien i vom Typ INTEGER und r, a vom Typ REAL.

Programmbeispiel:

```
PROGRAM beispiel_14;
(* Standard-Funktionen TRUNC und ROUND *)
VAR reell_zahl : REAL;
    int_zahl   : INTEGER;
BEGIN
  REPEAT
    WRITE ('REAL-Wert eingeben (Abbruch mit 0) :  ');
    READLN (reell_zahl);
    IF reell_zahl <> 0 THEN
       BEGIN
         WRITELN ('REAL-Wert nach dem Einlesen : ',reell_zahl);
         int_zahl := TRUNC (reell_zahl);
         WRITELN ('INTEGER-Wert nach TRUNC     : ',int_zahl);
         int_zahl := ROUND (reell_zahl);
         WRITELN ('INTEGER-Wert nach ROUND     : ',int_zahl);
         WRITELN ('<RETURN> um fortzufahren.');
         READLN;
       END;
  UNTIL reell_zahl = 0;
END.
```

3.3 Alternative Programmzweige

3.3.1 Die IF-Anweisung

Die IF-Anweisung dient der bedingten Ausführung von alternativen Programmzweigen in Abhängigkeit von dem Wert eines booleschen Ausdrucks. Boolesche Ausdrücke sind auf S. 40ff. behandelt.

Die IF-Anweisung hat zwei Grundformate, die unechte und die echte Alternative. Ferner gibt es geschachtelte Formen.

3.3.1.1 Die unechte Alternative

Das allgemeine Format lautet:

IF *boolescher ausdruck* THEN *block*;

Die Wirkungsweise ist folgende:

Die Anweisung bzw. Anweisungsfolge *block* wird ausgeführt, wenn *boolescher ausdruck* den Wert TRUE hat; *block* wird übergangen, wenn *boolescher ausdruck* den Wert FALSE hat. Die Prozedur geht in beiden Fällen mit der auf *block* folgenden Anweisung weiter bzw. endet, wenn IF die letzte Anweisung ist.

Für die Struktogrammkonstruktion ist folgende Symbolik vorgesehen:

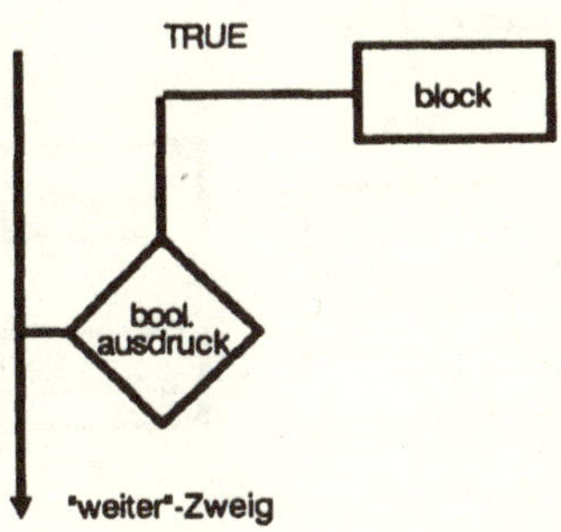

Programmbeispiel:

```
PROGRAM beispiel_15;
(* Test auf zulaessigen Operator *)
VAR operand1,
    operand2,
    ergebnis : REAL;
    operator : CHAR;

  PROCEDURE addieren;
  (* Addieren der beiden Operanden *)
  BEGIN
    ergebnis := operand1 + operand2;
  END;

  PROCEDURE ausgeben;
  (* Ausgeben des Ergebnisses am Bildschirm *)
  BEGIN
    WRITELN ('Ergebnis  :  ', ergebnis);
  END;

BEGIN
  WRITE ( 'Bitte geben Sie den 1. Operanden ein :  ');
  READLN (operand1);
  WRITE ( 'Bitte geben Sie den 2. Operanden ein :  ');
  READLN (operand2);
  WRITE ( 'Bitte geben Sie den Operator ein     :  ');
  READLN (operator);
  IF operator = '+' THEN
     BEGIN
       addieren;
       ausgeben;
     END;
END.
```

Struktogramm: Zulässiger Operator

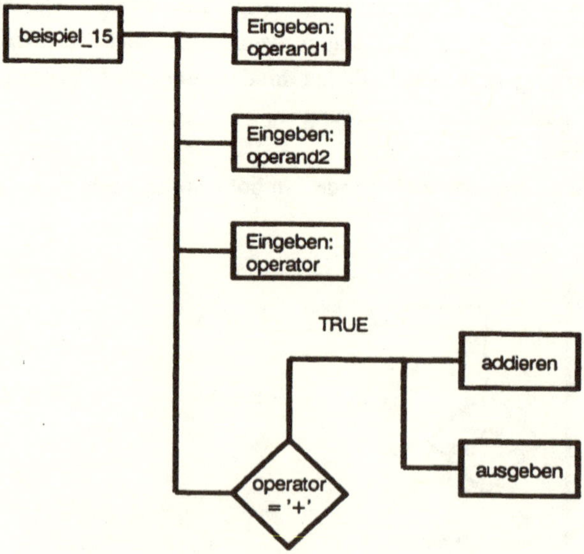

Das Programm beispiel_15 führt die Prozeduren "addieren" und "ausgeben" nur aus, wenn der boolesche Ausdruck "operator='+'" den Wert TRUE hat; andernfalls endet es ohne Ergebnis.

3.3.1.2 Die echte Alternative

Das allgemeine Format lautet:

IF *boolescher ausdruck* THEN
block1
ELSE
block2;

Die Wirkung ist folgende:

Die Anweisung bzw. Anweisungsfolge *block1* wird ausgeführt, wenn *boolescher ausdruck* den Wert TRUE hat, und *block2* wird ausgeführt, wenn *boolescher ausdruck* den Wert FALSE hat. Das Programm geht in beiden Fällen mit der auf *block2* folgenden Anweisung weiter, bzw. endet, wenn IF die letzte Anweisung ist.

Die echte Alternative ist immer dann anzuwenden, wenn im FALSE-Fall ein Programmzweig durchlaufen werden soll, der im TRUE-Fall nicht durchlaufen werden darf.

Für die Struktogrammkonstruktion ist folgende Symbolik vorgesehen:

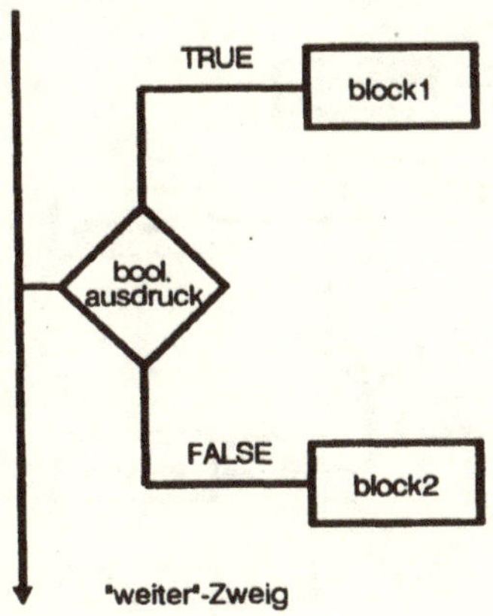

Programmbeispiel:

```
PROGRAM beispiel_16; (* Test auf zulaessigen Operator mit Korrektureingabe *)
VAR operator : CHAR; operand1, operand2, ergebnis : REAL;

  PROCEDURE addieren; (* Addieren der beiden Operanden *)
  BEGIN
    ergebnis := operand1 + operand2;
  END;

  PROCEDURE ausgeben; (* Ausgeben des Ergebnisses am Bildschirm *)
  BEGIN
    WRITELN ('Ergebnis   :   ', ergebnis);
  END;

  PROCEDURE fehlermeldung; (* Ausgeben einer Fehlermeldung am Bildschirm *)
  BEGIN
    WRITELN ('Operator unzulaessig, Eingabe wiederholen.');
  END;

BEGIN
  WRITE ( 'Bitte geben Sie den 1. Operanden ein   : '); READLN (operand1);
  WRITE ( 'Bitte geben Sie den 2. Operanden ein   : '); READLN (operand2);
  REPEAT
    WRITE ( 'Bitte geben Sie den Operator ein      : '); READLN (operator);
    IF operator <> '+' THEN
       fehlermeldung
    ELSE
       BEGIN
         addieren;
         ausgeben;
       END;
  UNTIL operator = '+'
END.
```

Struktogramm: Zulässiger Operator mit Korrektureingabe

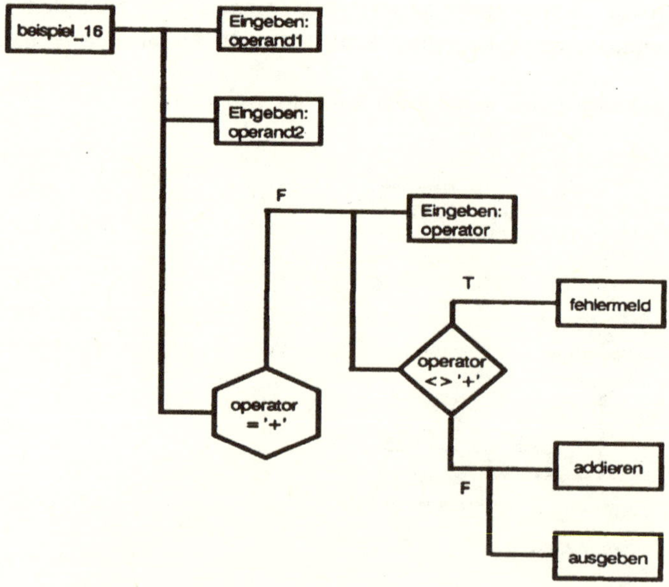

Das Programm beispiel_16 führt die Prozeduren "addieren" und "ausgeben" nur aus, wenn der boolesche Ausdruck "operator='+'" den Wert TRUE hat; danach endet das Programm. Wenn der boolesche Ausdruck den Wert FALSE hat, wird eine Fehlermeldung ausgegeben und die Operatoreingabe wiederholt.

3.3.1.3 Geschachtelte IF-Anweisungen

Der Block bzw. die Blöcke in einer IF-Anweisung dürfen wiederum IF-Anweisungen enthalten, so daß Schachtelungen entstehen können. Hierbei sind folgende drei Grundformen von Bedeutung:

Form 1:

IF *bool.ausdr.1* THEN
   IF *bool.ausdr.2* THEN
      .
      .
      .
         IF *bool.ausdr.n* THEN *block*;

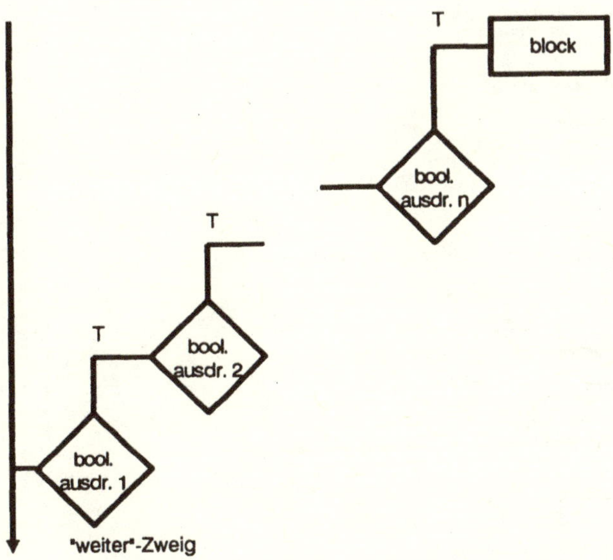

Die Anweisung bzw. Anweisungsfolge *block* wird nur ausgeführt, wenn alle booleschen Ausdrücke den Wert TRUE haben. Sobald beim Durchlaufen der IF-Anweisungsfolge ein Ausdruck mit dem Wert FALSE entdeckt wird, verläßt das Programm sofort die Konstruktion und fährt im "weiter"-Zweig fort. Diese Form der Schachtelung entspricht einer AND-Verknüpfung der booleschen Ausdrücke 1 bis n und ist äquivalent mit der Form:

IF (*bool.ausdr.1*) AND
(*bool.ausdr.2*) AND
.
.
.
(*bool.ausdr.n*) THEN *block;*

Programmbeispiel:

```
PROGRAM beispiel_17a;
(* Zahlen kumulieren (IF..THEN..ELSE) *)
VAR operand, ergebnis : REAL;
BEGIN
  ergebnis := 0;
  REPEAT
    WRITELN ('Bitte Operand eingeben : ');
    READLN (operand);
    IF operand > 0 THEN
       IF operand < 100 THEN
          BEGIN
            ergebnis := ergebnis + operand;
            WRITELN ('Ergebnis : ',ergebnis);
          END
       ELSE
          WRITELN ('Operand unzulaessig')
    ELSE
       WRITELN ('Operand unzulaessig');
  UNTIL ergebnis >= 100;
  WRITELN ('Programmende');
END.
```

```
PROGRAM beispiel_17b;
(* Zahlen kumulieren (IF..THEN..ELSE) *)
VAR operand, ergebnis : REAL;
BEGIN
  ergebnis := 0;
  REPEAT
    WRITELN ('Bitte Operand eingeben : ');
    READLN (operand);
    IF (operand > 0) AND (operand < 100) THEN
       BEGIN
         ergebnis := ergebnis + operand;
         WRITELN ('Ergebnis : ',ergebnis);
       END
    ELSE
       WRITELN ('Operand unzulaessig');
  UNTIL ergebnis >= 100;
  WRITELN ('Programmende');
END.
```

Struktogramm: Zahlen kumulieren (IF...AND...ELSE)

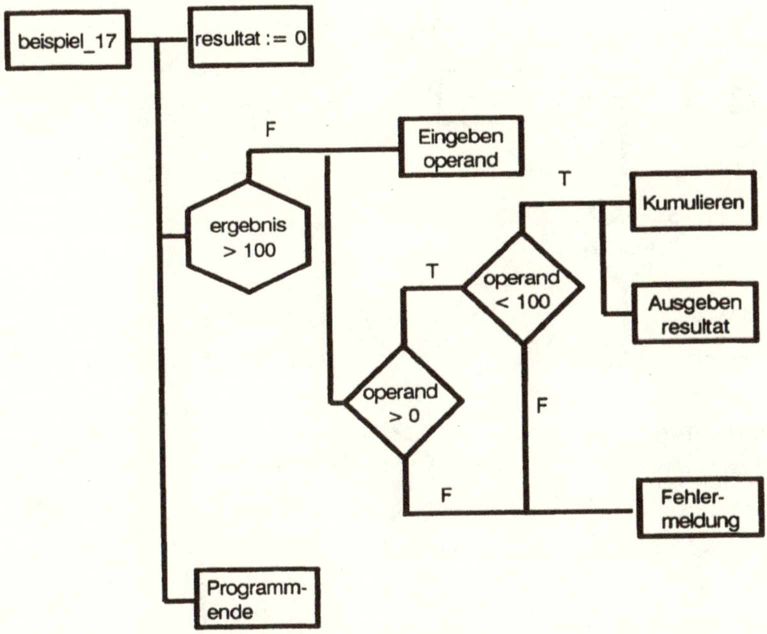

Das Programm beispiel_17 soll eingelesene Operanden kumulieren und bei Erreichen oder Überschreiten des Wertes 100 abbrechen. Damit diese Aufgabe erfüllt werden kann, werden nur positive Operanden und nur Operanden kleiner 100 akzeptiert. Diese Bedingungen werden in einer geschachtelten IF-Konstruktion formuliert. Bei Eingabe unzulässiger Operanden wird zur Eingaberoutine zurückgesprungen.

Form 2:

IF *bool.ausdr.1* THEN *block1*
ELSE IF *bool.ausdr.2* THEN *block1*
.
.
.
ELSE IF *bool.ausdr.n* THEN *block1*
ELSE *block2*;

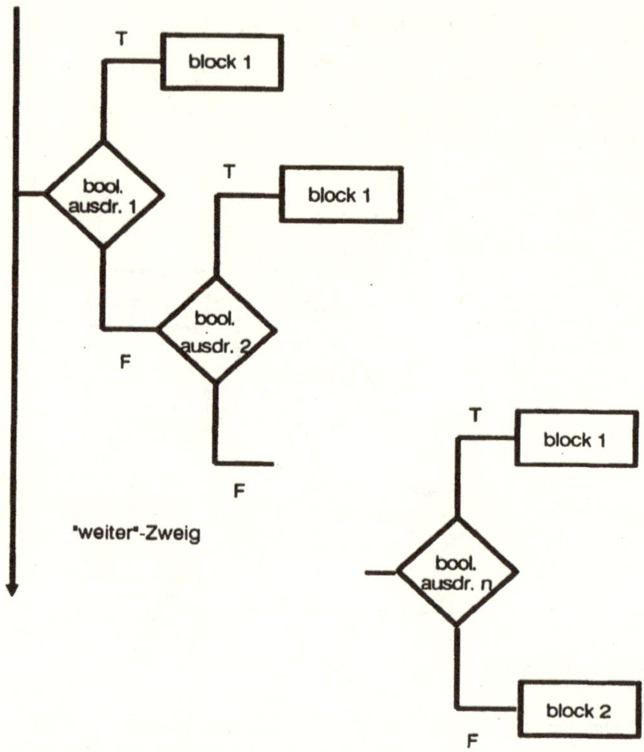

Die Anweisung bzw. Anweisungsfolge *block1* wird ausgeführt, sobald ein boolescher Ausdruck mit dem Wert TRUE entdeckt wird. Die Konstruktion wird danach sofort verlassen, ohne die gegebenenfalls noch folgenden IF-Anweisungen zu durchlaufen, und es wird im "weiter"-Zweig fortgefahren.

Wenn bis zum Ende der Folge kein boolescher Ausdruck mit dem Wert TRUE entdeckt wird, fährt das Programm im ELSE-Zweig mit der Ausführung von *block*2 und danach im "weiter"-Zweig fort.

Diese Form entspricht einer OR-Verknüpfung der booleschen Ausdrücke 1 bis n und ist äquivalent mit der Form :

IF *(bool.ausdr.1)* OR *(bool.ausdr.2)* OR ... OR *(bool.ausdr.n)* THEN *block1* ELSE *block2;*

Programmbeispiel:

```
PROGRAM beispiel_18a;
(* Zahlen kumulieren (IF..OR..THEN..ELSE) *)
VAR operand, ergebnis : REAL;
BEGIN
  ergebnis := 0;
  REPEAT
    WRITELN ('Bitte Operand eingeben : ');
    READLN (operand);
    IF operand <= 0 THEN
       WRITELN ('Operand unzulässig')
    ELSE
      IF operand >= 100 THEN
         WRITELN ('Operand unzulässig')
    ELSE
      BEGIN
        ergebnis := ergebnis + operand;
        WRITELN ('Ergebnis : ',ergebnis);
      END;
  UNTIL ergebnis >= 100;
  WRITELN ('Programmende');
END.
```

```
PROGRAM beispiel_18b;
(* Zahlen kumulieren (IF..OR..THEN..ELSE) *)
VAR operand, ergebnis : REAL;
BEGIN
  ergebnis := 0;
  REPEAT
    WRITELN ('Bitte Operand eingeben : ');
    READLN (operand);
    IF (operand <= 0) OR (operand >= 100) THEN
       WRITELN ('Operand unzulaessig')
    ELSE
       BEGIN
         ergebnis := ergebnis + operand;
         WRITELN ('Ergebnis : ',ergebnis);
       END;
  UNTIL ergebnis >= 100;
  WRITELN ('Programmende');
END.
```

Das Programm beispiel_18 realisiert dieselbe Datenverarbeitungsaufgabe wie beispiel_17, diesmal aber mit einer IF...OR...ELSE-Konstruktion. Man beachte die Umkehrung der relationalen Operatoren und der Blockfolge.

Struktogramm: Zahlen kumulieren (IF...OR...ELSE)

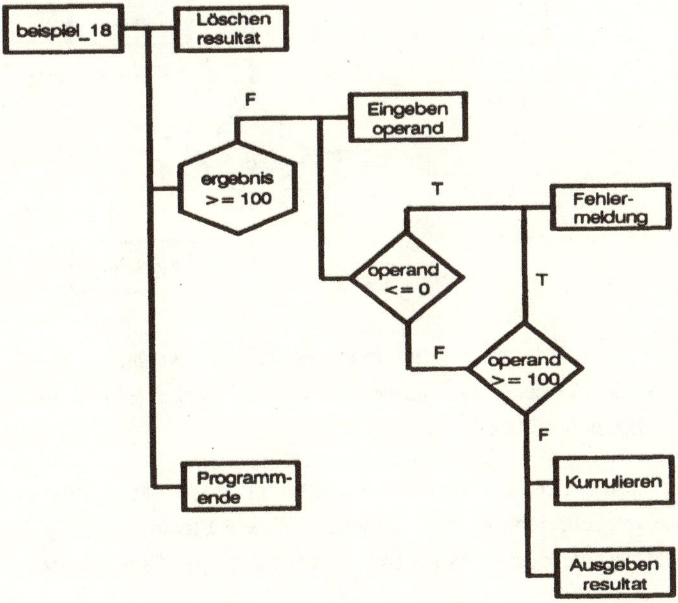

Form 3:

IF *bool.ausdr.1* THEN *block1*
ELSE IF *bool.ausdr.2* THEN *block2*
.
.
.
ELSE IF *bool.ausdr.n* THEN *block n*
ELSE *block n+1*

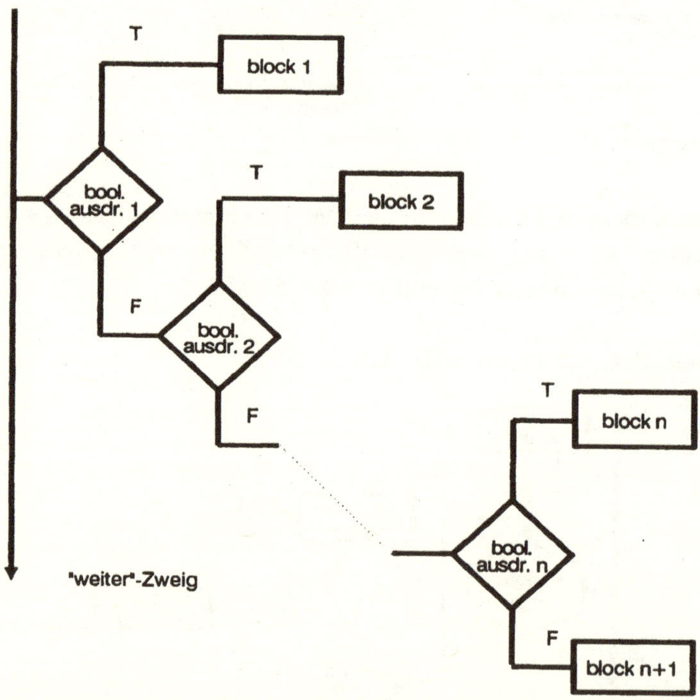

Die Form 3 ist aus der Form 2 abgeleitet, indem in den TRUE-Zweigen statt des einen Blocks *block* die Blöcke *block1* bis *block n* ausgeführt werden. Ferner gibt es noch einen ELSE-Zweig mit dem Block *block n+1*.

Diese Konstruktion kann zur alternativen Ausführung n+1 verschiedener Programmzweige benutzt werden, denn es wird auf jeden Fall ein Block ausgeführt. Sobald ein Block ausgeführt ist, wird die Konstruktion verlassen und im "weiter"-Zweig fortgefahren.

Programmbeispiel:

```
PROGRAM beispiel_19;
(* Operatorauswahl *)
VAR operand1,
    operand2,
    ergebnis : REAL;
    operator : CHAR;

  PROCEDURE addieren;
  (* Addieren der beiden Operanden *)
  BEGIN
    ergebnis := operand1 + operand2;
  END;

  PROCEDURE subtrahieren;
  (* Subtrahieren der beiden Operanden *)
  BEGIN
    ergebnis := operand1 - operand2;
  END;

  PROCEDURE multiplizieren;
  (* Multiplizieren der beiden Operanden *)
  BEGIN
    ergebnis := operand1 * operand2;
  END;

  PROCEDURE dividieren;
  (* Dividieren der beiden Operanden *)
  BEGIN
    ergebnis := operand1 / operand2;
  END;

  PROCEDURE ausgeben;
  (* Ausgeben des Ergebnisses am Bildschirm *)
  BEGIN
    WRITELN ('Ergebnis :  ', ergebnis);
  END;

  PROCEDURE fehlermeldung;
  (* Ausgeben einer Fehlermeldung am Bildschirm *)
  BEGIN
    WRITELN ('Operator unzulaessig, Eingabe wiederholen.');
  END;

BEGIN
  WRITE ( 'Bitte geben Sie den 1. Operanden ein :  ');
  READLN (operand1);
  WRITE ( 'Bitte geben Sie den 2. Operanden ein :  ');
  READLN (operand2);
  REPEAT
    WRITE ( 'Bitte geben Sie den Operator ein  :  ');
    READLN (operator);
    IF operator = '+' THEN
       addieren
    ELSE
       IF operator = '-' THEN
          subtrahieren
       ELSE
          IF operator = '*' THEN
             multiplizieren
          ELSE
             IF operator = '/' THEN
                dividieren
             ELSE
                fehlermeldung;
  UNTIL (operator = '+') OR (operator = '-') OR
        (operator = '*') OR (operator = '/');
  ausgeben;
END.
```

Struktogramm: Operatorauswahl (geschachtelte IF-Konstruktion)

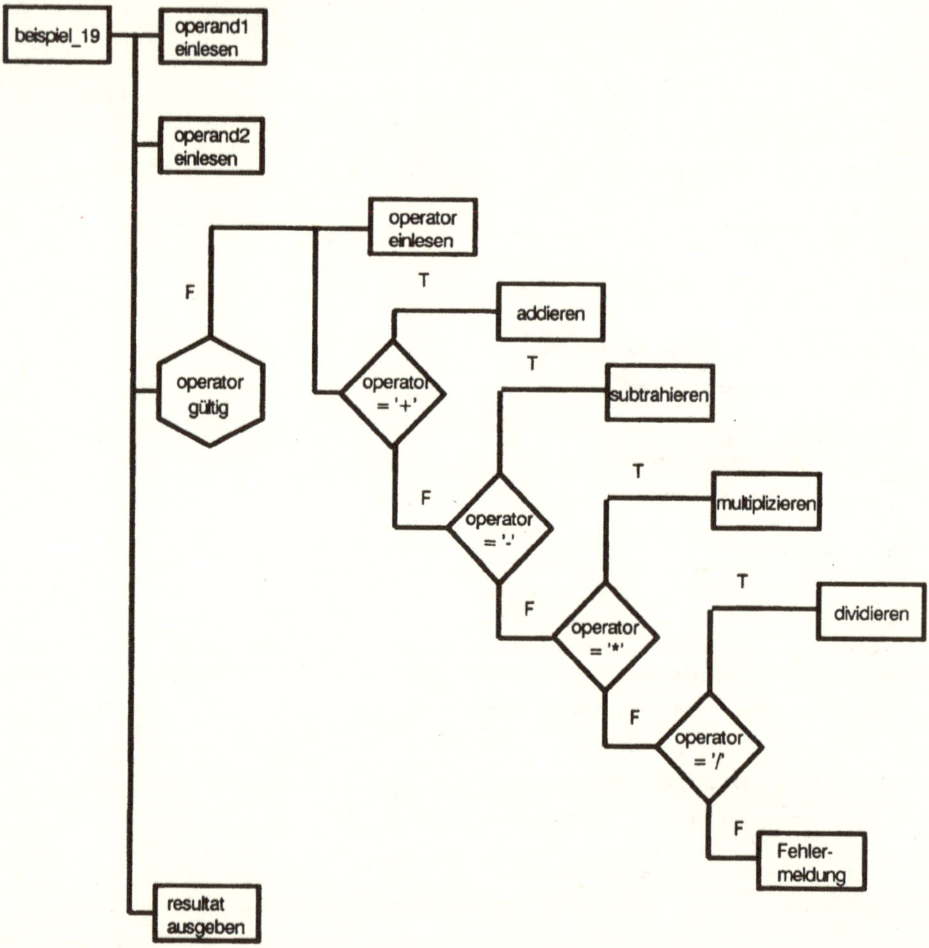

Im Programm beispiel_19 sollen zwei Operanden und ein arithmetischer Operator eingegeben werden; dabei sind "+", "-", "*" und "/" zugelassen. In Abhängigkeit vom Operator wird sodann eine der vier Grundrechnungsarten ausgeführt. Bei unzulässigen Operatoren erfolgt eine Fehlermeldung und die Eingabe wird wiederholt.

Diese dritte Form der geschachtelten IF-Anweisungen leitet zur CASE-Anweisung über.

3.3.2 Die CASE-Anweisung

Die CASE-Anweisung dient der Ausführung von alternativen Programmzweigen in Abhängigkeit von verschiedenen Werten ein und desselben Ausdrucks.

Die Anzahl der maximal möglichen Programmverzweigungen hängt von der verfügbaren Wertemenge des betreffenden Ausdrucks ab:

Bei booleschen Ausdrücken ist die Maximalzahl n = 2, womit die Möglichkeiten der einfachen IF-Anweisung abgedeckt werden.

Bei arithmetischen und sonstigen Ausdrücken ist i.d.R. die Maximalzahl n > 2.

Das allgemeine Anweisungsformat lautet:

CASE *ausdruck* OF
  $wert_1$: $block_1$;
  $wert_2$: $block_2$;
  .
  .
  .
  $wert_n$: $block_n$
ELSE
    $block_{n+1}$
END;

Die Angabe eines ELSE-Zweiges ist optional.

Die Wirkung ist derart, daß der aktuelle Wert von *ausdruck* mit der angegebenen Werten $wert_1$ bis $wert_n$ verglichen und für $ausdruck = wert_i$ der $block_i$ ausgeführt wird. Danach wird die CASE-Konstruktion verlassen. Ist keiner der angegebenen Werte mit dem Wert des Ausdrucks gleich, so wird gegebenenfalls $block_{n+1}$ nach der ELSE-Anweisung ausgeführt.

Für die Struktogrammkonstruktion ist folgende Symbolik vorgesehen:

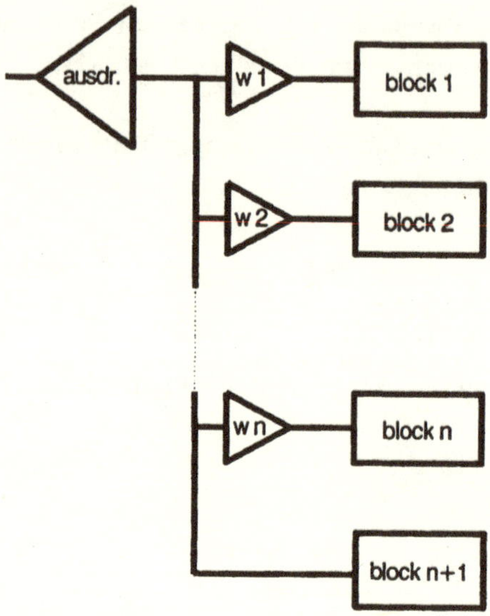

Codierbeispiel:

```
CASE tag OF
  mo: WRITELN ('MONTAG');
  di: WRITELN ('DIENSTAG');
  mi: WRITELN ('MITTWOCH');
  dn: WRITELN ('DONNERSTAG');
  fr: WRITELN ('FREITAG');
  sa: WRITELN ('SAMSTAG');
  so: WRITELN ('SONNTAG');
END;
```

Das Beispiel zeigt die Verwendung der Variable "tag", die als Aufzählungstyp definiert wurde.

Das Programm beispiel_20 zeigt die Anwendung der CASE-Anweisung anhand eines Würfelspiels:

Durch den Zufallszahlengenerator "würfel" werden Zahlen von 1 bis 6 erzeugt und der Variable "wurf" zugewiesen. Die CASE-Anweisung ordnet die Ergebnisse den verschiedenen Punktezählern "eins" bis "sechs" zu.

Programmbeispiel:

```
PROGRAM beispiel_20;
(* Wuerfelspiel *)
VAR eins, zwei, drei, vier, fuenf, sechs,
    wurf, index, startwert             : INTEGER;
    ende                               : CHAR;

  PROCEDURE init;
  (* Initialisierung der Variablen *)
  BEGIN
    eins      := 0;
    zwei      := 0;
    drei      := 0;
    vier      := 0;
    fuenf     := 0;
    sechs     := 0;
    startwert := 181;
    index     := 0;
  END;

  PROCEDURE eingabe;
  (* Ausgabe einer Menuezeile am Bildschirm *)
  BEGIN
    WRITELN ('Wuerfeln mit beliebiger Taste.');
    WRITELN ('Ende mit <E>. ');
    READLN (ende);
  END;

  FUNCTION wuerfel : INTEGER;
  (* Erzeugen einer Zufallszahl zwischen 1 und 6 *)
  BEGIN
    index     := index + 1;
    startwert := ABS (startwert * 183 + index);
    wuerfel   := startwert - (startwert DIV 6) * 6 + 1;
  END;

  PROCEDURE zaehler;
  (* Aktualisieren der Punktezaehler nach jedem Wurf *)
  BEGIN
    CASE wurf OF
      1 : eins  := eins  + 1;
      2 : zwei  := zwei  + 1;
      3 : drei  := drei  + 1;
      4 : vier  := vier  + 1;
      5 : fuenf := fuenf + 1;
      6 : sechs := sechs + 1;
      END;
  END;

  PROCEDURE ausgabe;
  (* Ausgabe der Ergebnisse eines Wurfes *)
  BEGIN
    WRITELN (index :2, ' . Wurf    Punkte  : ', wurf);
    WRITELN ('Verteilung  : ', eins :4, zwei  :4, drei :4,
                               vier :4, fuenf :4,sechs :4);
  END;

BEGIN
  init;
  REPEAT
    eingabe;
    IF ende <> 'E' THEN
       BEGIN
         wurf := wuerfel;
         zaehler;
         ausgabe;
       END;
  UNTIL ende = 'E';
END.
```

Struktogramm: Würfelspiel

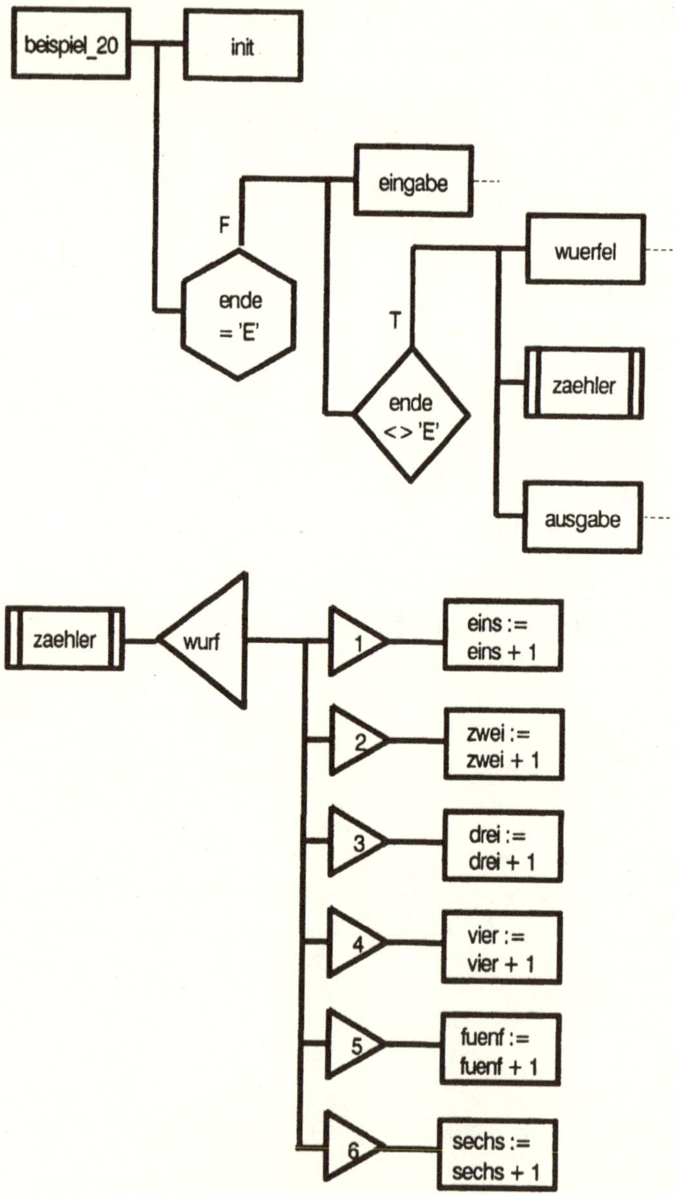

3.4 Programmschleifen

3.4.1 Die FOR-Anweisung

Die FOR-Anweisung dient der wiederholten Durchführung einer Anweisung bzw. Anweisungsfolge unter der Kontrolle eines Schleifenzählers. Das allgemeine Anweisungsformat lautet:

FOR *zähler* := *anfangswert* TO *endwert* DO *block;*

Hierbei wird *zähler* zunächst mit dem *anfangswert* geladen und nach jeder Ausführung von *block* um eine Einheit inkrementiert. Sobald *zähler* den *endwert* überschreitet, wird die Konstruktion ohne weitere Ausführung von *block* verlassen.

Eine weitere Form erlaubt ein Dekrementieren des Zählers:

FOR *zähler* := *anfangswert* DOWNTO *endwert* DO *block*;

In beiden Fällen kann *zähler* innerhalb von *block* als Index für die gleitende Adressierung von Variablen des Aufzählungs-, Ausschnitts- oder Feldtyps benutzt werden. Da *block* wiederum eine FOR-Anweisung enthalten kann, ist eine hierarchische (lexikographische) Verarbeitung mehrdimensionaler Variablen möglich.

Der Schleifenzähler *zähler* muß als Variable vom Typ INTEGER oder als Aufzählungs- bzw. Ausschnittstyp definiert werden. *anfangswert* und *endwert* können arithmetische Ausdrücke vom Typ INTEGER oder sonstige Ausdrücke (Variablen oder Elemente eines Aufzählungs- bzw. Ausschnittstyps) sein.

Für die Struktogrammkonstruktion ist folgende Symbolik vorgesehen:

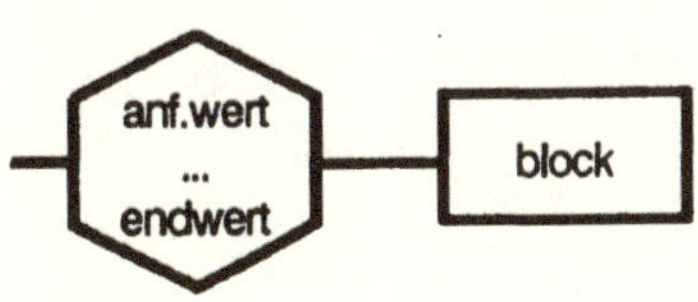

Codierbeispiele:

a)
```
FOR k:= 1 TO 5 DO
  f:= f + d[k] * e[k];
```

b)
```
FOR i:= 1 TO 5 DO
  FOR j:= 1 TO 5 DO
    g[i,j] := binaer(i,j);
```

c)
```
FOR fach := bwl TO bio DO
  insges := insges + studzahl[fach];
```

d)
```
FOR zeichen := 'a' TO 'z' DO
  WRITE (zeichen, ' ');
```

Das Programm beispiel_21 zeigt die Anwendung geschachtelter FOR-Anweisungen anhand einer Matrizenmultiplikation. Die miteinander zu multiplizierenden Matrizen "mat1" und "mat2" werden zuvor mit Zufallszahlen gefüllt.

Programmbeispiel:

```
PROGRAM beispiel_21;
(* Matrizenmultiplikation *)
TYPE  matrixtyp = ARRAY [1..15, 1..15] OF REAL;
VAR   mat1,
      mat2,
      erg       : matrixtyp;
      startwert : INTEGER;

  FUNCTION zufallszahl (referenz : INTEGER): INTEGER;
  (* Erzeugen einer Zufallszahl *)
  BEGIN
    startwert   := referenz * startwert + 1;
    zufallszahl := startwert MOD 10;
  END;

  PROCEDURE matrix_fuellen (VAR matrix          : matrixtyp;
                                zeilen, spalten : INTEGER);
  (* Fuellen einer Matrix mit Zufallszahlen und Ausgabe der entstandenen
     Matrix *)
  VAR i, j : INTEGER;
  BEGIN
    WRITELN;
    FOR i := 1 TO zeilen DO
      BEGIN
        WRITELN;
        FOR j := 1 TO spalten DO
          BEGIN
            matrix[i,j] := zufallszahl (7);
            WRITE (matrix[i,j] :10:2);
          END;
      END;
  END;

  PROCEDURE mat_multiplizieren (VAR a, b, c  : matrixtyp;
                                    l , m, n : INTEGER);
  (* Multiplizieren der Matrizen faktor1 und faktor2 und Ausgabe des
     Ergebnisses *)
  VAR i, j, k : INTEGER;
      cij     : REAL;
```

```
  BEGIN
    WRITELN;
    FOR i := 1 TO m DO
      BEGIN
        WRITELN;
        FOR k := 1 TO l DO
          BEGIN
            cij := 0;
            FOR j := 1 TO n DO
              cij := cij + a[i,j] * b[j,k];
            c[i,j]:= cij;
            WRITE (c[i,j] :10:2);
          END;
      END;
  END;

BEGIN
  startwert := 181;
  matrix_fuellen (mat1, 3, 4);
  matrix_fuellen (mat2, 4, 2);
  mat_multiplizieren (mat1, mat2, erg, 3, 2, 4);
END.
```

Struktogramm: Matrizenmultiplikation

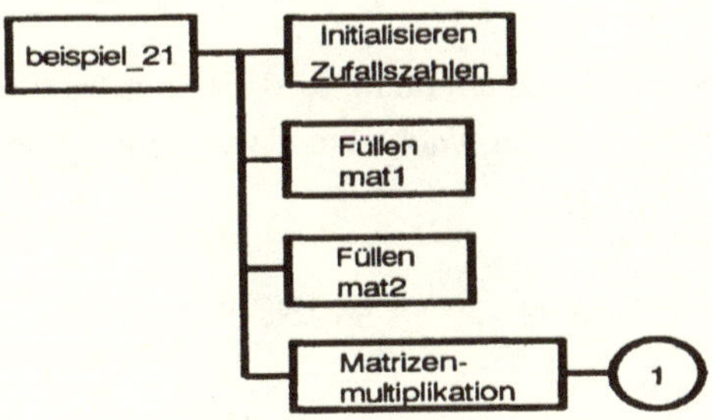

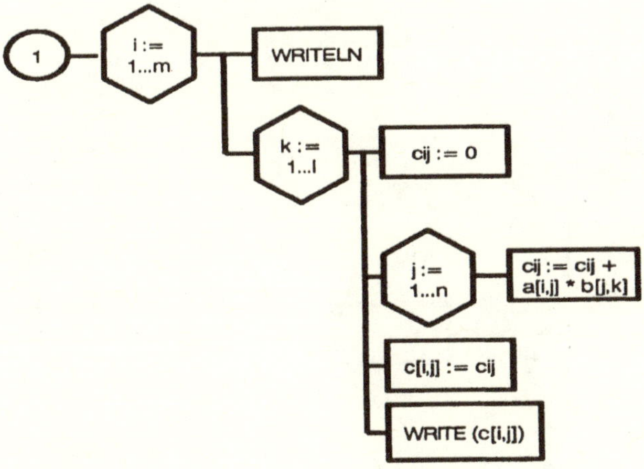

3.4.2 Die WHILE-Anweisung

Die WHILE-Anweisung dient der wiederholten Ausführung einer Anweisung bzw. Anweisungsfolge in Abhängigkeit vom Wert eines booleschen Ausdrucks (Laufbedingung).

Das allgemeine Anweisungsformat lautet:

WHILE *boolescher ausdruck* DO *block*;

Die Wirkung ist derart, daß die Ausführung von *block* solange wiederholt wird, wie der Wert von *boolescher ausdruck* TRUE ist; dabei erfolgt die Prüfung des Wertes jeweils **vor** der Ausführung von *block* (anfangsgeprüfte Wiederholung).

Sobald *boolescher ausdruck* den Wert FALSE annimmt, wird die Konstruktion verlassen. Der Wert des booleschen Ausdrucks muß in *block* verändert werden, weil sonst eine Endlosschleife entsteht.

Für den Sonderfall, daß *boolescher ausdruck* gleich zu Beginn FALSE ist, wird block überhaupt nicht durchlaufen.

Für die Struktogrammkonstruktion ist folgende Symbolik vorgesehen:

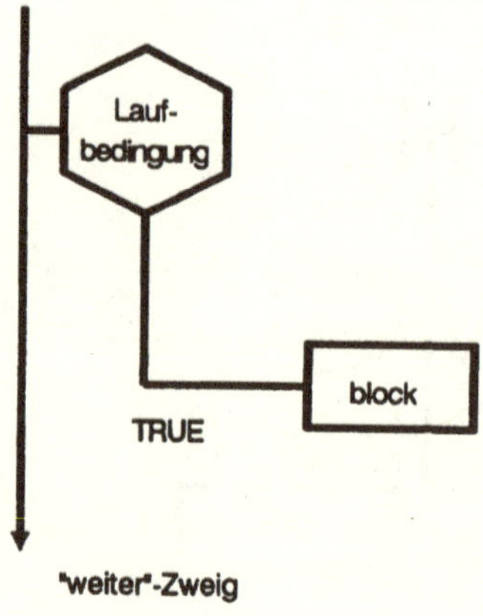

Programmbeispiel:

```
PROGRAM beispiel_22;
(* Kapitalentwicklung, Zins, Rente *)

VAR kapital,
    zinssatz,
    entnahme    : REAL;
    wiederholen : CHAR;
    jahr        : INTEGER;


  PROCEDURE eingabe;
  (* Einlesen der Anfangswerte *)
  BEGIN
    WRITE ('Bitte Anfangskapital eingeben (z.B. 1000.00) : ');
    READLN (kapital);
    WRITE ('Bitte Zinssatz eingeben (z.B. 7.5)           : ');
    READLN (zinssatz);
    WRITE ('Bitte Entnahme eingeben (z.B. 100.00)        : ');
    READLN (entnahme);
  END;


BEGIN
  wiederholen := 'J';
  jahr        := 0;

  WHILE wiederholen = 'J' DO
    BEGIN
      eingabe;

      WHILE (kapital > 0) AND (jahr <= 20) DO
        BEGIN
          kapital := kapital * (1.0 + zinssatz/100);
          IF entnahme > kapital THEN
             entnahme := kapital;
          kapital := kapital - entnahme;
          WRITELN (' ', jahr, ' .Jahr  :  ', kapital);
          jahr := jahr + 1;
        END;

      WRITELN;
      WRITELN ('Weiterer Lauf ? (J/N) ');
      READLN (wiederholen);
    END;

END.
```

Das Programm beispiel_22 simuliert den Zeitverlauf eines Kapitalbestandes bei unterschiedlichen Anfangsbeständen, Entnahmen und Zinssätzen. Anhand dieser Aufgabenstellung wird die Wirkungsweise einer WHILE-Konstruktion vorgeführt, die in diesem Falle entweder bei Erreichen eines Kapitalbestandes von Null oder spätestens nach 20 Zeitschritten verlassen wird (innere WHILE-Konstruktion).

Mit der äußeren WHILE-Konstruktion wird die Wiederholung bzw. der Abbruch des Programms gesteuert.

Struktogramm: Kapitalentwicklung, Zins, Rente

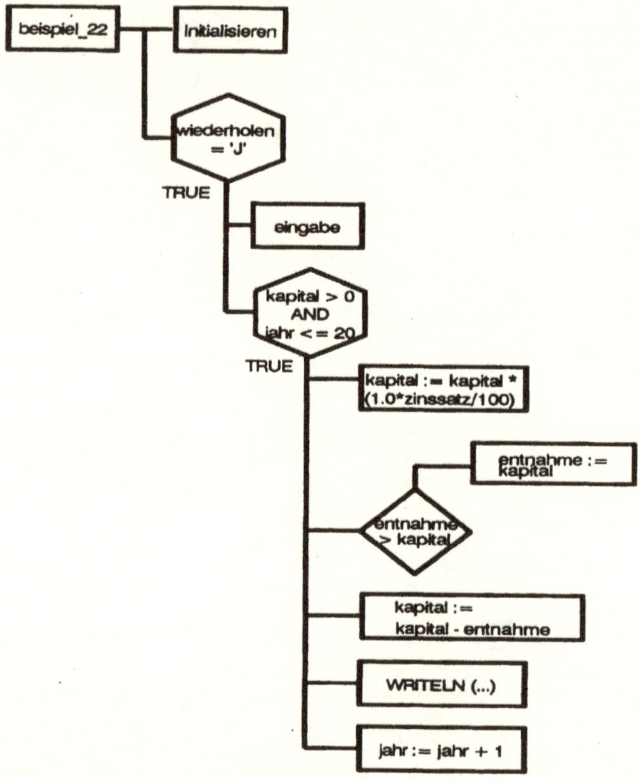

3.4.3 Die REPEAT-Anweisung

Die REPEAT-Anweisung dient wie die WHILE-Anweisung der wiederholten Ausführung einer Anweisung bzw. Anweisungsfolge in Abhängigkeit vom Wert eines booleschen Ausdrucks (Abbruchbedingung). Das allgemeine Anweisungsformat lautet:

REPEAT *block* UNTIL *boolescher ausdruck;*

Der Unterschied zur WHILE-Anweisung besteht darin, daß der Wert von *boolescher ausdruck* erst nach der Ausführung von *block* geprüft wird (endgeprüfte Wiederholung);

d.h. *block* wird auf alle Fälle mindestens einmal ausgeführt, während bei der WHILE-Anweisung mit einem Anfangswert FALSE die Konstruktion sofort wieder verlassen wird. Auch bei der REPEAT-Anweisung muß zur Vermeidung einer Endlosschleife der Wert des booleschen Ausdrucks in *block* verändert werden.

Für die Struktogrammkonstruktion ist folgende Symbolik vorgesehen:

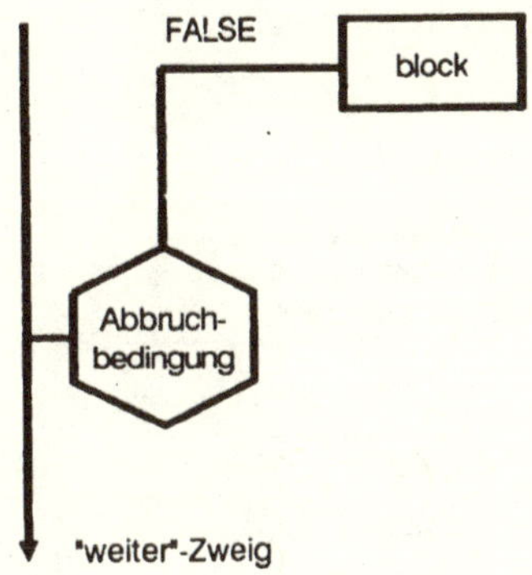

Programmbeispiel:

```
PROGRAM beispiel_23;
(* Wuerfeltest *)
VAR zaehler, augenzahl, wurf, startwert : INTEGER;

  FUNCTION wuerfel : INTEGER;
  (* Erzeugen einer Zufallszahl zwischen 1 und 6 *)
  BEGIN
    startwert := ABS (startwert * 183 + zaehler);
    wuerfel   := startwert - (startwert DIV 6) * 6 + 1;
  END;

BEGIN
  augenzahl := 0;
  startwert := 181;
  REPEAT
    augenzahl := augenzahl + 1;
    zaehler   := 0;
    wurf      := 0;
    REPEAT
      zaehler := zaehler + 1;
      wurf := wuerfel;
      WRITE ('  ',wurf);
    UNTIL wurf = augenzahl;
    WRITELN;
    IF zaehler = 1 THEN
       WRITELN (zaehler, ' Wurf bis zur ersten ', augenzahl)
    ELSE
       WRITELN (zaehler, ' Wuerfe bis zur ersten ', augenzahl);
  UNTIL augenzahl = 6;
END.
```

Das Programm beispiel_23 soll einen "Würfeltest" durchführen: Es wird nacheinander für jede Augenzahl "zahl" geprüft, wieviele Würfe nötig waren, um diese Zahl zu treffen. Diese Aufgabenstellung wird benutzt, um eine geschachtelte REPEAT-Konstruktion vorzuführen. Die äußere Schleife dient dem sukzessiven Weiterschalten der Augenzahl und die eingebettete Schleife dem wiederholten "würfeln".

Struktogramm: Würfeltest

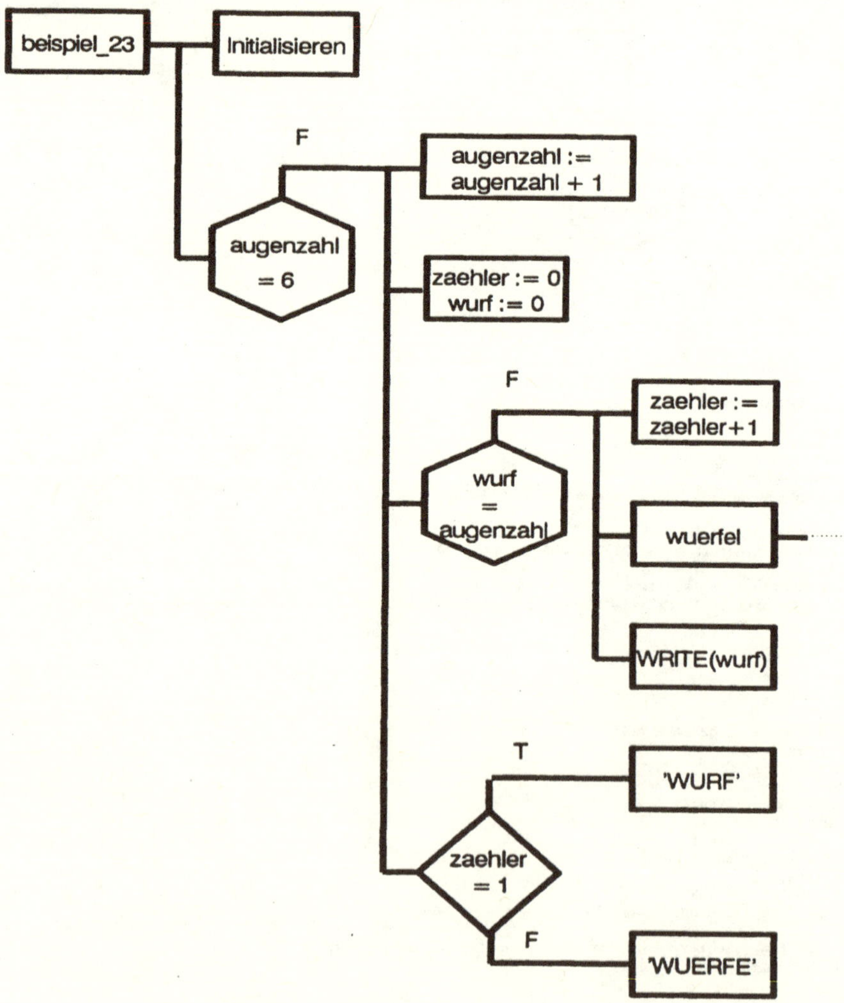

3.5 Datentransfer, Datenhaltung

Die Ein- und Ausgabe von Daten sind wesentliche Funktionen einer jeden Datenverarbeitungsaufgabe:

Durch Anwendung von **Dateneingabefunktionen** wird ein Programm für den wiederholten Gebrauch mit unterschiedlichen Werten ausgestaltet; durch Anwendung von **Datenausgabefunktionen** erhält der Benutzer oder irgendein mit dem Rechner gekoppelter Datenempfänger die Resultate dieser Datenverarbeitungsaufgabe bzw. irgendwelche Fehlermeldungen.

Unter **Datenhaltung** wird im allgemeinen die Speicherung von Eingabedaten, Zwischenresultaten und Endresultaten auf externen Speichern verstanden. Die Notwendigkeit hierzu ergibt sich aus (1) der wiederholten Verwendung von längerfristig konstanten Eingabedaten, ferner (2) aus der kapazitätsbedingten Entstehung von "Zwischenlägern" im Datenverarbeitungsprozeß und schließlich (3) aus der zeitlichen Verkettung von Datenverarbeitungsaufgaben, bei denen die Ausgabedaten (Resultate) einer vorangehenden Programmanwendung zu Eingabedaten einer nachfolgenden werden.

Datentransfer und Datenhaltung haben bei kaufmännischen und verwaltungstechnischen Datenverarbeitungsaufgaben gegenüber der eigentlichen Verarbeitung eine übergewichtige Bedeutung. Dagegen treten sie bei mathematischen und wissenschaftlichen Aufgaben in den Hintergrund.

Die Programmiersprache PASCAL, die in einer überwiegend mathematisch-wissenschaftlichen Umgebung definiert und realisiert wurde, bietet infolgedessen für Datentransfer und Datenhaltung nur bescheidene Möglichkeiten; in der ursprünglichen Sprachdefiniton waren zunächst nur serielle Schreib- und Lesebefehle und dementsprechend nur sequentielle Dateien vorgesehen. Durch Aufnahme der Standard-Prozedur SEEK (vgl. 3.5.2.3) wurde inzwischen eine Art von Direktzugriffsdateien realisiert, die für die integrierte Datenverarbeitung im kaufmännischen Bereich unerläßlich sind. Indexdateien oder indexsequentielle Dateien sind allerdings bislang in keiner der bekannten Implementierungen vorgesehen.

Trotz allem läßt sich PASCAL mit einigen Komfortabstrichen für kaufmännische Aufgaben einsetzen, was anhand der nachfolgenden Ausführungen und Beispiele dokumentiert werden soll.

3.5.1 Standardein/ausgabe

3.5.1.1 Die READ-Anweisung

Die READ-Anweisung dient dem Einlesen von Daten und deren Bereitstellung in den dafür vorgesehenen Variablen eines PASCAL-Programms. Das allgemeine Anweisungsformat lautet:

READ (*dateivariable*, *variable*$_1$, ..., *variable*$_k$);

Die Anwendung dieses umfassenden Formats wird erst später im Zusammenhang mit der Dateibehandlung dargestellt (vgl. S. 90ff.).

Sollen Daten von einem Standardeingabegerät, wie z.B. Tastatur, eingelesen werden, so entfällt die Angabe von *dateivariable*. Die gebräuchliche Form lautet dann:

READ (*variable*$_1$, ..., *variable*$_k$);

Als *variable* kommen nur Variablen vom Typ INTEGER, REAL, CHAR und STRING in Betracht; Elemente von Feldtypen können komponentenweise als indizierte Variablennamen angegeben werden, sofern deren Typ zu den oben genannten gehört.

Codierbeispiele:

a)
```
READ (i,r,c,s);
```

b)
```
FOR k := 1 TO 5 DO READ (a[k]);
```

In Beispiel a) seien "i", "r", "c", "s" Variablen vom Typ INTEGER, REAL, CHAR und STRING. In Beispiel b) werden 5 Werte in die Variablen-Felder "a[1]" bis "a[5]" eingegeben. Der Basistyp von "a" kann wiederum einer der 4 oben genannten sein.

Bezeichnet man mit $<\mathit{wert}_i>$ den einzugebenden Wert (Zeichenfolge) einer Variable$_i$ und mit $<t_i>$ ein nachfolgendes Trennzeichen (blank oder carriage return), so erwartet die READ-Anweisung Eingabedatensequenzen in der Form:

$<\mathit{wert}_1>$ $<t_1>$ $<\mathit{wert}_2>$ $<t_2>$ ... $<t_k\text{-}1>$ $<\mathit{wert}_k>$ $<t_k>$

Die eingegebenen Werte (Zeichen) werden den Variablen in der angegebenen Reihenfolge zugewiesen, wobei für die einzelnen Variablentypen folgende Besonderheiten gelten: Für den Typ INTEGER werden als Zeichen nur Ziffern und die Vorzeichen "+" und "-" akzeptiert; für den Typ REAL werden nur Ziffern, Vorzeichen sowie der (Dezimal-)Punkt akzeptiert; führende "blanks" und "carriage return" sind bei beiden Typen möglich. Für die Typen CHAR und STRING werden sämtliche Zeichen akzeptiert.

Bei den Typen INTEGER und REAL werden beliebig viele Ziffern akzeptiert, die dann bei der Zuweisung gegebenenfalls in den maximal zulässigen Wert transformiert werden:

Zu lange INTEGER-Zahlen ergeben unvorhersehbare Resultate; zu lange REAL-Zahlen werden von hinten abgeschnitten. Führende "blanks" oder "carriage return" werden bei der Zuweisung bei beiden Typen ignoriert.

Beim Typ CHAR wird nur jeweils ein Zeichen pro Variable akzeptiert; das nachfolgende Zeichen wird entweder als Trennzeichen interpretiert oder, falls eine nachfolgende Variable auch den Typ CHAR hat, dieser als Wert zugewiesen. Letzteres kann u.U. zu unerwünschten Resultaten führen und ist durch besondere Vorkehrungen (vgl. READLN-Anweisung S. 74) auszuschließen.

Beim Typ STRING werden beliebig viele Zeichen aller Art akzeptiert und nur "carriage return" wird als Trennzeichen erkannt. Werden mehr Zeichen eingegeben, als die STRING-Variable aufnehmen kann, so werden die letzten Zeichen abgeschnitten.

Wird eine Eingabe vorzeitig durch "carriage return" beendet, so werden nur die vor "carriage return" eingegebenen Zeichen in die ersten Positionen der STRING-Variable übertragen.

Trennzeichen dienen u.a. als Signal dafür, daß die Eingabe eines Wertes abgeschlossen ist und die Zuweisung zu der betreffenden Variable beginnen kann.

Handelt es sich bei den Trennzeichen um "carriage return", so wird zugleich am Eingabegerät ein Zeilenwechsel bewirkt.

3.5.1.2 Die READLN-Anweisung

Die READLN-Anweisung dient dem Einlesen von Daten mit abschließendem "carriage return". READLN steht also für "read line".

Das allgemeine Anweisungsformat lautet:

READLN (*dateivariable*, $variable_1$, ..., $variable_k$); bzw.
READLN ($variable_1$, ..., $variable_k$);

Die Wirkungsweise entspricht der READ-Anweisung. Der Unterschied besteht lediglich darin, daß die READLN-Anweisung das Ende einer Eingabedatensequenz nur erkennt, wenn in

$<wert_1> <t_1> \ldots <t_{k-1}> <wert_k> <t_k>$

der Trenner t_k ein "carriage return" ist.

Der Anwendungsbereich der READLN-Anweisung umschließt zunächst den der einfachen READ-Anweisung. Darüberhinaus kann mit ihrer Hilfe die Eingabe und Zuweisung unerwünschter Zeichen abgefangen werden. Verwendet man in einer READLN-Anweisung nur eine Variable, so gilt:

Das erste Trennzeichen löst die Zuweisung aus. Alle nachfolgenden Zeichen bleiben wirkungslos, weil keine weitere Variable mehr auftritt und die Anweisung erst durch ein "carriage return" beendet wird. Dadurch, daß der Adreßpegel hinter das abschließende "carriage return" gesetzt wird, kann dieses auch nicht an Variablen in nachfolgenden READ-Anweisungen übergeben werden.

Diese hier beschriebene Funktion wird durch eine weitere parameterlose Form der READLN-Anweisung abgerundet.

Das allgemeine Format lautet:

READLN;

Diese Anweisung akzeptiert beliebige Zeichenfolgen und wird durch ein "carriage return" beendet. Auch hier wird der Adreßpegel hinter das "carriage return" gesetzt, so daß Variablen in nachfolgenden READ-Anweisungen nicht berührt werden können. Diese Eigenschaften sind für zwei Anwendungsfälle von Bedeutung:

Einmal kann auf diese Weise das letzte Trennzeichen einer vorangehenden einfachen READ-Anweisung abgefangen werden. Zum zweiten läßt sich auf diese Weise eine zwei-dimensionale Eingabe am Bildschirm erreichen: Der Cursor kann vor der jeweils nächsten wirklichen Dateneingabe auf jede beliebige Stelle positioniert werden, so daß eine Eingabe in Tabellenform möglich wird; die vorgelagerte, parameterlose READLN-Anweisung fängt die Cursorsteuerzeichen oder Tabulatorzeichen ab.

Programmbeispiel:

```
PROGRAM beispiel_24;
(* READ, READLN, diverse Variablentypen *)
CONST echo = '----> Echo :  ';

  PROCEDURE einfache;
  VAR index,
      int_zahl  : INTEGER;
      real_zahl : REAL;
      zeichen   : CHAR;
  BEGIN
        FOR index := 1 TO 5 DO
          WRITELN;

        WRITELN ('Bitte INTEGER-Zahl eingeben : ');
(* 1 *) READ (int_zahl);
        WRITELN (echo, int_zahl);

        WRITELN ('Bitte REAL-Zahl eingeben : ');
(* 2 *) READLN (real_zahl);
        WRITELN (echo, real_zahl);

        WRITELN ('Bitte Zeichen eingeben : ');
(* 3 *) READLN (zeichen);
        WRITE (echo,' ',zeichen);
        WRITELN;

        WRITE ('Bitte Zeichen, INTEGER-Zahl und REAL-Zahl eingeben :  ');
(* 4 *) READ (zeichen, int_zahl, real_zahl);
        WRITELN (echo, zeichen, ' ',int_zahl, ' ', real_zahl);
  END;

  PROCEDURE felder;
  VAR index        : INTEGER;
      zeichenkette : STRING [3];
      int_feld     : ARRAY [1..3] OF INTEGER;
      real_feld    : ARRAY [1..3] OF REAL;
      char_feld    : ARRAY [1..3] OF CHAR;
  BEGIN
        FOR index := 1 TO 5 DO
          WRITELN;
        WRITE ('Bitte 3 INTEGER-Zahlen eingeben :  ');
        FOR index := 1 TO 3 DO
(* 1 *)   READ (int_feld[index]);
        WRITE (echo);
        FOR index := 1 TO 3 DO
          WRITE (' ',int_feld[index]);
        WRITELN;
```

```
        WRITE ('Bitte 3 REAL-Zahlen eingeben :  ');
(* 2 *) READ (real_feld[1],real_feld[2],real_feld[3]);
        WRITE (echo);
        FOR index := 1 TO 3 DO
          WRITE (' ',real_feld[index]);
        WRITELN;

(* 3 *) READLN;

        WRITE ('Bitte 3 Zeichen eingeben :  ');
        FOR index := 1 TO 3 DO
(* 4 *)   READLN (char_feld[index]);
        WRITE (echo);
        FOR index := 1 TO 3 DO
          WRITE (' ',char_feld[index]);
        WRITELN;

        READLN;
        WRITE ('Bitte STRING (3 Zeichen)  eingeben :  ');
(* 5 *) READ (zeichenkette);
        WRITELN (echo, zeichenkette);
  END;

BEGIN
  einfache;
  felder;
END.
```

Das Programm beispiel_24 zeigt die Anwendung von READ und READLN für verschiedene Datentypen und deren zugehörige Feldtypen. Zur Vereinfachung der nachfolgenden Erläuterungen wurden die zu erklärenden Anweisungen mit Kommentarnummern versehen:

Prozedur "einfache":

1: Einlesen eines INTEGER-Wertes und Zuweisen an die INTEGER-Variable "int_zahl".
2: Einlesen eines Wertes und Zuweisen an die REAL-Variable "real_zahl".
3: Einlesen eines Zeichens und Zuweisen an die CHAR-Variable "zeichen".
4: Einlesen von 3 Werten und Zuweisen an "zeichen", "int_zahl" und "real_zahl".

Prozedur "felder":

1: Einlesen dreier INTEGER-Werte und Zuweisen an die INTEGER-Variable "int_feld[index]" mit "index" 1, 2, 3.
2: Einlesen dreier REAL-Werte und Zuweisen an die REAL-Variable "real_feld[1]", "real_feld[2]" und "real_feld[3]".
3: Abfangen des Trenners für die nachfolgende Zeicheneingabe.
4: Einlesen dreier CHAR-Werte (Zeichen) und Zuweisen an die CHAR-Variable "char_feld[index]" mit "index" 1, 2, 3.
5: Einlesen dreier Zeichen und Zuweisen an die STRING-Variable "zeichenkette".

3.5.1.3 Die WRITE-Anweisung

Die WRITE-Anweisung dient dem Ausgeben von Daten sowie dem Aufbau von Sätzen einer Dateivariable. Das allgemeine Anweisungsformat lautet:

WRITE (*dateivariable, ausdruck*$_1$, ..., *ausdruck*$_m$);

Die Anwendung dieses umfassenden Formats wird später im Zusammenhang mit der Dateibehandlung dargestellt (vgl. S. 90f.). Sollen Daten auf ein Standardausgabegerät, wie z.B. Bildschirm ausgegeben werden, so entfällt die Angabe von *dateivariable*. Die gebräuchliche Form lautet dann:

WRITE (*ausdruck*$_1$, ..., *ausdruck*$_m$);

Als *ausdruck* kommen in Betracht:

(1) arithmetische Ausdrücke der Typen INTEGER und REAL
(2) sonstige Ausdrücke der Typen CHAR oder STRING (nur Variablen- und Konstantenaufrufe)

Codierbeispiele:

```
a) WRITE (text_const, text_var, (zahl-3) * 100, summe(vektor));
b) WRITE (13.00, '%', 'MEHRWERTSTEUER');
c) WRITE (feld[1], feld[2], feld[3], matrix[1,k]);
```

Im Beispiel a) sei "text_const" eine Textkonstante und "text_var" eine Textvariable; beide seien vom Typ STRING. Ferner sei "zahl" eine INTEGER-Variable und "summe" eine REAL-Funktion mit der ARRAY-Variable "vektor".

In Beispiel b) ist 13.00 eine Direktkonstante vom Typ REAL, '%' eine Direktkonstante vom Typ CHAR und 'MEHRWERTSTEUER' eine Direktkonstante vom Typ STRING.

In Beispiel c) sei "feld" eine Feldvariable vom Typ CHAR und "matrix" eine Feldvariable vom Typ REAL.

Beachtenswert ist, daß in der WRITE-Anweisung auch zusammengesetzte Ausdrücke vorkommen können, deren Werte erst bei der Ausgabe berechnet werden; siehe Beispiel a).

3.5.1.4 Formatierte Ausgabe

Bezeichnet man mit <$wert_i$> den Wert (Zeichenfolge) des auszugebenden Ausdrucks $ausdruck_i$, so erzeugt eine WRITE-Anweisung folgende Ausgabedatensequenz:

<$wert_1$> <$wert_2$> ... <$wert_m$>

Der Aufbau der auszugebenden Zeichenfolge erfolgt zunächst in einem Ausgabepuffer, in den die Werte sukzessive übertragen werden.

Nach jeder Übertragung eines Wertes i steht der Adreßpegel im Ausgabepuffer hinter dem letzten Zeichen der zugehörigen Zeichenfolge. Erst wenn alle Ausdrücke übertragen sind, wird an das Ausgabegerät bzw. die Ausgabedatei gesendet.

Sollen Zwischenräume zwischen den Werten erscheinen, so müssen blanks durch geeignete Ausdrücke (direkte oder indirekte Konstanten) an den entsprechenden Stellen in der Liste der Ausgabeobjekte vorgesehen werden.

Codierbeispiel:

```
WRITE (zahl, ' ', zahl * 10, blanks, zahl * 100);
```

Eine weitere Möglichkeit der Druckbildgestaltung wird durch einen Verschiebeparameter zur Verfügung gestellt; die allgemeine Form lautet:

$ausdruck_i$: $verschiebezahl_i$

Als *verschiebezahl* kommen nur positive arithmetische Ausdrücke vom Typ INTEGER in Betracht. Die Wirkung ist, daß *verschiebezahl* vor der Übertragung auf den aktuellen Wert des Adreßpegels im Ausgabepuffer addiert und die Länge der auszugebenden

Zeichenfolge von diesem Wert subtrahiert wird; ab dieser Stelle im Ausgabepuffer wird sodann die betreffende Zeichenfolge abgelegt.

Beispiel:

WRITE ('PREIS':7, 'MENGE':6, 'WERT':8).

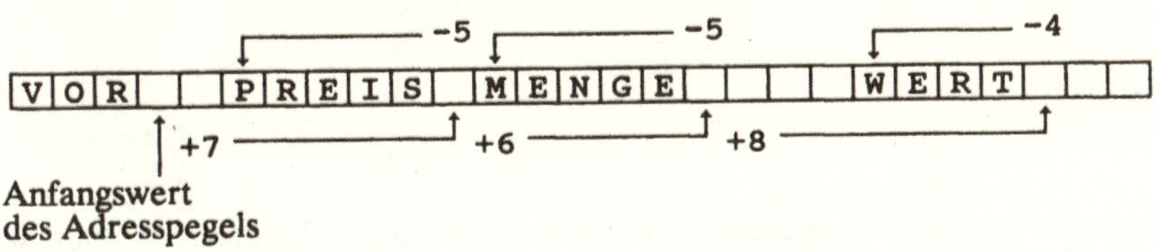

Die Zeichenfolge "VOR" möge durch eine vorangehende WRITE-Anweisung erzeugt worden sein.

Ausdrücke des Typs REAL werden in PASCAL i.d.R. in normalisierter Gleitpunktdarstellung, also in der Form x.xxxxxE±n ausgegeben. Für die formatierte Ausgabe in gewohnter Dezimalpunktdarstellung besteht jedoch in Form einer Stellenzahl die Möglichkeit einer entsprechenden Druckbildgestaltung; diese kann allerdings nur in Verbindung mit der Verschiebezahl benutzt werden. Die allgemeine Form lautet:

REAL-ausdruck$_i$: *verschiebezahl*$_i$: *stellenzahl*$_i$

Als *stellenzahl* kommen nur positive arithmetische Ausdrücke vom Typ INTEGER in Betracht; damit können im Rahmen der Darstellbarbeit von REAL-Zahlen die Stellen hinter dem Dezimalpunkt angegeben werden. Hat ein REAL-Ausdruck mehr Stellen hinter dem Dezimalpunkt als verlangt sind, so werden die letzten Stellen hinter dem Dezimalpunkt gerundet und abgeschnitten.

Beispiel:

Befehl: WRITE (wert:7:3);
<wert>: 12.3456
verschiebezahl: 7
stellenzahl: 3
Ausgabe: 12.346

Sind weniger Stellen hinter dem Dezimalpunkt vorhanden, als durch *stellenzahl* angegeben, so werden Nullen angefügt.

Beispiel:

Befehl: WRITE (wert:7:3);
<wert>: 12.3
verschiebezahl: 7
stellenzahl: 3
Ausgabe: 12.300

Diese Regeln gelten mit der generellen Einschränkung, daß REAL-Zahlen mit maximal n Mantissenstellen ausgegeben werden (zu n siehe Anhang D).

3.5.1.5 Die WRITELN-Anweisung

Sollen Zeilenwechsel erzeugt werden, so kann dies durch die WRITELN-Anweisung geschehen.

Das allgemeine Anweisungsformat lautet:

WRITELN (*dateivariable*, $ausdruck_1$, ..., $ausdruck_m$); bzw.
WRITELN ($ausdruck_1$, ..., $ausdruck_m$);

Die Wirkung ist, daß die Druckaufbereitung der angegebenen Liste von Ausgabeobjekten durch ein "carriage return" abgeschlossen wird, also folgende Ausgabedatensequenz erzeugt wird:

<$wert_1$> ... <$wert_m$> CR

Sollen zum Zweck einer formulargerechten Datenausgabe nur Leerzeilen ausgegeben werden, so kann dies durch die parameterlose Form

WRITELN;

geschehen.

Programmbeispiel:

```
PROGRAM beispiel_25; (* WRITE, formatierte Ausgabe, diverse Ausdruecke *)

  PROCEDURE ausdruecke;
  CONST text_const = 'Test fuer ';
  VAR text_var   : STRING [45];
      zahl, i, j : INTEGER;
      feld       : ARRAY [1..3] OF CHAR;
      matrix     : ARRAY [1..5,1..3] OF REAL;
  BEGIN
    text_var := 'die Auswertung arithmetischer Ausdruecke :';
    zahl := 10;
    WRITE (text_const, text_var, (zahl-3)*100); WRITELN;
    text_var := 'die Verwendung von Direktkonstanten :';
    WRITELN (text_const, text_var, 14.00:4:2,' % ', ' Mehrwertsteuer');
    text_var := 'die Verwendung von Feldvariablen :';
    feld[1] := 'M';
    feld[2] := ' ';
    feld[3] := '=';
    WRITE (text_const, text_var);
    FOR i := 1 TO 5 DO
      BEGIN
        WRITELN;
        FOR j := 1 TO 3 DO
          BEGIN
            matrix[i,j] := 12.345 + i * j MOD 5;
            WRITE ('  ', feld[1], i, j, feld[2], feld[3], matrix[i,j]:10:2);
          END;
      END;
  END;

  PROCEDURE verschiebezahl;
  VAR i,k : INTEGER;
  BEGIN
        FOR k := 1 TO 5 DO
(* 1 *)   WRITELN;
        REPEAT
(* 2 *)   WRITE ('Bitte Verschiebezahl eingeben (Beenden mit < 0) : '); READLN (i);
            IF i >= 0 THEN
              BEGIN
(* 3 *)         WRITELN ('123456789012345678901234567890');
                WRITE ('Vor');
(* 4 *)         WRITE ('Preis':i, 'Menge':6, 'Wert':8); WRITELN;
              END;
            UNTIL i < 0;
  END;

  PROCEDURE stellenzahl;
  VAR i,k  : INTEGER;
      zahl : REAL;
  BEGIN
    FOR k := 1 TO 5 DO
      WRITELN;
    REPEAT
      WRITE ('Bitte Realzahl eingeben (Beenden mit 0) : '); READLN (zahl);
      IF zahl <> 0 THEN
         BEGIN
           WRITELN ('Bitte Verschiebezahl eingeben : '); READLN (i);
           WRITELN ('Bitte Stellenzahl eingeben : '); READLN (k);
           WRITELN ('123456789012345678901234567890');
           WRITELN (zahl : i : k);
         END;
    UNTIL zahl = 0;
  END;

BEGIN
  ausdruecke;
  verschiebezahl;
  stellenzahl;
END.
```

Das Programm beispiel_25 enthält drei Prozeduren zur Demonstration verschiedener Anwendungen von WRITE und WRITELN.

Prozedur "ausdruecke":
Es wird zunächst vorgeführt, wie ein arithmetischer Ausdruck "(zahl-3) * 100" in einer WRITE-Anweisung verwendet werden kann. Sodann wird die Verwendung von direkten und indirekten Konstanten in einer WRITELN-Anweisung gezeigt; dabei ist die Verwendung der direkten REAL-Konstante "14.00" besonders hervorzuheben. Schließlich wird die Verwendung von Feldvariablen in einer WRITE-Anweisung anhand der Ausgabe einer mit Zufallszahlen gefüllten Matrix vorgeführt.

Prozedur "verschiebezahl":
1: Es werden 5 Leerzeilen erzeugt.
2: Es wird die Verschiebezahl "i" eingelesen.
3: Ein Orientierungsraster wird ausgegeben.
4: Es werden die STRING-Konstante "Preis" mit unterschiedlichen Verschiebezahlen "i" und die STRING-Konstanten "Menge" und "Wert" mit konstanten Verschiebezahlen ausgegeben. Anhand des Orientierungsrasters lassen sich die Wirkungen studieren.

Prozedur "stellenzahl":
Es kann das Zusammenspiel variabel eingelesener REAL-Zahlen, Verschiebezahlen und Stellenzahlen studiert werden.

3.5.2 Dateibehandlung

3.5.2.1 Die ASSIGN-Anweisung

Die ASSIGN-Anweisung dient der Zuordnung einer Datei auf einem externen Speichermedium (Diskette oder Festplatte) zu einer Dateivariable.

Das allgemeine Anweisungsformat lautet:

ASSIGN (*dateivariable*, *dateiname*);

Als *dateivariable* kommen nur Variablen vom Dateityp (FILE OF) in Betracht.

dateiname ist eine Konstante oder Variable vom Typ STRING, die die Dateibezeichnung auf dem externen Speichermedium nach folgendem Muster enthält:

laufwerk: name.erweiterung

Codierbeispiel:

```
ASSIGN (kundendatei, 'A:KUNDEN.DAT');
```

ASSIGN muß immer am Anfang einer Dateiverwaltung stehen.

Soll auf einem Drucker ausgegeben werden, so ist in dem betreffenden Programm oder der betreffenden Unit die Unit "Printer" anzufordern:

```
USES printer;
```

3.5.2.2 Die REWRITE-Anweisung

Die REWRITE-Anweisung dient dem Einrichten neuer oder dem Überschreiben existierender Dateien auf externen Speichereinheiten wie Disketten oder Platten.

Das allgemeine Anweisungsformat lautet:

REWRITE (*dateivariable*);

Die Wirkung ist, daß zunächst im Inhaltsverzeichnis (Directory) der externen Speichereinheit nach dem in einer vorangegangenen ASSIGN-Anweisung zugewiesenen Dateinamen gesucht wird. Wird dieser Name nicht gefunden, so wird *dateiname* in das Inhaltsverzeichnis eingetragen und die Dateiendemarke (EOF) wird auf den Dateianfang gesetzt. Existiert bereits eine Datei dieses Namens, so wird nur die Dateiendemarke auf den Dateianfang gesetzt, d.h. alle bisherigen Sätze sind nicht mehr erreichbar.

Das Weiterrücken dieser EOF-Marke geschieht (nur) durch das Schreiben neuer Sätze auf diese Datei.

In beiden Fällen wird schließlich durch REWRITE die betreffende Datei mit einem Eintrag in das Inhaltsverzeichnis als geöffnet markiert.

3.5.2.2 Die RESET-Anweisung

Die RESET-Anweisung dient dem Wiedereröffnen existierender Dateien auf externen Speichereinheiten. Das allgemeine Anweisungsformat lautet:

RESET (*dateivariable);*

Zu *dateivariable* siehe ASSIGN bzw. REWRITE auf S. 82f.

Die Wirkung ist, daß zunächst die Existenz von *dateiname* im Inhaltsverzeichnis festgestellt und gegebenenfalls die Datei als geöffnet markiert wird. Sodann wird der erste Satz von der Speichereinheit eingelesen und in *dateivariable* geladen. Zugleich wird der Satzadreßpegel auf den Anfang des unmittelbar nachfolgenden Satzes eingestellt. Der geladene Satz steht über den Variablenaufruf *dateivariable^* zur Verfügung; einzelne Satzteile können durch die Variablenaufrufe *dateivariable^.satzteilvariable* erreicht werden. Zu den Besonderheiten bei TURBO-PASCAL siehe S. 90f.

3.5.2.3 Die SEEK-Anweisung

Die SEEK-Anweisung dient dem direkten Auffinden von Sätzen auf externen Speichereinheiten (Direktzugriff). Das allgemeine Anweisungsformat lautet:

SEEK (*dateivariable, satznummer*);

Zu *dateivariable* siehe ASSIGN bzw. REWRITE auf S. 82f. Als *satznummer* kommen nur positive arithmetische Ausdrücke vom Typ INTEGER in Betracht.

Die Wirkung ist, daß die momentane Position in der Datei auf den Satz mit der durch *satznummer* angegebenen Nummer gesetzt wird. Dabei ist zu beachten, daß der erste Satz die Satznummer 0 hat.

Zu beachten ist ferner, daß mit SEEK noch kein Lese- oder Schreibzugriff und damit auch keine Bereitstellung (bzw. Ausgabe) eines Satzes in (bzw. aus) *dateivariable* verbunden ist; dies erfolgt vielmehr erst durch eine nachfolgende GET- bzw. PUT-Anweisung.

3.5.2.4 Die GET-Anweisung

Die GET-Anweisung dient dem Einlesen von Daten von externen Speichergeräten. Das allgemeine Anweisungsformat lautet:

GET (*dateivariable*);

Als *dateivariable* kommen nur Variablen von Dateityp (FILE OF) in Betracht. Die Wirkung ist, daß ein Satz von einer externen Datei gelesen und in *dateivariable* geladen wird. Zugleich wird der Satzadreßpegel auf den Anfang des unmittelbar nachfolgenden Satzes eingestellt.

Der geladene Satz steht über den Variablenaufruf *dateivariable^* zur Verfügung; einzelne Satzteile können durch den Variablenaufruf *dateivariable^.satzteilvariable* erreicht werden.

Wird bei irgendeinem Lesezugriff durch GET (oder RESET) das Dateiende erreicht, so können danach durchaus noch weitere GET-Anweisungen gegeben werden, die allerdings i.d.R. zur Bereitstellung unerwünschter Daten in *dateivariable* führen.

Aus diesem Grunde empfiehlt es sich, nach jeder GET- (und auch RESET-) Anweisung das erste Byte von *dateivariable* auf die EOF-Marke hin zu untersuchen. Dies kann durch die boolesche Standardfunktion EOF geschehen:

Der Funktionsaufruf

EOF (*dateivariable*)

hat den Wert TRUE, wenn das erste BYTE von *dateivariable* die EOF-Marke enthält; andernfalls ist der Wert FALSE. Steht die EOF-Marke auf dem Dateianfang, so wird durch die RESET-Anweisung gleich zu Beginn eine EOF-Marke eingelesen; dies kann ebenfalls durch die Funktion EOF erkannt werden.

Der Befehl GET existiert in TURBO-PASCAL nicht. Er wurde durch die READ-Anweisung ersetzt, die eine etwas andere Funktionsweise hat (vgl 3.5.2.7).

3.5.2.5 Die PUT-Anweisung

Die PUT-Anweisung dient dem Ausgeben von Daten auf externe Speichergeräte. Das allgemeine Anweisungsformat lautet:

PUT (*dateivariable*);

Zu *dateivariable* siehe GET-Anweisung auf Seite 85.

Die Wirkung ist, daß der Inhalt von *dateivariable* als Dateisatz auf eine externe Speichereinheit geschrieben wird. Zugleich wird der Satzadreßpegel auf den unmittelbar nachfolgenden Satz eingestellt. Ist der gerade ausgegebene Satz der neue letzte Satz einer Datei, so wird zugleich die EOF-Marke hinter diesen Satz gestellt.

Der Befehl PUT existiert in TURBO-PASCAL nicht. Er wurde durch die WRITE-Anweisung ersetzt, die eine etwas andere Funktionsweise hat (vgl 3.5.2.7).

3.5.2.6 Die CLOSE-Anweisung

Die CLOSE-Anweisung dient dem Schließen von Dateien auf externen Speichermedien.

Das allgemeine Anweisungsformat lautet:

CLOSE (*dateivariable*);

Zu *dateivariable* siehe die GET-Anweisung auf Seite 85.

Programmbeispiel:

```
PROGRAM beispiel_26;
(* Dateibehandlung, Standard-Pascal *)
TYPE kundensatz = RECORD
                    knr   : STRING[3];
                    name  : STRING[20];
                    saldo : REAL;
                  END;
    kundatei     = FILE OF kundensatz;
VAR kundendatei : kundatei;
    eingabe     : INTEGER;
```

```
PROCEDURE einrichten;
(* Diese Prozedur errichtet die Datei KUNDEN.DAT, liest Kundensaetze
   von der Tastatur ein und speichert diese in der Datei *)
VAR kunde : kundensatz;
BEGIN
  ASSIGN (kundendatei, 'KUNDEN.DAT');
  REWRITE (kundendatei);
  WITH kunde DO
    REPEAT
      WRITE ('Nummer (beenden mit "0") :  '); READLN (knr);
      IF knr <> '0' THEN
         BEGIN
           WRITE ('Name                     :  '); READLN (name);
           WRITE ('Saldo                    :  '); READLN (saldo);
           kundendatei^ := kunde;
           PUT (kundendatei);
         END;
    UNTIL knr = '0';
  CLOSE (kundendatei);
END;

PROCEDURE ausgeben;
(* Ausgeben eines Datensatzes am Bildschirm *)
BEGIN
  WRITELN ('Nummer :  ', kundendatei^.knr);
  WRITELN ('Name   :  ', kundendatei^.name);
  WRITELN ('Saldo  :  ', kundendatei^.saldo :8:2);
  WRITELN;
END;

PROCEDURE auflisten;
(* Auflisten aller Kundensaetze die in der Datei gespeichert sind *)
BEGIN
  ASSIGN (kundendatei, 'KUNDEN.DAT');
  RESET (kundendatei);
  WHILE NOT EOF (kundendatei) DO
    BEGIN
      GET (kundendatei);
      ausgeben;
    END;
  READLN;
  CLOSE (kundendatei);
END;

PROCEDURE satzsuchen;
(* Suchen eines Datensatzes in der Datei und Ausgabe auf dem Bildschirm.
   Beachte: Der erste Datensatz hat Satznummer 0! *)
VAR satznr : INTEGER;
BEGIN
  ASSIGN (kundendatei, 'KUNDEN.DAT');
  RESET (kundendatei);
  WRITE ('Satznummer : '); READLN (satznr);
  SEEK (kundendatei, satznr);
  GET (kundendatei);
  ausgeben;
  READLN;
  CLOSE (kundendatei);
END;

BEGIN
  REPEAT
    WRITELN ('Bitte Verarbeitungsart auswaehlen : ');
    WRITELN ('(1) Einrichten  (2) Auflisten  (3) Satzsuchen  (4) Ende '); READLN (eingabe);
    CASE eingabe OF
      1 : einrichten;
      2 : auflisten;
      3 : satzsuchen;
    END;
  UNTIL eingabe = 4;
END.
```

Das Programm beispiel_26 zeigt verschiedene Routinen zur Dateibehandlung anhand eines kleinen Datenbankproblems:

Zunächst wird mit der Prozedur "einrichten" eine Reihe von Kundensätzen in eine neueröffnete Datei eingegeben. Hierbei kommt es auf die Demonstration der I/O-Prozeduren REWRITE, PUT und CLOSE an.

Die Prozedur "auflisten" zeigt die Verwendung der I/O-Prozeduren RESET, GET und CLOSE für das Auflisten aller Kundensätze.

Die Prozedur "satzsuchen" schließlich gestattet mit Hilfe der I/O-Prozedur SEEK das Auffinden bestimmter Sätze.

Im Hauptprogramm wird gezeigt, wie diese Prozeduren unabhängig voneinander durch den Benutzer in einem Menü ausgewählt werden können.

Struktogramm: Dateiverwaltung

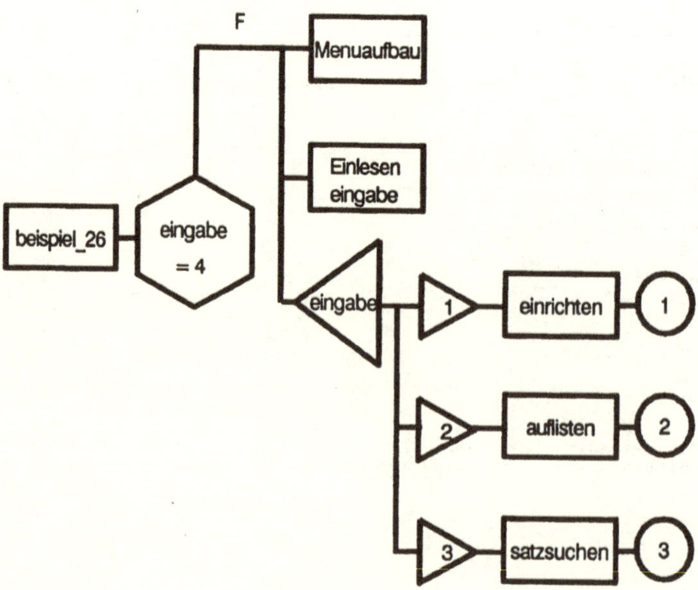

Struktogramm: Dateiverwaltung (Fortsetzung)

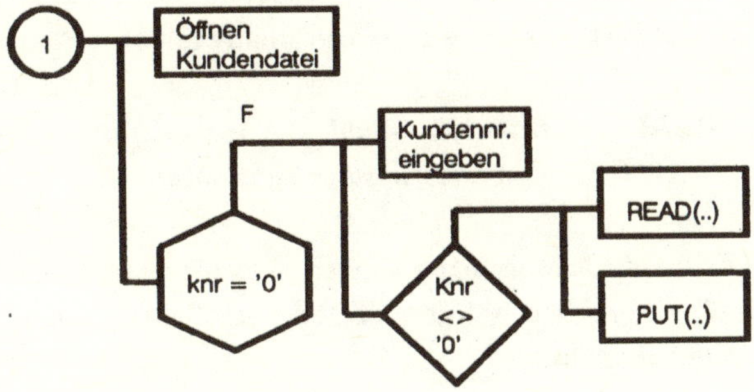

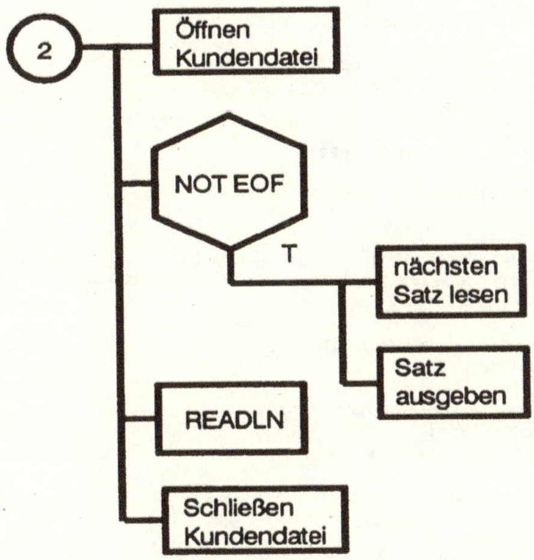

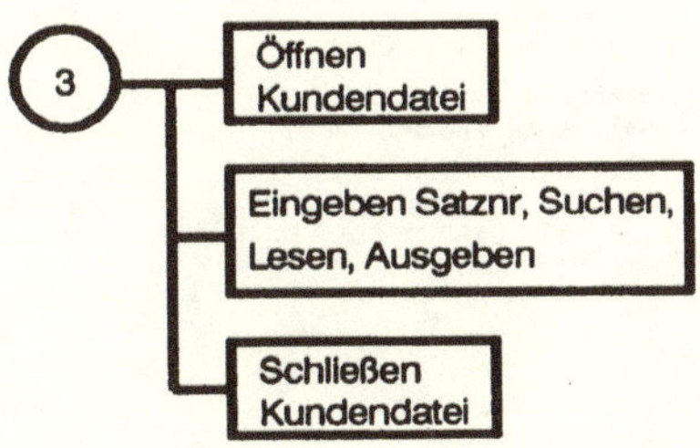

3.5.2.7 Dateibehandlung mit READ und WRITE

Neben dem Schreib- bzw. Lesebefehl PUT bzw. GET existieren in den meisten PASCAL-Implementierungen alternativ folgende Anweisungsformate:

READ (*dateivariable, variable*$_1$, ..., *variable*$_n$); und
WRITE (*dateivariable, ausdruck*$_1$, ..., *ausdruck*$_n$);

Mit diesen Anweisungen können entweder ganze Datensätze oder Teile davon gelesen und ausgegeben werden. TURBO-PASCAL kennt ausschließlich diese Form der Dateibehandlung.

Programmbeispiel:

```
PROGRAM beispiel_27;
(* Dateibehandlung, TURBO-Pascal *)
TYPE kundensatz = RECORD
                    knr   : STRING[3];
                    name  : STRING[20];
                    saldo : REAL;
                  END;
    kundatei     = FILE OF kundensatz;
VAR kundendatei : kundatei;
    eingabe     : INTEGER;

  PROCEDURE einrichten;
  (* Diese Prozedur errichtet die Datei KUNDEN.DAT, liest Kundensaetze
     von der Tastatur ein und speichert diese in der Datei *)
  VAR kunde : kundensatz;
  BEGIN
    ASSIGN (kundendatei, 'KUNDEN.DAT');
    REWRITE (kundendatei);
      REPEAT
        WRITE ('Nummer (beenden mit "0") :  ');
        READLN (kunde.knr);
        IF kunde.knr <> '0' THEN
           BEGIN
             WRITE ('Name                    :  ');
             READLN (kunde.name);
             WRITE ('Saldo                   :  ');
             READLN (kunde.saldo);
             WRITE (kundendatei, kunde);
           END;
      UNTIL kunde.knr = '0';
    CLOSE (kundendatei);
  END;

  PROCEDURE ausgeben (datensatz : kundensatz);
  (* Ausgeben eines Datensatzes am Bildschirm *)
  BEGIN
    WITH datensatz DO
      BEGIN
        WRITELN ('Nummer :  ', knr);
        WRITELN ('Name   :  ', name);
        WRITELN ('Saldo  :  ', saldo :8:2);
      END;
    WRITELN;
  END;
```

```
PROCEDURE auflisten;
(* Auflisten aller Kundensaetze die in der Datei gespeichert sind *)
VAR kunde : kundensatz;
BEGIN
  ASSIGN (kundendatei, 'KUNDEN.DAT');
  RESET (kundendatei);
  WHILE NOT EOF (kundendatei) DO
    BEGIN
      READ (kundendatei, kunde);
      ausgeben (kunde);
    END;
  READLN;
  CLOSE (kundendatei);
END;

PROCEDURE satzsuchen;
(* Suchen eines Datensatzes in der Datei und Ausgabe auf dem Bildschirm.
   Beachte: Der erste Datensatz hat Satznummer 0! *)
VAR kunde  : kundensatz;
    satznr : INTEGER;
BEGIN
  ASSIGN (kundendatei, 'KUNDEN.DAT');
  RESET (kundendatei);
  WRITE ('Satznummer : ');
  READLN (satznr);
  SEEK (kundendatei, satznr);
  READ (kundendatei, kunde);
  ausgeben (kunde);
  READLN;
  CLOSE (kundendatei);
END;

BEGIN
  REPEAT
    WRITELN ('Bitte Verarbeitungsart auswaehlen : ');
    WRITELN ('(1) Einrichten  (2) Auflisten  (3) Satzsuchen  (4) Ende ');
    READLN (eingabe);
    CASE eingabe OF
      1 : einrichten;
      2 : auflisten;
      3 : satzsuchen;
    END;
  UNTIL eingabe = 4;
END.
```

Das Programm beispiel_27 zeigt die Dateibehandlung in TURBO-PASCAL. Gegenüber Standard-PASCAL ist vor allem hervorzuheben, daß nach

READ (*dateivariable, satzvariable*);

der betreffende Satz in *satzvariable* zur Verfügung steht.

Satzteile werden mit

satzvariable.satzteilvariable

adressiert.

3.5.2.7.1 Druckerausgabe mit WRITE

Soll mit WRITE bzw. WRITELN eine Ausgabe auf einen Drucker erzeugt werden, so ist in dem betreffenden Programm bzw. in der betreffenden Unit die Unit "printer" anzufordern.

In den WRITE-Anweisungen ist dann anstelle einer Dateivariable die Systemvariable "LST" zu verwenden.

Codierbeispiel:

```
PROGRAM prttest;
USES printer;

BEGIN
  WRITELN (LST, 'Hallo');
END.
```

3.5.2.7.2 TEXT-Dateien

Der vordefinierte Dateityp TEXT (entspricht einem FILE OF CHAR) definiert eine Datei mit Zeilenstruktur. Eine Zeile besteht dabei aus einer beliebigen Anzahl von Zeichen, auf die ein Zeilenvorschub folgt. Da die Zeilen nicht notwendigerweise die gleiche Länge besitzen, ist eine berechnete Positionierung und damit ein Direktzugriff unmöglich. Textdateien können daher nur seriell gelesen bzw. beschrieben werden.

Für Textdateien existieren somit spezielle Anweisungsformate zum Lesen und Schreiben von Zeilen und ganzen Dateien:

READLN (*dateivariable, string-variable*);
WRITELN (*dateivariable, string-ausdruck*);

bzw.

READLN (*dateivariable*);
WRITELN (*dateivariable*);

Programmbeispiel:

```
PROGRAM beispiel_28;
(* Einfacher Texteditor mit Druckerausgabe*)

USES printer;

CONST abbruch = '#';

VAR datei   : TEXT;
    zeile   : STRING;
    err,
    aufl    : CHAR;

  PROCEDURE einrichten;
  (* Diese Prozedur errichtet die Datei EDIT.TXT, liest beliebige
     Textzeilen von der Tastatur ein und speichert diese in der Datei *)
  BEGIN
    ASSIGN (datei, 'EDIT.TXT');
    REWRITE (datei);
    WRITELN ('Eingabe von Zeilen (Beenden mit "#") :  ');
    REPEAT
      READLN (zeile);
      IF zeile[1] <> abbruch THEN
         WRITELN (datei, zeile)
    UNTIL zeile[1] = abbruch;
    CLOSE (datei);
  END;

  PROCEDURE auflisten;
  (* Auflisten der Datei EDIT.TXT *)
  BEGIN
    ASSIGN (datei, 'EDIT.TXT');
    RESET (datei);
    WHILE NOT EOF (datei) DO
      BEGIN
        READLN (datei, zeile);
        WRITELN (LST, zeile);
      END;
    CLOSE (datei);
  END;

BEGIN
  WRITE ('Einrichten ? (J/N)');
  READLN (err);
  IF err = 'J' THEN
     einrichten;
  WRITE ('Auflisten ? (J/N)');
  READLN (aufl);
  IF aufl = 'J' THEN
     auflisten;
END.
```

Das Programm beispiel_28 zeigt eine einfache Anwendung der ausführlichen Anweisungsformate für READLN und WRITELN; dabei wird zunächst eine Textdatei eingerichtet, die vom Benutzer mit beliebigen Zeichen beschrieben werden kann. Die Ausnahme bildet das Zeichen "#", welches im Programm als Endekriterium definiert wurde. Anschließend oder bei späteren Programmstarts kann die Ausgabe des Textes auf einen Drucker veranlaßt werden.

3.6 Prozeduraufrufe

3.6.1 Aufrufformate

Prozeduren und Funktionen haben identische Aufrufformate; der Unterschied zwischen Prozeduren und Funktionen ist jedoch, daß Prozeduraufrufe programmtechnisch als Anweisungen zu betrachten und daher hier als wesentliche Bestandteile des Ablaufteils abzuhandeln sind, während Funktionsaufrufe programmtechnisch Ausdrücke darstellen und daher als Anweisungsbestandteile bereits vorher zu behandeln waren (vgl. S. 35ff.). Sämtliche Überlegungen, die für die Aufrufformate der Prozeduren angestellt werden, gelten völlig analog auch für die Aufrufformate der Funktionen.

Die Aufrufformate richten sich nach den Definitionsformaten und -inhalten, die auf S.22ff. ausführlich beschrieben sind. Hierbei ergeben sich folgende Möglichkeiten

(1) **Parameterloses Format**

Definition:

PROCEDURE *prozedurname;*

Aufruf:

prozedurname;

(2) **Format mit Parametern**

Definition:

PROCEDURE *prozedurname (Liste der formalen Parameter);*

Aufruf:

prozedurname (Liste der aktuellen Parameter);

Die Liste der aktuellen Parameter muß Ausdrücke enthalten, wenn an den entsprechenden Positionen der Parameterliste bei der Definition formale Wertparameter vereinbart wurden; der Typ eines Ausdrucks muß gleich dem Typ des formalen Parameters sein. Grundsätzlich kommen alle unter 3.1 auf S. 31ff. behandelten Formen von Ausdrücken als aktuelle Wertparameter in Betracht, also einfache Konstanten-, Variablen- und Funktionsaufrufe sowie arithmetische oder logische Verknüpfungen aus diesen.

Die Ausdrücke dienen als aktuelle Wertparameter ausschließlich der Übergabe von Anfangswerten oder Steuergrößen aus der aufrufenden Einheit an das Unterprogramm. Der Hauptgrund, diesen Transfer über die Parameterliste anstatt über globale Konstanten und Variablen vorzunehmen ist, daß auf diese Weise eine Unabhängigkeit der Prozedur von den aktuellen Variablennamen der aufrufenden Einheit erreicht wird.

Die Liste der aktuellen Parameter muß Variablennamen enthalten, wenn an den entsprechenden Positionen der Parameterliste bei der Definition formale Variablenparameter vereinbart wurden. Der Typ eines aktuellen Variablenparameters muß gleich dem Typ des entsprechenden formalen Variablenparameters sein; grundsätzlich kommen alle unter 2.3 auf S. 21f. behandelten Typen in Betracht. Zu den Besonderheiten bei der Definition von Variablenparametern mit komplizierten Typen vgl. S. 25.

Variablenparameter dienen sowohl der Übergabe von Anfangswerten und Steuergrößen in die Prozedur als auch der Rückgabe von Resultaten an die aufrufende Einheit. Auch hier wird der Datentransfer über die Parameterliste anstatt über globale Variablen vorgenommen, wenn eine allgemein verwendbare Prozedur erzeugt werden soll.

Codierbeispiel:

Definition: `PROCEDURE proc (zeilen, spalten : INTEGER; VAR x : matrixtyp);`

Aufruf: `proc(f,fn(3,6,a[i,3]),a);`

Dabei möge "fn" der Aufruf einer Funktion des Typs INTEGER sein.

Da für Anfänger in diesem Zusammenhang die Unterscheidung von Ausdrücken und Variablennamen häufig Schwierigkeiten bereitet, sei folgende Regel genannt:

Als Variablennamen gelten grundsätzlich die bei der Definition mit der VAR-Anweisung vereinbarten Namen; dies bedeutet, daß z.B. indizierte Variablen wie "a[1,3]", Dateisatzvariablen wie "kunden^" oder Satzteilvariablen wie "satz.name" **nicht** akzeptiert werden, denn bei diesen Beispielen handelt es sich um Ausdrücke; die zugehörigen Variablennamen lauten vielmehr "a", "kunden" und "satz".

3.6.2 Hierarchische, interaktive und rekursive Aufrufe

Alle in einer bestimmten Einheit (Programm, Prozedur, Funktion) definierten Prozeduren und Funktionen befinden sich zueinander im Verhältnis der Nebenordnung; definierende und definierte Einheiten befinden sich im Verhältnis der Über- bzw. Unterordnung.

Definitionsstruktur:

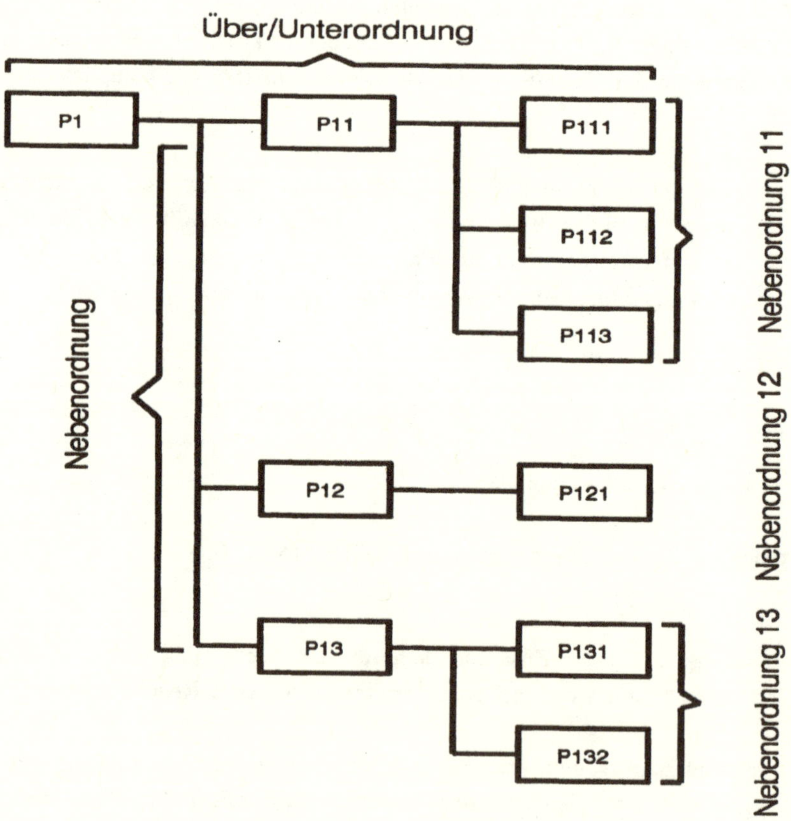

Normalerweise rufen die definierenden die definierten Einheiten auf: z.B. P11 ruft P113. In diesen Fällen spricht man von **hierarchischen Aufrufen.**

Es können sich aber auch Einheiten einer bestimmten Nebenordnung gegenseitig aufrufen: z.B. P113 ruft P112. Diese Fälle sollen als **interaktive Aufrufe** bezeichnet werden, wobei gegebenenfalls FORWARD-Situationen zu beachten sind (vgl. S. 28f.).

Schließlich können Einheiten einer bestimmten Nebenordnung alle übergeordneten Einheiten und sich selbst aufrufen. In diesen Fällen spricht man von **rekursiven Aufrufen**. Allerdings muß man unechte und echte sowie indirekte und direkte Rekursionen unterscheiden:

Unechte Rekursionen sind Aufrufe, bei denen kein Rückweg zur rufenden Prozedur existiert. Beispiel:

P121 ruft P11, wird aber von dort nicht mehr erreicht.

Echte Rekursionen sind dadurch gekennzeichnet, daß ein Rückweg zur rufenden Prozedur existiert.

Bei **indirekten Rekursionen** wird die rufende Prozedur durch Aufruf aus einer anderen Prozedur wieder erreicht. Beispiel:

P11 ruft P1 und P1 ruft wieder P11.

Bei **direkten Rekursionen** ruft die Prozedur sich selbst auf, z.B. P131 ruft sich selbst auf.

Bei echten rekursiven Aufrufen entstehen Endlosschleifen, die in der Prozedur abgefangen werden müssen.

Ausgeschlossen ist:

(1) der direkte Aufruf von Prozeduren aus einer anderen als der eigenen Unterordnung; z.B. kann P11 nicht P121 oder P122 aufrufen, weil diese nur P12 bekannt sind;

(2) der direkte Aufruf von Prozeduren aus einer anderen als der eigenen Nebenordnung; z.B. kann P111 nicht P121 aufrufen, weil diese nur in P12 bekannt ist.

Programmbeispiel:

```
PROGRAM beispiel_29;
(* Hierarchische, interaktive und rekursive Prozeduraufrufe *)
VAR x,y : REAL;

  PROCEDURE p1 (VAR x,y : REAL);

    PROCEDURE p11 (x,y : REAL);

      PROCEDURE p111;
      BEGIN
        WRITELN ('Hier ist P111.');
      END;

      PROCEDURE p112;
      BEGIN
        WRITELN ('Hier ist P112.');
      END;

      PROCEDURE p113;
      BEGIN
        WRITELN ('Hier ist P113.');
        WRITELN ('P113 ruft P112 auf.');
        p112;   (* interaktiver Aufruf *)
      END;

    BEGIN
      WRITELN ('Hier ist P11.');
      WRITELN ('P11 ruft P111, P113 und P1 auf.');
      p111; (* hierarchischer Aufruf *)
      p113; (* hierarchischer Aufruf *)
      x := x + 10;
      IF x < 30 THEN
         p1 (x, y); (* indirekte (echte) Rekursion *)
    END;


    PROCEDURE p12 (VAR x,y : REAL);

      PROCEDURE p121;
      BEGIN
        WRITELN ('Hier ist P121.');
        WRITELN ('P121 ruft P11 auf.');
        p11 (x, y); (* indirekte (unechte) Rekursion *)
      END;

    BEGIN
      WRITELN ('Hier ist P12.');
      WRITELN ('P12 ruft P121 auf.');
      p121; (* hierarchischer Aufruf *)
    END;

    PROCEDURE p13;

      PROCEDURE p131;
      BEGIN
        WRITELN ('Hier ist P131.');
        y := y + 5;
        IF y < 15 THEN
           p131; (* direkte Rekursion *)
      END;

      PROCEDURE p132;
      BEGIN
        WRITELN ('Hier ist P132.');
        WRITELN ('P132 ruft P131 auf.');
        p131; (* interaktiver Aufruf *)
      END;
```

```
    BEGIN
      WRITELN ('Hier ist P13.');
      WRITELN ('P13 ruft P131, P132 auf.');
      p131;  (* hierarchischer Aufruf *)
      p132;  (* hierarchischer Aufruf *)
    END;

  BEGIN
    WRITELN ('Hier ist P1.');
    WRITELN ('P1 ruft P11, P12 und P13 auf.');
    p11 (x,y); (* hierarchischer Aufruf *)
    p12 (x,y); (* hierarchischer Aufruf *)
    p13;       (* hierarchischer Aufruf *)
  END;

BEGIN
  x := 0;
  y := 0;
  WRITELN ('Programm ruft P1 auf.');
  p1 (x, y); (* hierarchischer Aufruf *)
  WRITELN ('X : ', x:10:2, '   Y : ', y:10:2);
END.
```

Das Programm beispiel_29 zeigt u.a. alle im vorangehenden Text beschriebenen Aufrufbeispiele.

Struktogramm: Hierarchische, interaktive und rekursive Prozeduraufrufe

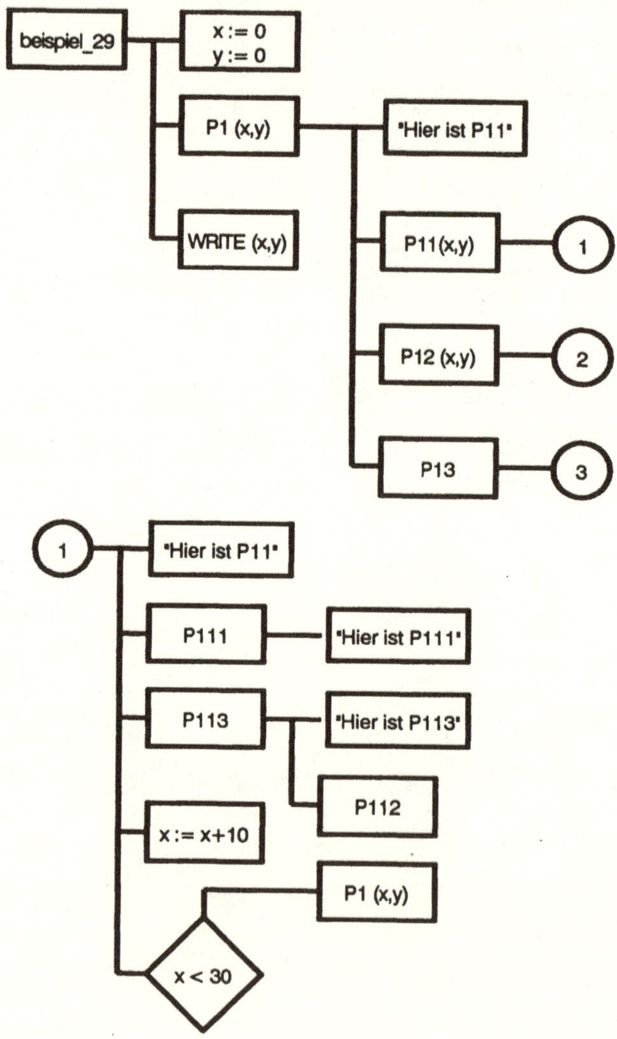

Struktogramm: Hierarchische, interaktive und rekursive Prozeduraufrufe (Fortsetzung)

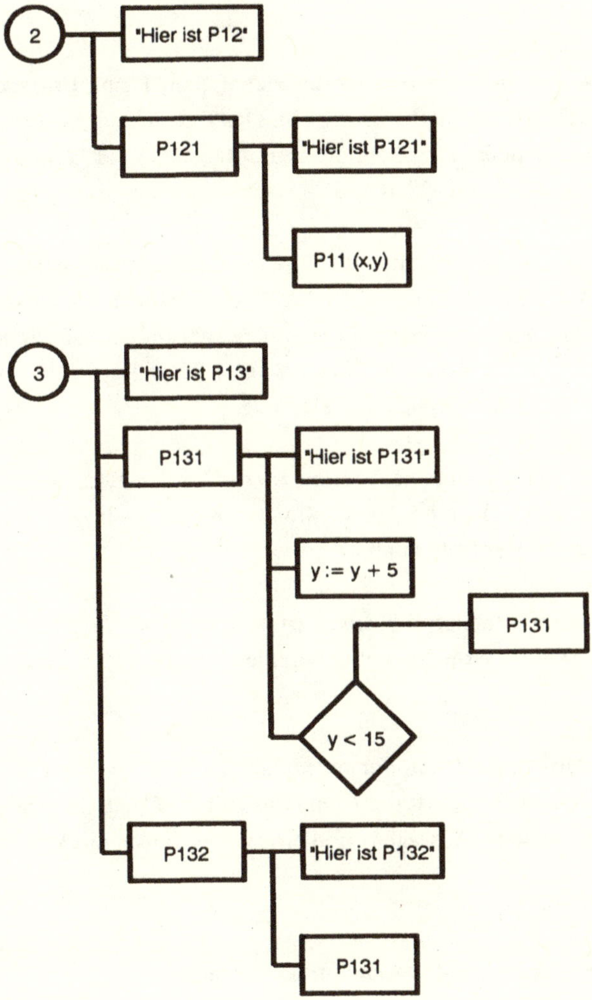

4 Das TURBO-PASCAL-System

4.1 Allgemeines

TURBO-PASCAL wurde 1983 von der amerikanischen Firma Borland in der Version 1.0 für das Betriebssystem CP/M vorgestellt. Das Entwicklungssystem setzte in puncto Geschwindigkeit und Bedienungskomfort neue Maßstäbe und konnte das bis dahin im PC-Bereich weit verbreitete UCSD-PASCAL sehr schnell verdrängen.

Mit der 1984 entwickelten Version 3.0 stellte man auf den Industriestandard MS-DOS um und schuf einen eigenen Standard für PASCAL-Compiler. 1987 kam die Version 4.0 und mit ihr nicht nur eine beträchtliche Erweiterung der Funktionsbibliotheken, sondern auch völlig neue Konzepte, wie z.B. eine integrierte Entwicklungsumgebung und eine nochmalige Geschwindigkeitssteigerung.

Die 1988 auf den Markt gebrachte Version 5.0 rundet den Bedienungskomfort und die Funktionsvielfalt durch Komponenten wie einen Source-level-debugger oder eine automatische Overlay-Verwaltung ab.

Die 1989 erschienene Version 5.5 erweitert den Sprachumfang um objektorientierte Programmierung (OOP), ist jedoch in der Bedienung und Oberfläche identisch mit der Version 5.0.

Auf diesen Standard bezieht sich der nachfolgende Text. Da die Firma Microsoft mit ihrem neuen MS-Quick PASCAL um Kompatibilität zu TURBO-PASCAL bemüht war, lassen sich die meisten Aussagen und Beispiele auch direkt für jenes System übernehmen.

4.2 Systemanforderungen, Installation und Lieferumfang

TURBO-PASCAL ist auf allen IBM-Rechnern der Modellreihen PC, XT, AT und PS/2 sowie auf allen dazu "100 % kompatiblen" Maschinen lauffähig. Man benötigt mindestens 384 KBytes RAM und das Betriebssystem MS-DOS (bzw. PC-DOS) ab der Version 2.0 . Alle gängigen Video-Adapter mit 80 Zeichen pro Zeile werden unterstützt.

Man benötigt ein Diskettenlaufwerk, wobei ein zweites, oder noch besser eine Festplatte empfohlen werden. In der Praxis hat sich folgende Konfiguration bewährt:

- AT - Rechner mit 80286-Prozessor (orginal IBM oder kompatibel)
- 1 MB RAM
- 30 MB-Festplatte
- 1 Diskettenlaufwerk
- EGA-Karte

Derzeit wird TURBO-PASCAL auf 4 Disketten und mit 3 Handbüchern geliefert. Auf die genaue Zusammenstellung der Dateien auf den einzelnen Disketten soll hier nicht näher eingegangen werden, da diese von Zeit zu Zeit wechselt. Es werden 2 Versionen des Compilers geliefert: Eine ist in die Entwicklungsumgebung integriert und die andere ist eine Kommandozeilen-Version für die Entwicklung großer Programmsysteme.

Die Funktion der einzelnen Dateien kann an der sogenannten "Extension" erkannt werden. Eine Übersicht der wichtigsten Extensions ergibt:

.PAS	-	Programmtext
.COM	-	ausführbares Programm
.EXE	-	ausführbares Programm
.TPU	-	TURBO-PASCAL-Unit
.TPL	-	Bibliothek mehrerer Units
.BGI	-	"Borland Graphics Interface"
.CHR	-	Zeichensatz (siehe Anhang C)
.BAK	-	vom Editor angefertigte Sicherheitskopie eines Programmtextes

Für eine vollständige und detaillierte Beschreibung sei auf das TURBO-PASCAL-Handbuch Band 1, Seite 18, verwiesen.

Die Installation des Systems ist sehr einfach. Auf Diskette 1 befindet sich zu diesem Zweck das Programm INSTALL, das nach seinem Aufruf[4)] mit <install> im Dialogverfahren den Benutzer führt und alle notwendigen Handgriffe und

4) Zur Notation: Es ist üblich, einzugebende Kommandos und zu drückende Tasten in spitze Klammern zu schreiben. Die spitzen Klammern sind nicht miteinzugeben! Zur Unterscheidung werden im folgenden Tasten mit Großbuchstaben und Kommandos mit Kleinbuchstaben angegeben.

Dateneingaben abruft. Auch hier sei für Details auf den Band 1 des TURBO-PASCAL-Handbuchs, Seite 10ff., verwiesen.

Im folgenden wird davon ausgegangen, daß das Betriebssystem MS-DOS bekannt ist. Im Anhang E sind die wichtigsten Funktionen von MS-DOS noch einmal kurz zusammengefaßt.

4.3 Die integrierte Entwicklungsumgebung

Die integrierte Entwicklungsumgebung "TURBO.EXE" enthält neben dem Compiler u.a. einen Editor, einen Linker, einen Debugger, die Prozedur MAKE u.a.m. Alle Funktionen lassen sich über ein Hauptmenü aktivieren und besitzen z.T. zahlreiche Unterfunktionen sowie Optionen-Schalter.

4.3.1 Das Hauptmenü

Nach dem Start des TURBO-PASCAL-Systems mit <turbo> erscheint auf dem Bildschirm die in Abb. 4.1. gezeigte Maske:

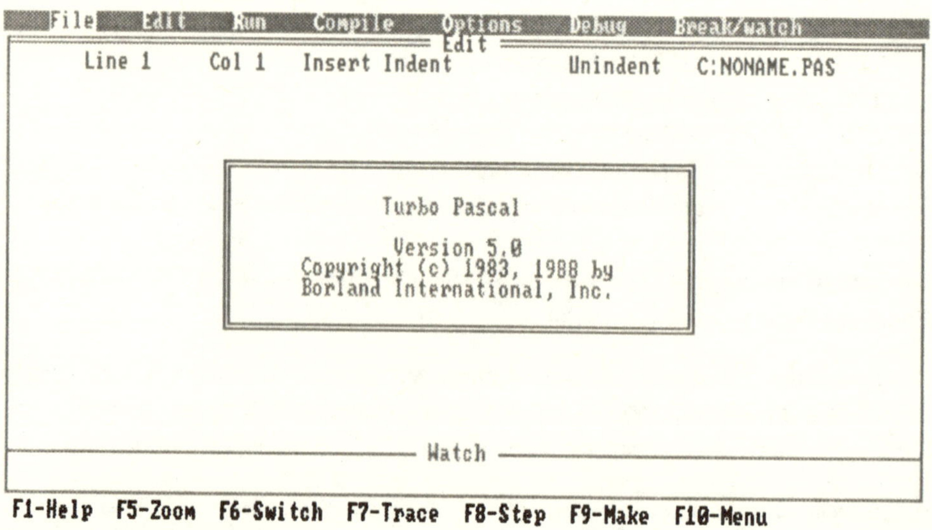

Abb. 4.1: Anfangsfenster

Eine evtl. auftauchende Copyright-Meldung verschwindet nach einem beliebigen Tastendruck. Das Watch-Fenster bringt man mit der Taste <F5> zum Verschwinden. Die Maske ist logisch wie folgt aufgeteilt:

Menüleiste	:	FILE EDIT RUN ...
Statuszeile	:	LINE 1 COL 1 INSERT ...
Editor-Fenster		
Watch-Fenster		
Funktionstastenbelegung	:	F1-HELP F5-ZOOM F6-SWITCH ...

Zu Beginn steht der Menü-Cursor auf der Funktion FILE, was an der farblichen Hervorhebung zu erkennen ist. Der Menü-Cursor wird mittels der Cursortasten <CURRIGHT>, <CURLEFT> nach rechts oder links bewegt, wodurch andere Funktionen angewählt werden. Durch die Tasten <CURDOWN> oder <RETURN>, bzw. durch Eintippen des für jedes Menüobjekt angegebenen Großbuchstabens wird die entsprechende Funktion aktiviert.

Bei allen Funktionen mit Ausnahme von EDIT erscheint daraufhin ein Pull-Down-Menü mit einer Reihe von Unterfunktionen. Auch diese Unterfunktionen werden mit den Tasten <CURDOWN> bzw. <CURUP> angewählt und durch die Taste <RETURN> aktiviert. Eine Aktivierung ohne vorherige Anwahl ist durch Eingabe des jeweiligen andersfarbig hervorgehobenen Buchstabens möglich.

Ferner ist aus jeder Position im System eine Funktionsaktivierung mit Hilfe von Funktionstasten oder anderen Tastenkombinationen möglich; die Einzelheiten hierzu werden im Abschnitt 4.3.1.8. auf S. 152 f. dargestellt.

Aus jeder Menüebene gelangt man mit der Taste <ESC> in die hierarchisch übergeordnete Menüfunktion.

Nachfolgend werden die einzelnen Funktionen des Hauptmenüs sowie deren Unterfunktionen im Detail beschrieben.

4.3.1.1 File

Im Untermenü FILE werden alle zur Dateibehandlung notwendigen Funktionen angeboten.

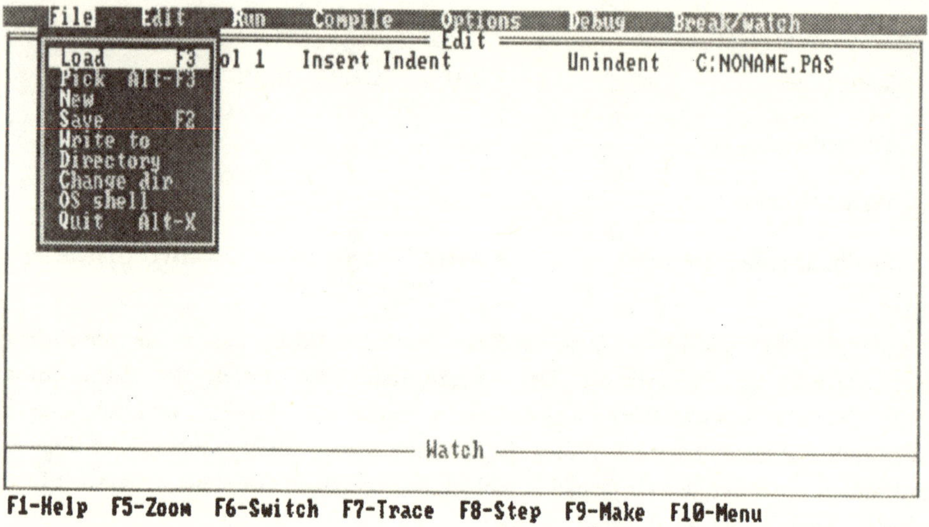

Abb. 4.2: Funktion FILE

- LOAD

  Mit dieser Funktion lassen sich Dateien von einem Massenspeicher in den Arbeitsspeicher laden. Nach Aktivierung dieser Funktion erscheint ein Fenster (vgl. Abb. 4.3), in das ein dem Benutzer bekannter Dateiname mit oder ohne Pfadangabe eingegeben werden kann; der Zusatz ".PAS" wird automatisch angefügt, sofern der Benutzer keinen anderen Namenszusatz angegeben hat.

  Gibt man anstelle eines Dateinamens <RETURN> ein, so erscheint ein Fenster, in dem für den aktuellen Pfad alle Dateien mit der aktuellen Extension, sowie alle unmittelbaren Unterpfade und der Rückpfad aufgeführt sind. Die Anwahl in diesem Fenster geschieht durch Bewegen des Zeilen-Cursors und die Aktivierung mit der <RETURN>-Taste. Der sogen. Joker "*.PAS" ist standardmäßig als Suchbegriff voreingestellt (siehe Abb. 4.4).

Eine spezielle Untermenge für die im Fenster erscheinenden Dateinamen läßt sich durch Angabe diverser Anfangs-Strings und Extensions analog zum DOS-Kommando "DIR" erreichen.

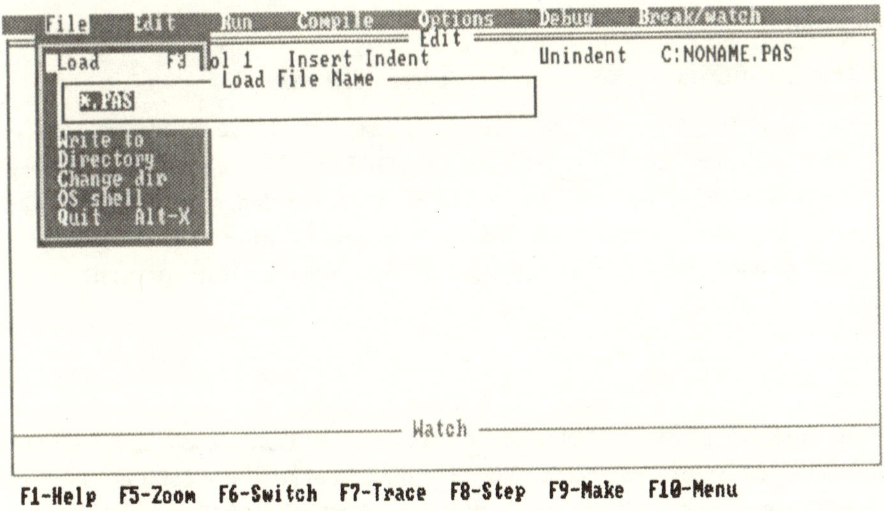

Abb. 4.3: Funktion FILE/LOAD

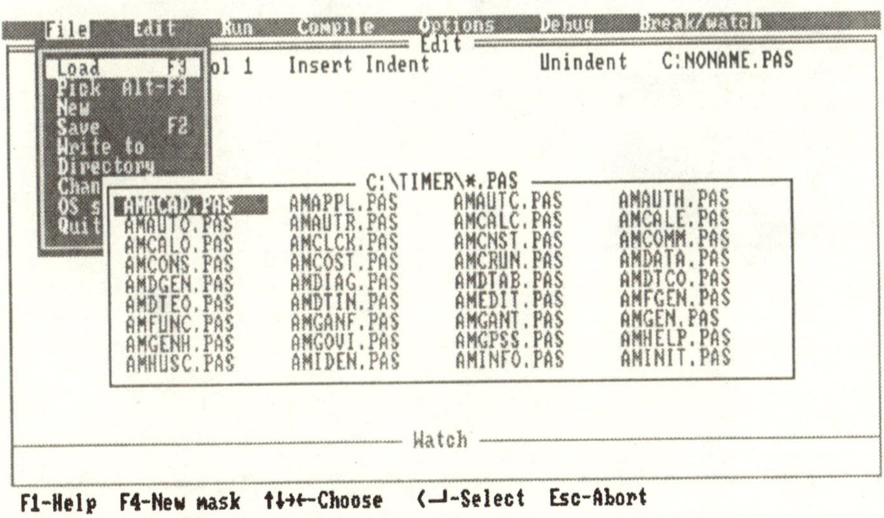

Abb. 4.4: FILE/LOAD/Inhaltsverzeichnis

Hat man über die diversen Eingabemöglichkeiten eine Datei ausgewählt und geladen, so verzweigt das System automatisch in den Editor und zeigt die geladene Datei.

Hinweise:

1. Nur ASCII-Dateien erscheinen dabei in lesbarer Form.
2. Ist eine Datei größer als 64K, so stellt das System die Frage "Truncate? (Y/N)". Antwortet man mit <N>, wird die LOAD- Funktion aufgegeben. Antwortet man mit <Y>, so werden die ersten 64 K der Datei geladen. ACHTUNG ! Die Datei läßt sich zwar editieren, jedoch wird beim Zurückspeichern der zuvor nicht geladene Rest nicht mit abgespeichert; d.h. die neue Datei ist verstümmelt.

- PICK

Diese Funktion dient dem schnellen Auswählen von Dateien, die der Benutzer aktuell in Bearbeitung hat. Nach Aktivieren dieser Funktion erscheint ein Fenster, mit der sogen. "Pick List" , in der bis zu 9 der zuletzt mit dem Editor behandelten Dateien aufgeführt sind.

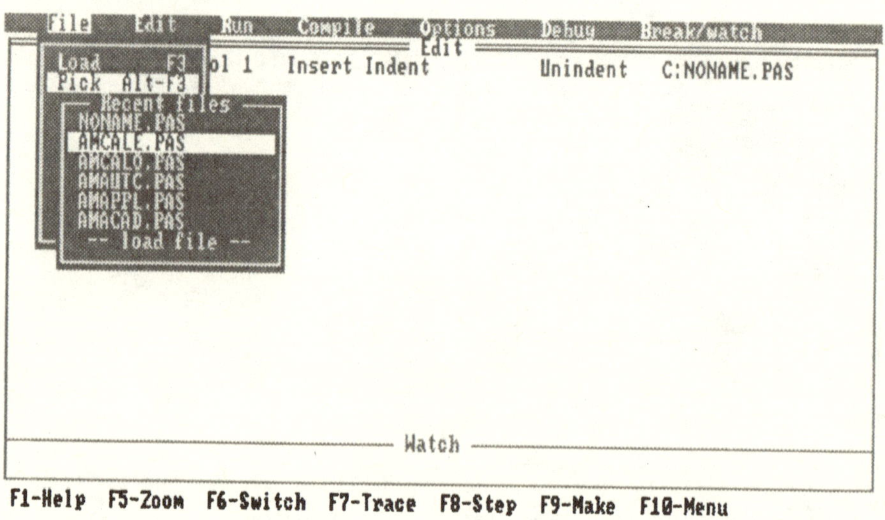

Abb. 4.5: Funktion FILE/PICK

Jede neu bearbeitete Datei wird an den Anfang der Pick-Liste gesetzt, während die jeweils letzte nach Erreichen der Zahl 9 aus der Liste herausgenommen wird. Die Dateiauswahl erfolgt durch Positionieren des Zeilen-Cursors und die Aktivierung mit <RETURN>.

Mit der Unterfunktion "Load File" gelangt man unmittelbar in die Load-Funktion, um nicht in der Pick-Liste vorhandene Dateien laden zu können.

- NEW

Diese Funktion dient zum Aufruf des Editors für eine neu zu erstellende Datei. Nach dem Aktivieren dieser Funktion erzeugt der Editor die leere Datei "NONAME.PAS" und präsentiert dem Benutzer einen leeren Bildschirm mit dem Text-Cursor in Zeile 1 und Spalte 1. War vorher eine andere Datei in Bearbeitung und noch nicht abgespeichert, so stellt das System die Frage "Save (Y/N)".

Hinweis:

Beim Abspeichern der Datei sollte man einen anderen Namen als "NONAME.PAS" wählen (siehe unten !).

- SAVE

Diese Funktion dient dem Abspeichern eines mit dem Editor bearbeiteten Textes. Da diese Funktion jedoch in der Regel direkt beim Verlassen des Editors aktiviert wird, erfolgt ihre Beschreibung in Abschnitt 4.3.1.2. auf S.112ff. bei der Behandlung der Funktion EDIT.

- WRITE TO

Diese Funktion dient dem Abspeichern eines mit dem Editor bearbeiteten Textes auf eine andere als die aktuelle Datei. Nach Aktivierung dieser Funktion öffnet sich ein Fenster, in das der neue Dateiname ggf. mit Laufwerks- und Pfadangabe eingetragen werden kann. Der Zusatz ".PAS" wird automatisch angefügt, sofern der Benutzer keinen eigenen Zusatz eingegeben hat.

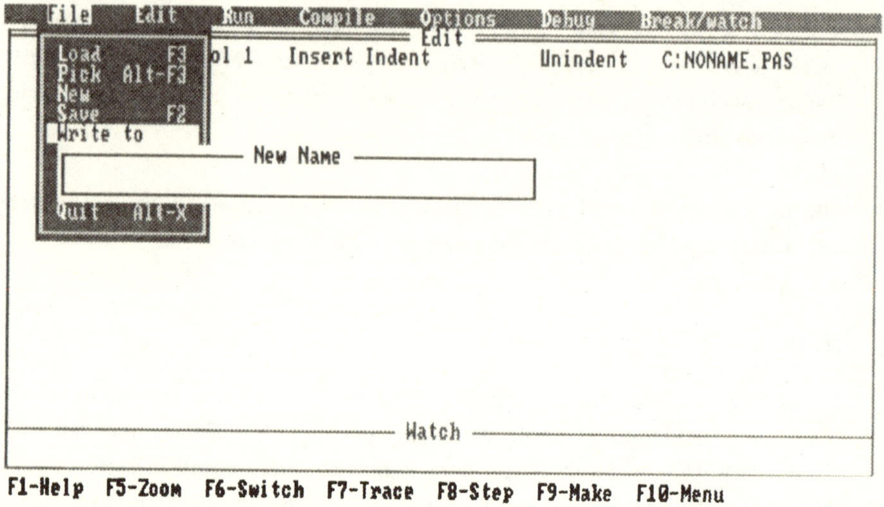

Abb. 4.6: Funktion FILE/WRITE TO

- DIRECTORY

  Diese Funktion dient dem Anzeigen und Laden des gesamten oder eines selektierten Inhalts eines Dateiverzeichnisses (Directory).

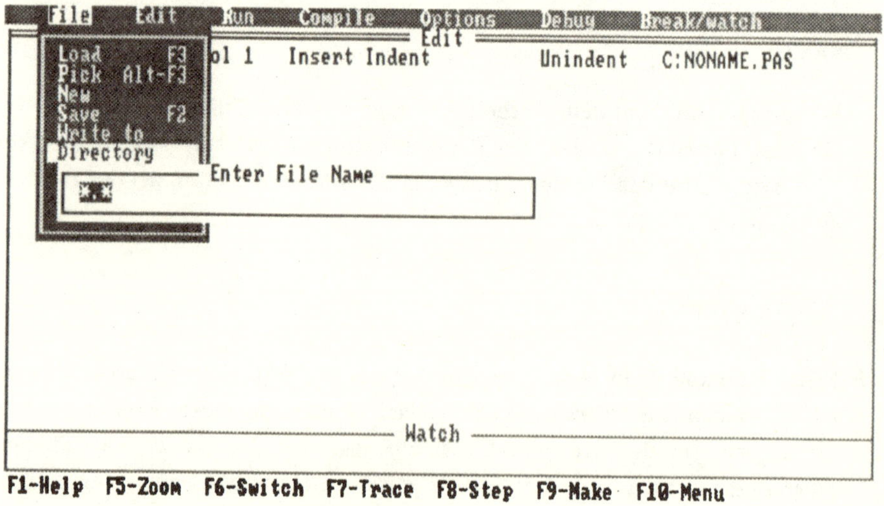

Abb. 4.7: Funktion FILE/DIRECTORY

- CHANGE DIR

Diese Funktion dient dem Umschalten auf ein neues Laufwerk und/oder einen neuen Pfad und damit auf ein neues Verzeichnis. Nach Aktivieren dieser Funktion öffnet sich ein Fenster, in das man die entsprechenden Angaben eintragen kann.

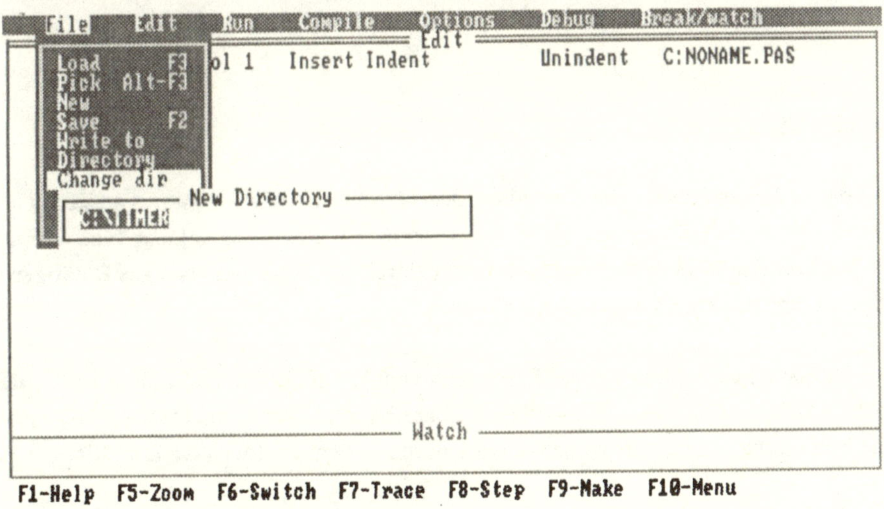

Abb. 4.8: Funktion FILE/CHANGE DIR

- OS SHELL

Mit dieser Funktion gelangt man in die Oberfläche des Betriebsystems DOS; dabei bleibt das TURBO-PASCAL-System jedoch geladen und man kommt über den DOS-Befehl "EXIT" in das TURBO-PASCAL-System zurück.

Achtung ! Auf keinen Fall sollte man in diesem Zustand versehentlich das TURBO-PASCAL-System mit <turbo> aufrufen, da sonst erneut über 200 K Speicher belegt würden. Bei größeren Übersetzungs- und Bindeoperationen könnte dann der Speicherplatz zu knapp werden und das System sich mit einer Fehlermeldung verabschieden.

Hinweis : Ein kleiner Schönheitsfehler ist, daß man nach "EXIT" nicht ins LOAD-Menü, sondern in den Editor zurückkehrt.

- QUIT

Mit diesem Kommando wird das TURBO-PASCAL-System vollständig verlassen und man kehrt ins DOS-Betriebssystem zurück. Im Gegensatz zur Funktion OS-SHELL bleibt das TURBO-PASCAL-System nicht geladen, so daß man für neue Aktivitäten den gesamten Arbeitsspeicher zur Verfügung hat.

4.3.1.2 Edit

Mit dieser Funktion wird der Texteditor des TURBO-PASCAL-Systems aufgerufen. Da dieser Editor die initiale Funktion des gesamten Systems ist, gelangt man von allen anderen Menüfunktionen, bzw. Untermenüs durch ein- bzw. mehrmaliges Betätigen von <ESC> ebenfalls stets in den Texteditor.

Der Editor ist ein Hilfsmittel zur Erzeugung von ASCII-Dateien und dient im TURBO-PASCAL-System speziell natürlich dem Schreiben von PASCAL-Quellenprogrammen. Die Bedienung des Editors ist nahezu identisch mit dem Editor WORDSTAR.

Es können Texte bis zu einer maximalen Länge von 64 KBytes bearbeitet werden. Ein Zeilenumbruch ist nicht vorgesehen, weil PASCAL- und Benutzer-Worte kein Trennungs-zeichen "-" enthalten dürfen. Wird beim Eingeben oder Korrigieren die Spalte 78 überschritten, so werden die Spalten sukzessive nach links aus dem Bild herausgeschoben. Springt man jedoch mit <END> an ein über 78 Spalten hinausgehendes Zeilenende, so verschiebt sich der Bildschirm schlagartig nach links. Die maximale Textbreite für Editor (und Compiler) beträgt 248 Spalten.

Im folgenden werden die einzelnen Funktionen des Editors im Detail beschrieben.

4.3.1.2.1 Die Statuszeile

Die oberste Zeile des Editor-Fensters ist die sogenannte Statuszeile. In ihr werden Angaben über den im Editor befindlichen Text und über den Editormodus angezeigt (siehe Abb. 4.9).

```
  File    Edit    Run    Compile    Options    Debug    Break/watch
═══════════════════════════════ Edit ═══════════════════════════════
     Line 1     Col 1   Insert Indent Tab Fill Unindent * C:BEISP_3.PAS

PROGRAM beispiel_3;
(* Bottom up - Entwurf (3-stufig) *)
VAR operand,
    summe,
    produkt   : REAL;


  PROCEDURE eingeben;
  (* Einlesen einer Zahl von der Tastatur *)
  BEGIN
    WRITELN ('Bitte Operand eingeben : ');
    READLN (operand);
  END;

  PROCEDURE verarbeiten;
  (* Durchfuehrung der Berechnungen *)
─────────────────────────────── Watch ───────────────────────────────

F1-Help  F5-Zoom  F6-Switch  F7-Trace  F8-Step  F9-Make  F10-Menu
```

Abb. 4.9: Funktion EDIT/Statuszeile

In dieser Zeile bedeuten (von links nach rechts):

LINE

In der angegebenen Zeilennummer des Textes steht der Cursor.

COL

In der angegebenen Spaltennummer des Textes steht der Cursor.

INSERT

Der INSERT-Modus ist eingeschaltet, d.h. bei Texteingabe verschiebt sich der bisherige Text rechts von der Eingabeposition weiter nach rechts, wird also nicht überschrieben. "Insert" läßt sich über die <INS>-Taste ausschalten, was zur Folge hat, daß ein bereits existierender Text nun bei Texteingabe überschrieben wird.

INDENT

Die automatische Tabulierfunktion ist aktiviert. Sie bewirkt, daß nach einem Zeilenwechsel mit <RETURN> der Cursor genau unter dem zuvor eingestellten Zeilenanfang positioniert wird, was insbesondere für die in PASCAL übliche Einrückung von Programmstrukturen sehr bequem ist. Das Ein- und Ausschalten der INDENT-Funktion ist über die Tastenkombination <CTRL><O><I> möglich.

TAB

Diese Funktion aktiviert die <TAB>-Taste, deren Betätigung ein Springen auf die jeweils eingestellten Tabulatorstops ermöglicht. Die Tabulatorstops sind im System auf jede 8. Spalte voreingestellt und lassen sich über den Menupfad "Options/Environment/Tab size" abändern. Die TAB-Funktion kann über die Tastenkombination <CTRL><O><T> ein- und ausgeschaltet werden. Die Grundeinstellung ist normalerweise "aus".

Im Zusammenhang mit der eingeschalteten INSERT-Funktion werden die Texte durch Betätigen der <TAB>-Taste rechts vom Cursor entsprechend verschoben. Bei ausgeschalteter INSERT-Funktion werden die Texte zwar auch verschoben, jedoch wird dabei jeweils das auf dem nächsten Tabulatorstop befindliche Zeichen gelöscht.

FILL

Der Editor speichert bei eingeschalteter FILL-Funktion die zwischen zwei aufeinanderfolgenden Tabulatorstops liegenden "blanks" aus Gründen der Speicherplatzersparnis nicht mit ab. Bei der Darstellung zeigt er sie jedoch korrekt an. Die FILL-Funktion kann man mit <CTRL><O><F> umschalten.

UNINDENT

Diese Funktion belegt die <BKSP>-Taste mit der Funktion <BKTAB> (<SHIFT><TAB> funktioniert bei TURBO-PASCAL nicht als <BKTAB>).

Die Wirkung ist, daß der Text rechts vom Cursor jeweils auf den nächsten Tabulatorstop nach links verschoben wird, jedoch höchstens bis zum Ende eines links von ihm stehenden Textes. Evtl. zuvor gesetzte FILL-Markierungen bei den Tabulatorzeichen werden aufgehoben. Der Ein-/Ausschalter für die UNINDENT-Funktion ist <CTRL> <O> <U>.

"*"

Dieses Zeichen erscheint in der Statuszeile, wenn der Text im Editor verändert wurde. Nach jedem Abspeichern, bei dem der Editor nicht verlassen wird (z.B. mit <F2>), verschwindet der "*" wieder.

L:NAME.TYP

Laufwerk, Name und Typ der im Editor befindlichen Datei werden angezeigt, nicht jedoch der ausführliche Pfad.

4.3.1.2.2 Editor-Kommandos

Es gibt ca. 60 Editor-Kommandos, die meist aus Tastenkombinationen mit <CTRL> bestehen. Hier muß die <CTRL>-Taste gleichzeitig mit anderen Tasten gedrückt werden. Alle Tastenbelegungen können mit dem zum Lieferumfang gehörigen Programm TINST neu definiert werden.

Im Interesse einer systematischen Darstellung werden die Kommandos nachfolgend in mehreren Funktionsgruppen zusammengefaßt.

Bewegungen des Cursors und Verschieben des Fensters

<CTRL> <S> bzw. <CURLEFT>	: Ein Zeichen nach links gehen.
<CTRL> <D> bzw. <CURRIGHT>	: Ein Zeichen nach rechts gehen.
<CTRL> <A> bzw. <CTRL> <CURLEFT>	: Ein Wort nach links gehen.

<CTRL> <F> bzw. <CTRL> <CURRIGHT>	: Ein Wort nach rechts gehen.
<CTRL> <E> bzw. <CURUP>	: Eine Zeile nach oben gehen.
<CTRL> <X> bzw. <CURDOWN>	: Eine Zeile nach unten gehen.
<CTRL> <W>	: Um eine Zeile nach oben rollen.
<CTRL> <Z>	: Um eine Zeile nach unten rollen.
<CTRL> <R> bzw. <PGUP>	: Um eine Bildschirmseite nach oben gehen.
<CTRL> <C> bzw. <PGDN>	: Um eine Bildschirmseite nach unten gehen.
<CTRL> <Q> <S> bzw. <HOME>	: An den Beginn der Zeile gehen.
<CTRL> <Q> <D> bzw. <END>	: An das Ende der Zeile gehen.
<CTRL> <Q> <E> bzw. <CTRL> <HOME>	: In die erste Zeile am Schirm gehen.
<CTRL> <Q> <X> bzw. <CTRL> <END>	: In die letzte Zeile am Schirm gehen.
<CTRL> <Q> <R> bzw. <CTRL> <PGUP>	: An den Beginn des Textes gehen.
<CTRL> <Q> <C> bzw. <CTRL> <PGDN>	: An das Ende des Textes gehen.
<CTRL> <Q> <P>	: An die letzte Cursorposition gehen.
<CTRL> <Q> <W>	: An die letzte Fehlerposition gehen.

Einfügen und Löschen

<CTRL> <O> <O>	: Die in "Options" gesetzten Schalter werden als Zeichenkette in den Quellentext eingefügt.
<CTRL> <V> bzw. <INS>	: Der Insert-Modus (siehe 4.3.2.1.1.) wird umgeschaltet.
<CTRL> <H> bzw. <BKSP>	: Das Zeichen links vom Cursor wird gelöscht.
<CTRL> <G> bzw. <DEL>	: Das Zeichen unter dem Cursor wird gelöscht.
<CTRL> <T>	: Das Wort rechts vom Cursor wird gelöscht.
<CTRL> <N>	: Eine Leerzeile, die dann beschrieben werden kann, wird eingefügt.
<CTRL> <Y>	: Eine Zeile wird gelöscht.
<CTRL> <Q> <Y>	: Alle Zeichen einer Zeile rechts des Cursors werden gelöscht.

Block-Befehle

Ein Block ist ein beliebiger Ausschnitt aus einem Text. Mit ihm lassen sich verschiedene Funktionen durchführen.

<CTRL> <K> <B>	: Die Cursorposition markiert den Blockanfang.
<CTRL> <K> <K>	: Die Cursorposition markiert das Blockende.
<CTRL> <K> <T>	: Das Wort unter dem Cursor oder links vom Cursor wird zum Block.
<CTRL> <K> <H>	: Blockmarkierung aus- bzw. einschalten.
<CTRL> <K> <C>	: Kopiert den markierten Block an die Cursorposition.
<CTRL> <K> <V>	: Ein Block wird an die Cursorposition verschoben (der alte Block dabei gelöscht).
<CTRL> <K> <W>	: Einen Block als Datei schreiben, System verlangt zunächst Dateiname, ggf. mit Laufwerk und Pfad.
<CTRL> <K> <R>	: Einen Block als Datei lesen, System verlangt zunächst Dateiname, ggf. mit Laufwerk und Pfad.
<CTRL> <K> <P>	: Einen Block drucken.
<CTRL> <Q> <B>	: Springen zum Blockanfang.
<CTRL> <Q> <K>	: Springen zum Blockende.
<CTRL> <K> <I>	: Block um eine Spalte nach rechts verschieben
<CTRL> <K> <U>	: Block um eine Spalte nach links verschieben
<CTRL> <K> <Y>	: Löschen eines Blocks

Suchen

<CTRL> <Q> <F> : Suchen eines Begriffs

Der Suchbegriff muß unmittelbar nach Aktivieren dieser Funktion hinter der Systemmeldung "Find :" eingegeben werden.

Danach können folgende Optionen angegeben werden:

- B : Suche in Richtung Textanfang von der Cursorposition aus.
- L : Suche lokal in einem Block.
- n : Suche nach dem n-ten Vorkommen ($1 \leq n \leq 65535$).
- U : Groß- und Kleinschrift werden bei der Suche ignoriert.
- W : Suche nur nach exakten Worten. Sucht man z.B. nach "ein", so werden "mein" oder "dein" ignoriert.

Kombinationen können in beliebiger Auswahl und Reihenfolge vorgenommen werden. Durch Leerabschicken mit <RETURN> werden evtl. zuvor eingestellte Optionen übernommen.

<CTRL> <Q> <[> bzw. <CTRL> <Q> <]> : Suche das "Gegenstück" zu dem Zeichen { }, ( ), [ ], (* *), " ", ' ', < >, auf dem der Cursor steht.

Suchen und Ersetzen

<CTRL> <Q> <A> : Ein Begriff wird gesucht und durch einen anderen ersetzt, dabei wird bei jeder Ersetzung rückgefragt.

Folgende zusätzliche Optionen können angegeben werden.

- G : Suche global im ganzen Text.
- N : Die Rückfrage wird unterdrückt.

<CTRL> <L> : Wiederhole den Suchvorgang, bzw. den Ersetzungsvorgang.

Besondere Hilfen

<F1> : Aktiviert die Hilfefunktion des TURBO-PASCAL-Systems. Voraussetzung ist, daß die Datei TURBO.HLP installiert wurde.

<ALT> <F1> : Stellt den letzten Hilfeschirm noch einmal her.

<CTRL> <F1> : Gibt einen Hilfetext zu der PASCAL-Anweisung (reservierte Worte, Systemkonstanten und Funktionsnamen), auf der der Cursor steht.

<CTRL> <Q> <L> : Macht die letzte Änderung ungeschehen. Achtung ! Funktioniert nicht nach Löschen einer Zeile mit <CTRL> <Y>.

Markierungen

<CTRL> <K> n : Setzen einer Markierung n ($1 \leq n \leq 65535$).

<CTRL> <Q> n : Finden einer Markierung n ($1 \leq n \leq 65535$).

Dateibefehle

<F3> : Neue Datei laden und den Editor aktivieren; wurde zuvor ein Text bearbeitet und nicht gesichert, fragt das System, ob dieser abgespeichert werden soll. Danach wird der alte Text im Editor im Arbeitsspeicher gelöscht und ggf. durch einen neuen ersetzt.

<F2> bzw.
<CTRL> <K> <S> : Text im Editor auf den externen Datenträger (zurück-)speichern. Falls es sich um die Datei NONAME.PAS handelt, wird zuvor nach einem Dateinamen, ggf. mit Laufwerks- und Pfadangabe gefragt.

Short - Cut - Kommandos

Hiermit lassen sich diverse Funktionen aus allen anderen Menüs aktivieren, ohne über diese Menüs gehen zu müssen. Einzelheiten siehe Abschnitt 4.3.1.8.

4.3.1.3 Run

Im Untermenü RUN werden Funktionen für die Übersetzung und den Start sowie Funktionen für die Ablaufverfolgung eines PASCAL-Programms angeboten.

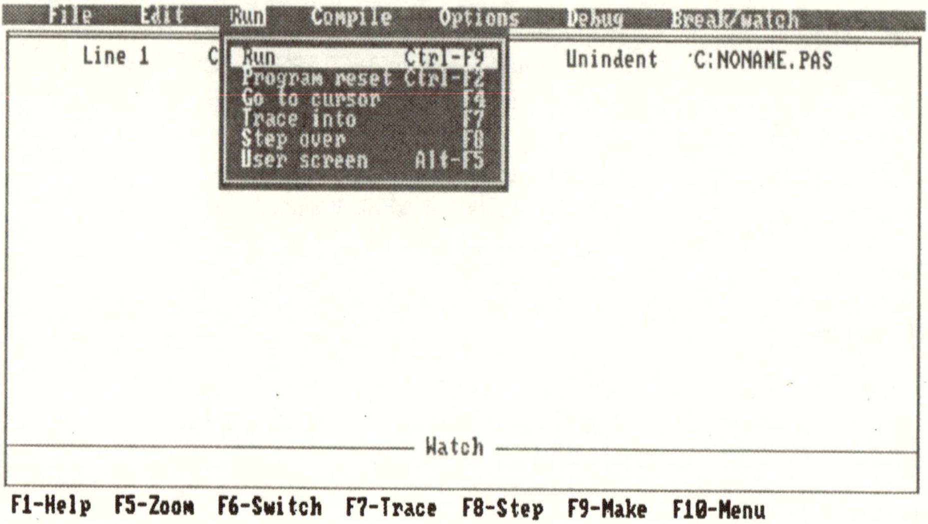

Abb. 4.10: Funktion RUN

Aus didaktischen Gründen werden die Funktionen dieses Untermenüs nicht in der vom System angegebenen Reihenfolge, sondern in der Reihenfolge "Run", "Trace into", "User screen", "Go to cursor", "Step over" und "Program reset" behandelt.

- RUN

  Das im Editor aktive Programm wird übersetzt, gebunden und gestartet. Das TURBO-PASCAL-System erkennt, ob der Übersetzungs- und Bindevorgang bereits vorher durchgeführt wurde und startet ggf. sofort das aktive Programm. Nach Ausführung des Programms kehrt das System nicht in das Menü, sondern in den Editor zurück.

- TRACE INTO

Diese Funktion aktiviert den "Source Level Debugger" des TURBO-PASCAL-Systems. Nach der ersten Aktivierung der Funktion mit <RETURN> oder <T> oder <F7> setzt sich ein Zeilen-Cursor auf den Anfang des Programms.

Mit wiederholtem Tastendruck <F7> wird Zeile für Zeile des Programms ausgeführt, wobei der Debugger auch in evtl. vorhandene Unterprogramme verzweigt. Der Zeilen-Cursor bewegt sich dabei auf die jeweils nächste auszuführende Programmzeile.

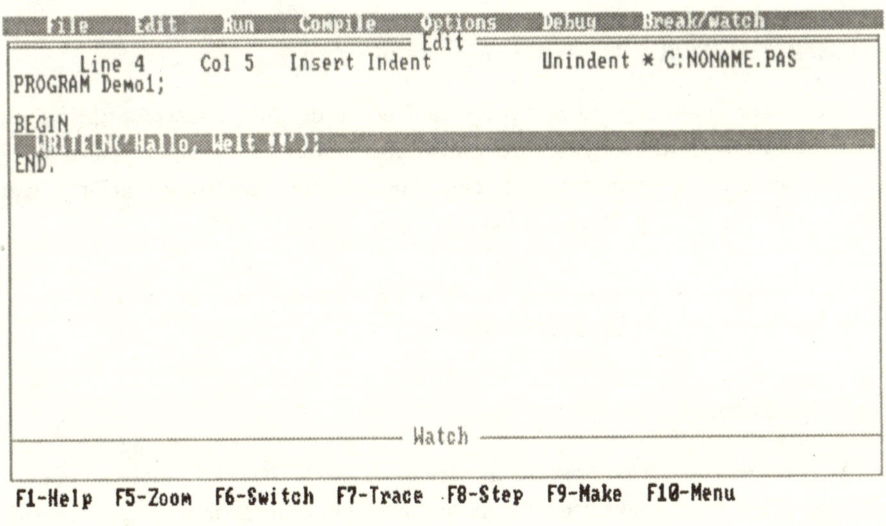

Abb. 4.11: Funktion RUN/TRACE INTO

Die Funktion TRACE INTO funktioniert auch, wenn das Programm noch nicht übersetzt und gebunden ist. In diesem Fall wird zunächst der Übersetzungs- und Bindevorgang ausgeführt.

ACHTUNG ! Um die Funktionen des Source Level Debugger nutzen zu können, muß im Menü O/C der Schalter "Debug Information" auf "ON" geschaltet sein.

- USER SCREEN

Es wird auf den "DOS-Bildschirm" umgeschaltet, um etwaige vom Programm erzeugte Ausgaben betrachten zu können. Die Aktivierung der Funktion erfolgt mit <RETURN> oder <U> oder <ALT><F5>.

Mit jeder beliebigen Tasteneingabe gelangt man wieder in das TURBO-PASCAL-System zurück an die Ausgangsstelle.

Die Tastenkombination <ALT><F5> kann auch unmittelbar aus dem Trace-Vorgang heraus betätigt werden.

- GOTO CURSOR

Mit dieser Funktion wird der Trace-Lauf bis zu der Stelle ausgeführt, an die man während des Editiervorgangs den Cursor positioniert hat. Wenn man sich für einen bestimmten Programmzweig oder eine Programmzeile interessiert, gelangt man auf diese Weise ohne wiederholtes Betätigen von <F7> direkt dorthin.

Eine besonders häufige Anwendung ist die Cursorpositionierung auf eine Stelle hinter einer Schleife, um ein "Kreisen" mit <F7> zu vermeiden.

- STEP OVER

Verwendet man diese Funktion anstelle von TRACE INTO, so bleibt man mit dem Trace-Lauf in der jeweiligen Programm- bzw. Unterprogrammebene; d.h. es findet kein "Abstieg" in ein (weiteres) Unterprogramm statt. Gelangt man nach wiederholten Eingaben <F8> an das Ende eines Unterprogramms, so wird jedoch in die übergeordnete Programmebene zurückverzweigt.

- PROGRAM RESET

Ein Trace-Lauf mit dem Debugger wird durch diese Funktion beendet und man gelangt in den Editor. Der Zeiger auf die zuletzt im Trace-Lauf erreichte Zeile wird gelöscht, so daß beim erneuten Start des Debugger wieder am Programmanfang begonnen wird.

Die im vorangegangenen Programmablauf erreichten Variablenwerte sind jedoch noch verfügbar und können z.B. im Watch-Fenster betrachtet werden.

4.3.1.4 Compile

In diesem Untermenü sind alle zum Übersetzen und Binden eines Programms benötigten Funktionen und Optionen zusammengefaßt.

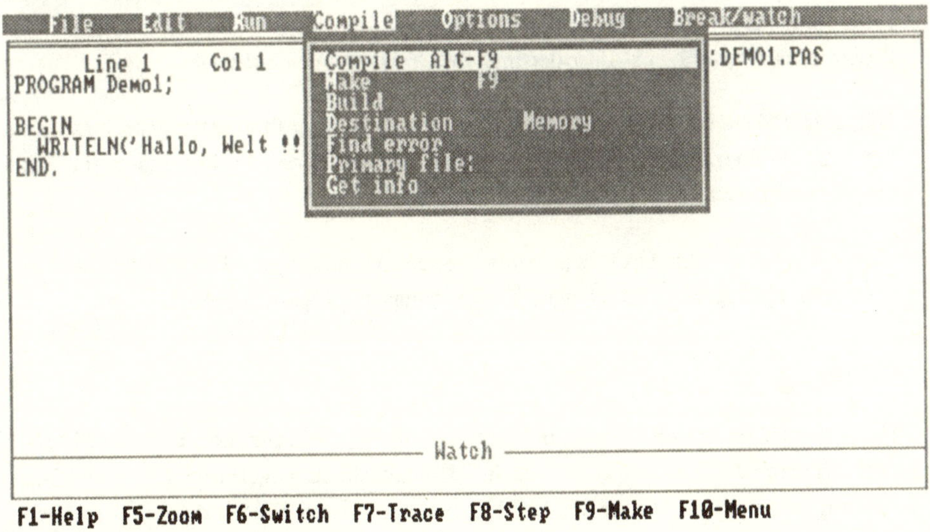

Abb. 4.12: Funktion COMPILE

- COMPILE

  Diese Funktion dient dem Übersetzen und Binden des aktiven Programms. Eine Zustandsprüfung wie bei RUN findet in diesem Falle nicht statt; d.h. es wird stets erneut übersetzt und gebunden.

  Wird beim Übersetzungsvorgang ein formaler Fehler entdeckt, unterbricht der Compiler seine Arbeit und kehrt in den Editor zurück. Der Cursor wird auf die fehlerhafte Programmstelle positioniert.

Zusätzlich wird anstelle der Statuszeile eine Fehlerzeile mit Fehlernummer und Fehlertext ausgegeben. Da sich jedoch die formale Prüfung nur bis zur Fehlerstelle und nicht auch auf den Nachbereich erstreckt, erscheinen die Fehlertexte bisweilen etwas "kurzsichtig" (siehe auch Abschnitt 4.3.3).

- MAKE

Mit dieser Funktion wird ein komplexer Übersetzungs- und Bindevorgang ausgelöst, der sich nicht nur auf das aktive Programm, sondern auch auf die in diesem Programm angeforderten Quellenprogramm-Bibliotheken (Units) bezieht. Zur Programmierung und zur Anforderung von Units vgl. Abschnitt 4.4.

Die angeforderten Bibliotheken werden bei MAKE daraufhin untersucht, ob sie seit der letzten Übersetzung verändert wurden. Im gegebenen Falle werden sie dann ebenfalls übersetzt.

Hinweis : Da in den Units wiederum weitere Units angefordert werden können, wird u. U. eine ganze Kaskade von Übersetzungsvorgängen ausgelöst.

- BUILD

Für diese Funktion gilt im wesentlichen das Gleiche wie für die Funktion MAKE; der Unterschied besteht jedoch darin, daß sämtliche angeforderten Units ohne Prüfung ihrer Veränderung in den Übersetzungs- und Bindevorgang einbezogen werden.

Eine wichtige Anwendung für diese Funktion ergibt sich für den Fall, daß Units mit anderen Editoren, in anderen Verzeichnissen oder mit anderen Rechnersystemen verändert und per DOS-Copy in das betreffende TURBO-PASCAL-System eingeschleust wurden. Die MAKE-Funktion könnte in diesem Fall die stattgefundene Veränderung nicht feststellen.

- DESTINATION

Hierbei handelt es sich um einen Schalter, mit dem der Datenträger für das fertig übersetzte und gebundene Programm angegeben werden kann.

Die Schalterstellung "Memory" bedeutet, daß das lauffähige Programm im Hauptspeicher des Rechners abgelegt wird, sofern dort noch genügend Platz vorhanden ist.

Die Schalterstellung "Disk" bedeutet, daß das lauffähige Programm als "EXE-Datei" auf der Platte abgespeichert wird. Dieses Verfahren erhöht zwar die Übersetzungs- und Bindezeit, ist aber auf alle Fälle anzuwenden, wenn entweder das erzeugte Programm nicht mehr neben dem TURBO-PASCAL-System in den Arbeitsspeicher paßt und/oder das erzeugte Programm auch außerhalb des TURBO-PASCAL-Systems von DOS aus gestartet werden soll.

Das Umlegen des Schalters erfolgt entweder durch Cursor-Positionierung und <RETURN> oder durch <D>.

FIND ERROR

Diese Funktion dient dem Auffinden der Programmstelle im Quellencode, die einen Laufzeitfehler (Runtime Error) verursacht hat.

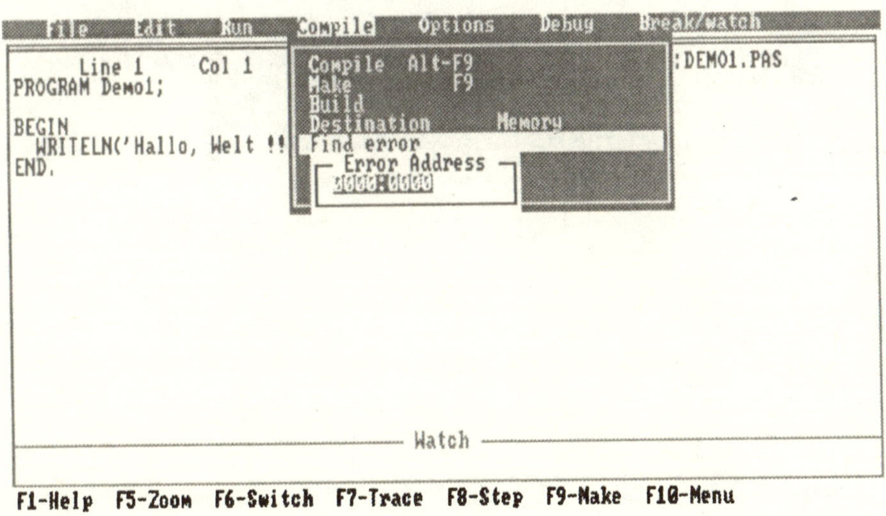

Abb. 4.13: Funktion COMPILE/FIND ERROR

Die Anwendung ist derart, daß man sich im Falle einer Programmunterbrechung die dabei angegebene Fehleradresse merkt und in das mit dieser Funktion geöffnete "Error-Adress"-Fenster einträgt. Verläßt man danach dieses Fenster mit <RETURN>, so findet ein Suchvorgang statt, an dessen Ende das System in den Editor verzweigt und den Cursor an die entsprechende Programmstelle positioniert.

- PRIMARY FILE

Mit dieser Funktion kann der Name der zu compilierenden Datei für die Funktionen MAKE und BUILD angegeben werden. Hierbei sind neben dem Namen ggf. auch Laufwerks- und Pfadangaben zulässig.

Die hauptsächliche Anwendung dieser Option besteht darin, daß ein Hauptprogramm (Primary File) ein oder mehrere Units anfordert, man im Editor jedoch als aktuelle Datei eine der Units geladen und bearbeitet hat. Durch die Angabe des "Primary File" wird sichergestellt, daß beim Erzeugen des lauffähigen Programms mit "Make" oder "Build" bei der Übersetzung mit diesem Quellenprogramm begonnen und somit die Programmhierarchie eingehalten wird.

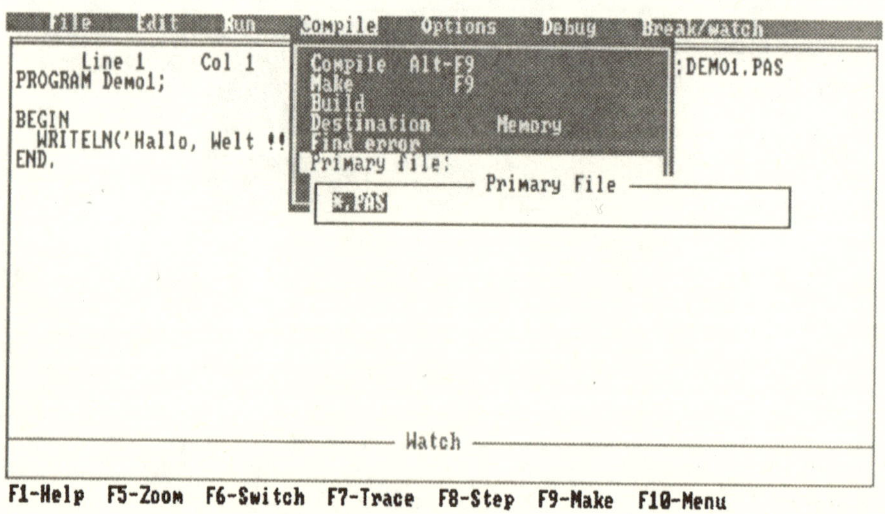

Abb. 4.14: Funktion COMPILE/PRIMARY FILE

Hinweis: Für die Funktion COMPILE ist die Option PRIMARY FILE ohne Wirkung, da Compile stets auf die im Editor aktive Datei zugreift.

- GET INFO

Mit dieser Funktion werden Informationen über das zuletzt compilierte Programm gegeben. Unter anderem werden Laufwerk, Pfad und Programmname, Größe der Quellendatei und des Objectcode etc. angezeigt.

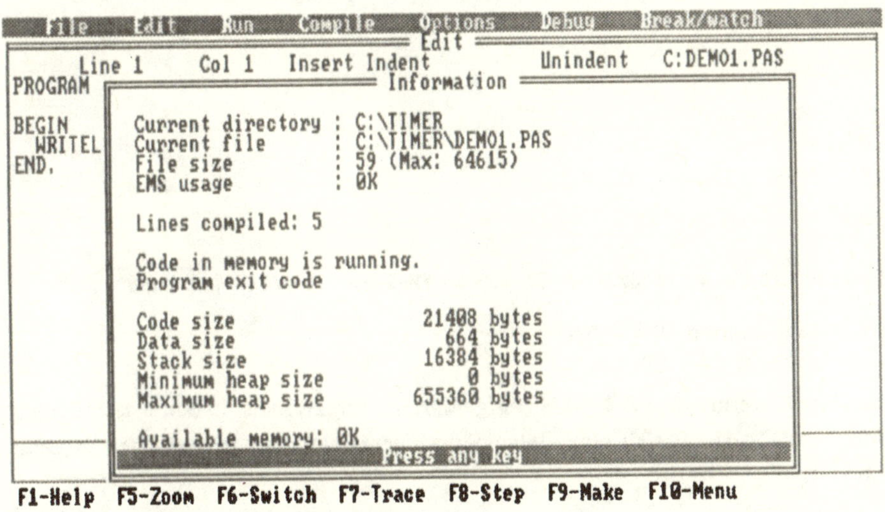

Abb. 4.15: Funktion COMPILE/GET INFO

Hinweis: Diese Funktion liefert nur Informationen über das zuletzt übersetzte und gebundene Programm. Ein Aufruf ist daher nur nach Aktivierung der Funktionen COMPILE, MAKE, BUILD oder RUN sinnvoll.

4.3.1.5 Options

In diesem Untermenü können Optionen für diverse Funktionen der integrierten Entwicklungsumgebung gesetzt werden. Es handelt sich zumeist um Schalter, die nach Cursorpositionierung mit der <RETURN>-Taste umgelegt werden können.

In einigen Fällen müssen jedoch auch Zeichenketten (Parameter-Listen, Pfade) eingegeben werden.

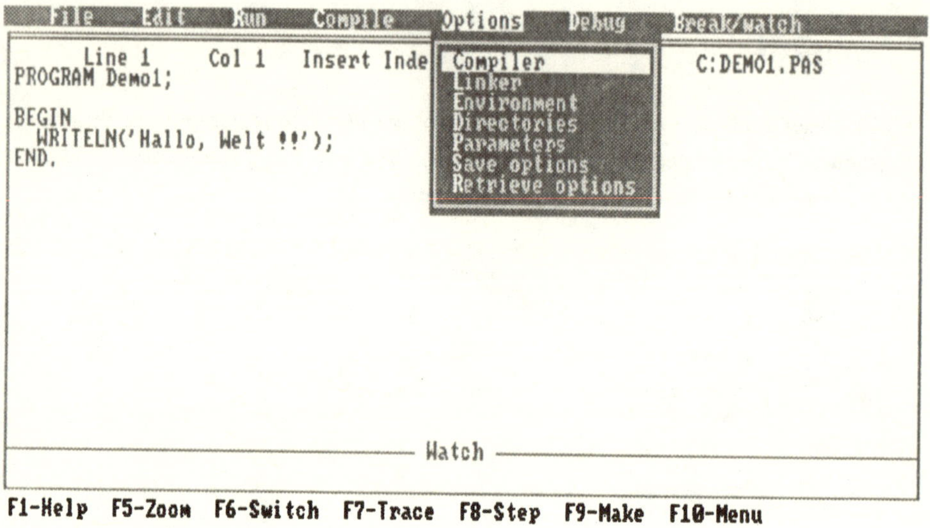

Abb. 4.16: Funktion OPTIONS

Die im Untermenü OPTIONS aufgeführten Funktionen haben vielfach weitere Untermenüs, so daß sich eine Behandlung der Funktionen in separaten Abschnitten anbietet.

4.3.1.5.1 Compiler

Mit dieser Funktion können diverse Compileroptionen eingestellt werden. Nach Aktivierung der Funktion erscheint das in Abb. 4.17 dargestellte Schalter- und Funktionstableau.

Die ersten 12 Objekte sind Schalter, die sich jeweils nach Cursorpositionierung mit <RETURN> umschalten lassen. Die letzten zwei Objekte sind Menüfunktionen, mit denen Eingabefenster für die Parameter-Eingabe aktiviert werden.

Die Schalter haben der Reihe nach folgende Bedeutung :

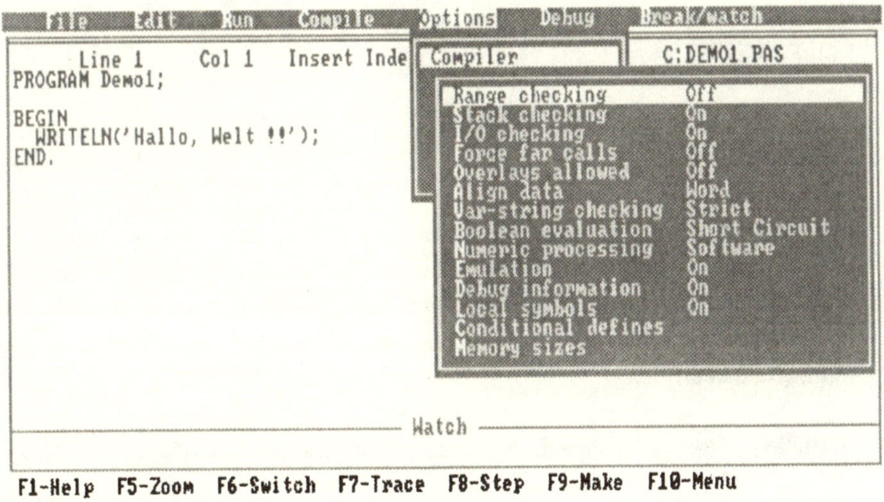

Abb. 4.17: Funktion OPTIONS/COMPILER

- RANGE CHECKING

Bei "ON" wird für alle indizierten ARRAY- und STRING-Variablen bei der Übersetzung ein Prüfcode erzeugt, der zur Laufzeit die Zulässigkeit der Indizes in Bezug auf die definierte Feldlänge überprüft und ggf. das Programm mit einer entsprechenden Fehlermeldung unterbricht (siehe Abschnitt 4.3.3.2.4.).

Da die Größe des erzeugten Code sowie die Laufzeit des Programms bei eingeschaltetem RANGE CHECKING wesentlich wächst, sollte man diese Option nach der Testphase wieder ausschalten und das Programm neu übersetzen und binden.

- STACK CHECKING

Bei "ON" wird ein Prüfcode erzeugt, der zur Laufzeit die Verfügbarkeit des benötigten Stack-Speicherplatzes überwacht, und der bei Nichtverfügbarkeit das Programm mit einer entsprechenden Fehlermeldung unterbricht (siehe Abschnitt 4.3.3.2.4.).

Bezüglich des zusätzlichen Speicher- und Laufzeitbedarfs siehe RANGE CHECKING.

- I/O CHECKING

Bei "ON" wird ein Prüfcode zur Überwachung von Ein- und Ausgabebefehlen erzeugt, der zur Laufzeit die Dateiverfügbarkeit sowie den Erfolg der Operationen feststellt und ggf. das Programm mit einer entsprechenden Fehlermeldung unterbricht. Mit dieser Option wird die Programmierung von IOResult-Abfragen weitgehend überflüssig.

Bezüglich des zusätzlichen Speicher- und Laufzeitbedarfs siehe RANGE CHECKING.

- FORCE FAR CALLS

Diese Option ist einzuschalten, wenn bei der Programmentwicklung Units, Overlays und Prozedur-Variablen verwendet werden. Auf diese Weise wird sichergestellt, daß die Adressrechnung für die o.g. Objekte auf einen entsprechenden Wertebereich im Longheap (Speicherbereich jenseits des geladenen Programms) eingestellt wird.

Wird diese Option nicht benötigt, sollte man sie ausschalten, da die Adresszeiger (Doppelworte = > Adressraum >64K) einen größeren Speicherplatz belegen als bei normaler Adressrechnung (Worte = > Adressraum < = 64K).

- OVERLAYS ALLOWED

Steht dieser Schalter auf "ON" , so können Units "overlay-fähig" gemacht werden; d.h. sie müssen zur Laufzeit nicht im Hauptspeicher stehen, sondern werden erst im Bedarfsfall von einem Massenspeicher nachgeladen. Bezüglich der zusätzlichen Codierungsmaßnahmen im "Primary File" vgl. Abschnitt 4.4.

- ALIGN DATA

Mit diesem Schalter kann die Ausrichtung der Daten im Arbeitsspeicher festgelegt werden. Die Ausrichtung "WORD" bedeutet schneller Zugriff, jedoch "Verschnitt". Die Ausrichtung "BYTE" bedeutet langsamerer Zugriff, jedoch geringer Platzbedarf, weil kein "Verschnitt" auftritt.

- VAR-STRING CHECKING

Steht dieser Schalter auf "STRICT", so wird ein Prüfcode generiert, der das Programm mit einem Laufzeitfehler unterbricht, wenn Strings unterschiedlicher Länge verglichen oder einander zugewiesen werden.

Steht der Schalter auf "RELAXED", so werden Prozeduren zur Behandlung unterschiedlicher String-Längen erzeugt (z.B. Ausrichtung am kürzeren String).

- BOOLEAN EVALUATION

Steht dieser Schalter auf "SHORT CIRCUIT" so werden Boolesche Ausdrücke, die OR und AND enthalten, im sog. "Kurzschlußverfahren" verarbeitet; d.h. wird bei einem OR-Term "TRUE" bzw. bei einem AND-Term "FALSE" erkannt, so bricht die Prüfung ab, weil sich am Endergebnis nichts mehr ändert.

Steht dieser Schalter auf "COMPLETE", so werden alle Terme eines booleschen Ausdruckes ausgewertet; dies kann u.U. wichtig sein, wenn in den Termen Funktionen enthalten sind, die bestimmte, gewünschte Zustandsänderungen produzieren sollen.

- NUMERIC PROCESSING

Dieser Schalter bestimmt, ob für Operationen mit REAL-Werten die Funktionen der Laufzeitbibliothek verwandt werden ("Software") oder ob Befehle für einen Coprozessor erzeugt werden ("8087/80287").

- EMULATION

Dieser Schalter ist für den Fall von Bedeutung, daß mit dem Schalter NUMERIC PROCESSING "Software" eingeschaltet wurde.

Die Schalterstellung "ON" bewirkt, daß beim Bindevorgang Prozeduren für die REAL-Zahl-Behandlung eingebunden werden, die den Funktionsumfang der Arithmetikprozessoren emulieren.

Die Schalterstellung "OFF" bedeutet, daß für die REAL-Arithmetik Standardprozeduren aus der PASCAL-Bibliothek verwendet werden, die allerdings den Funktionsumfang der Coprozessoren nicht erreichen, dafür jedoch auch ein wesentlich geringeren Codeumfang haben.

Hinweis: Es ist zu beachten, daß bei der Schalterstellung "OFF" die Datentypen "SINGLE", "DOUBLE" und "EXTENDED" nicht verwendet werden können.

- DEBUG INFORMATION

Dieser Schalter muß auf "ON" gesetzt sein, wenn man später den integrierten Debugger verwenden will.

Hinweis: Wurde ein Programm zuvor mit der Schalterstellung "OFF" übersetzt und gebunden, so genügt ein bloßes Umschalten auf "ON" nicht; vielmehr ist der Übersetzungs- und Bindevorgang zu wiederholen.

- LOCAL SYMBOLS

Mit der Schalterstellung "ON" wird erreicht, daß die lokalen Variablen und Prozeduren der Units bei der Übersetzung mit in die Symboltabelle des Debugger aufgenommen und damit beobachtbar gemacht werden. Mit der Schalterstellung "OFF" unterbleibt dies, was u.U. aus Speicherplatzgründen erforderlich sein kann.

CONDITIONAL DEFINES

Unter diesem Menüpunkt können Boolesche Variablen für die bedingte Compilierung festgelegt werden, mit denen man über spezielle IF-Konstruktionen den Übersetzungsvorgang so steuern kann, daß bestimmte Code-Teile berücksichtigt und andere nicht berücksichtigt werden. Für nähere Details sei auf das TURBO-PASCAL-Handbuch Band 1 Seite 396 verwiesen.

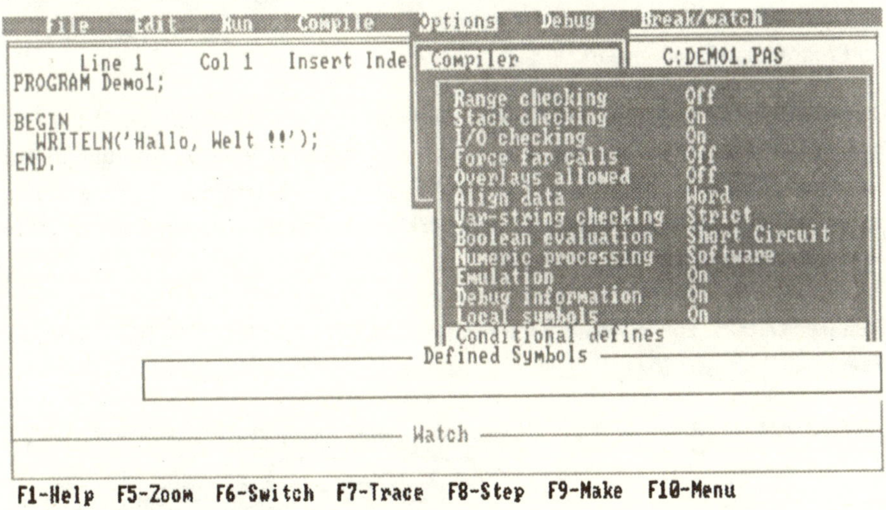

Abb. 4.18: Funktion OPTIONS/COMPILER/CONDITIONAL DEFINES

Nach Aktivieren der Funktion öffnet sich ein Fenster, in das man ein oder mehrere Namen eintragen kann. Diese sind in der o.g. Anwendung ohne weitere Definition verwendbar, erscheinen aber nach <CTRL> <O> <O> auch als fester Eintrag in dem betreffenden Programmtext.

MEMORY SIZES

Mit Hilfe dieser Funktion können die Größen von Stack und Heap neu bestimmt werden. Voreingestellt ist eine Stack-Größe von 16384 Bytes.

Heap ist der Speicherbereich der sich nach Laden des Programmes und Reservierung des Stack bis zur maximal addressierbaren Speichergröße erstreckt. In diesem Bereich werden der Overlay-Buffer sowie dynamische Variablen abgelegt.

Die kleinste Heap-Größe ist mit 0 angegeben; d.h., wenn kein Heap benötigt wird, wird auch kein Speicher dafür belegt. Mit einer Angabe größer 0 reserviert man auf jeden Fall eine minimale Heap-Größe des angegebenen Umfangs, soweit dieser zur Verfügung steht. Steht dieser zur Laufzeit des Programms nicht zur Verfügung, so wird gleich beim Programmstart ein entsprechender Runtime-Error ausgegeben und ein Programmabbruch bewirkt.

Die größte Heap-Größe ist mit 655360 vorbelegt und erstreckt sich damit auf den größten mit DOS addressierbaren Speicherbereich. Durch eine Verkürzung dieses Bereichs läßt sich u.a. Platz für das Laden speicherresidenter Programme reservieren. Ob diese Reservierung auch wirklich realisiert wird, läßt sich mit Hilfe der kleinsten Heap-Größe überprüfen.

Weitere Details zur Speicherkonfiguration finden sich im TURBO-PASCAL-Handbuch 2 Kapitel 25.

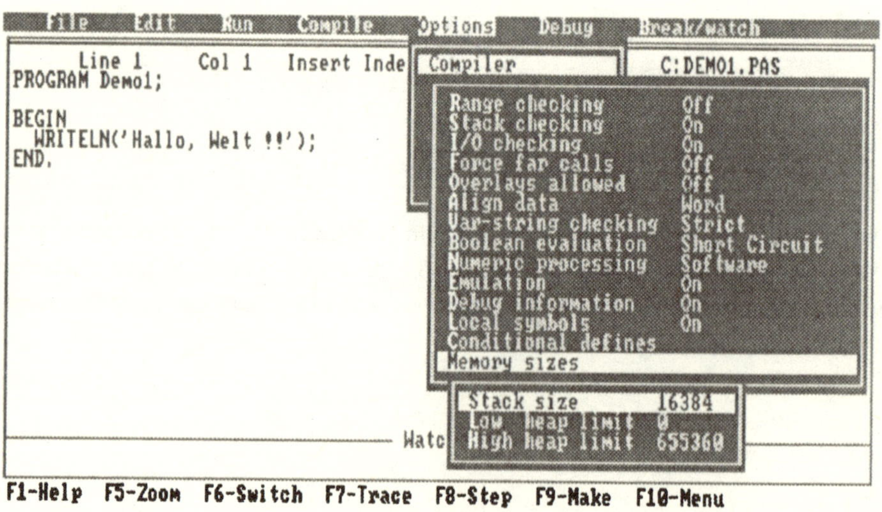

Abb. 4.19: Funktion OPTIONS/COMPILER/MEMORY SIZES

Nach Aktivieren der Funktion MEMORY SIZES eröffnet sich ein Untermenü mit 3 Funktionen, die wiederum in der gewohnten Weise zu selektieren und zu aktivieren sind. Danach öffnet sich ein Fenster, in das der jeweils neue Speicherwert eingetragen werden kann (vgl. Abb. 4.19).

4.3.1.5.2 Linker

Mit dieser Funktion werden Optionen für den Linker (Binder) gesetzt. Nach Aktivierung mit <RETURN> oder <L> erscheint das in Abbildung 4.20 dargestellte Untermenü.

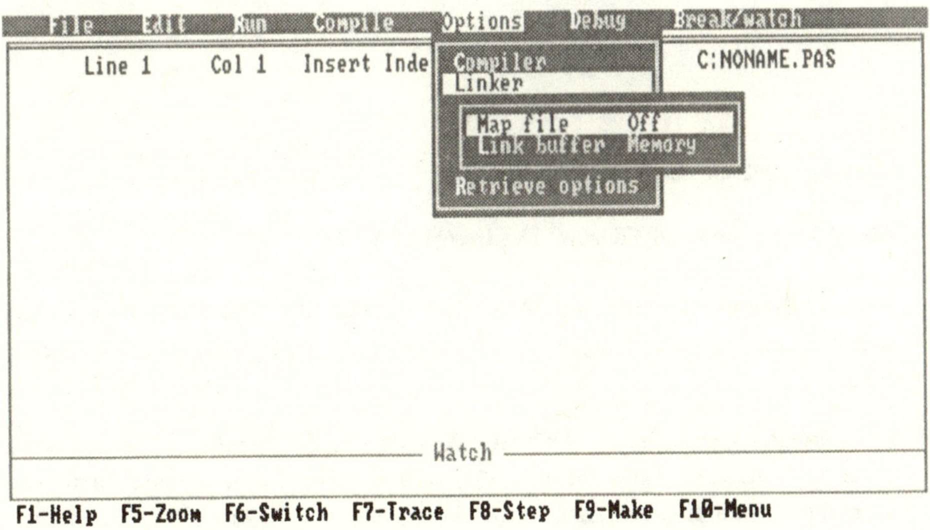

Abb. 4.20: Funktion OPTIONS/LINKER

Die Linker-Optionen lassen sich durch folgende Schalter einstellen:

- MAP FILE

  Wenn dieser Schalter auf "ON" gesetzt ist, wird eine sog. MAP-Datei angelegt, in der Symboladressen in verschiedenen Detailierungsgraden verzeichnet sind. Diese

.MAP-Datei findet Anwendung in der Arbeit mit externen Debuggern wie z.B. Turbo Debugger oder CodeView.

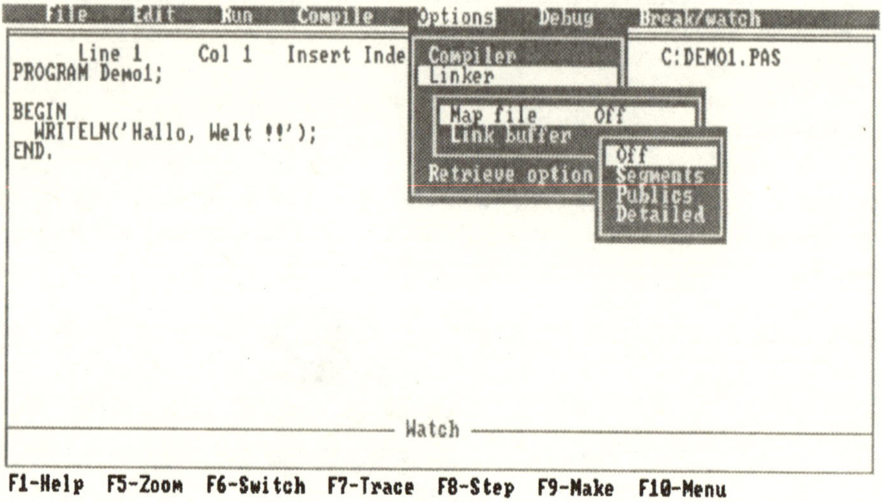

Abb. 4.21: Funktion OPTIONS/LINKER/MAP FILE

Nach Aktivierung der Funktion Map File erscheint ein Untermenü, in dem man zwischen den Schalterstellungen "Off", "Segements", "Publics" und "Detailed" wählen kann.

Die normale Alternative zu "Off" ist "Detailed", in der sämtliche Informationen generiert werden. Mit "Segments" werden die Informationen auf die Segmentadressen eingeschränkt, mit "Publics" kommen die öffentlichen Variablen hinzu.

- LINK BUFFER

Dieser Schalter legt fest, ob der Linker für die von ihm angelegten, temporären Dateien ein externes Laufwerk ("Disk") oder den Hauptspeicher ("Memory") verwendet. Falls es die Arbeitsspeicherverhältnisse erlauben, sollte man aus Gründen der Bindegeschwindigkeit die Schalterstellung "Memory" wählen.

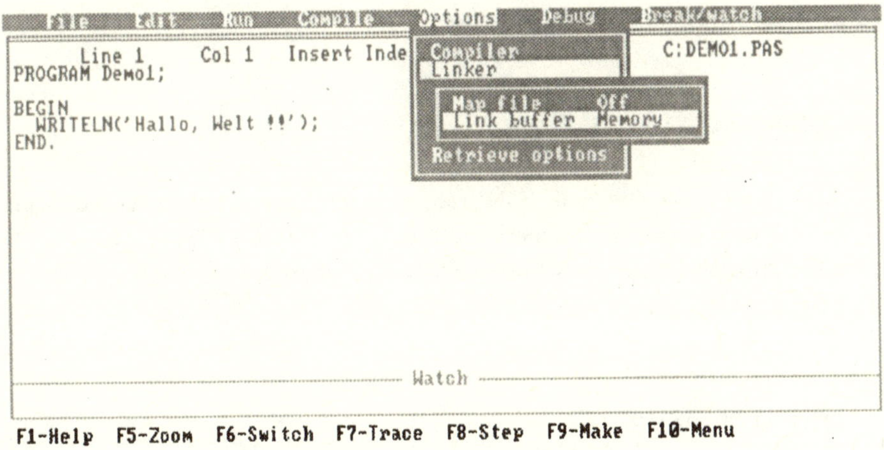

Abb. 4.22: Funktion OPTIONS/LINKER/LINK BUFFER

4.3.1.5.3. Environment

Mit dieser Funktion werden diverse Optionen des TURBO-PASCAL-Systems, die nicht Compiler- oder Linker-spezifisch sind, festgelegt. Nach Aktivierung der Funktion erscheint das in Abb. 4.23 dargestellte Schaltermenü.

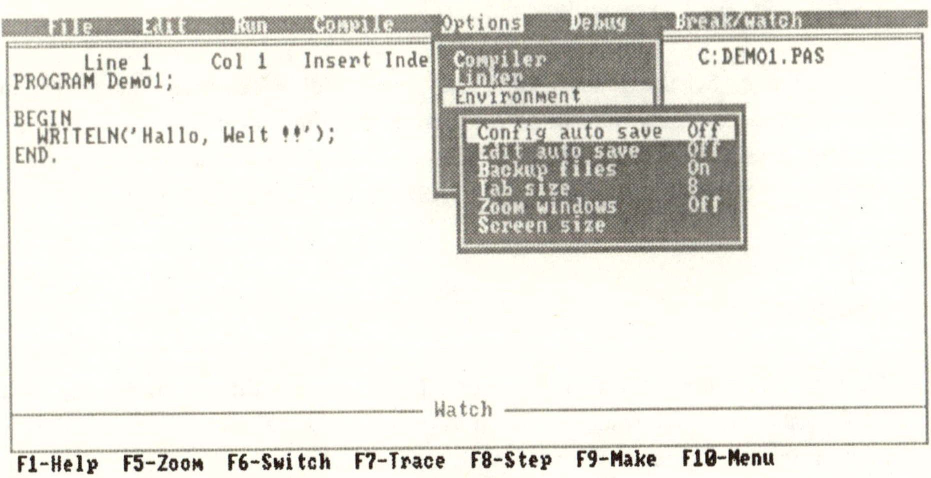

Abb. 4.23: Funktion OPTIONS/ENVIRONMENT

Die Schalter wirken im einzelnen wie folgt:

- CONFIG AUTO SAVE

  Steht dieser Schalter auf "ON", so wird die jeweils aktuelle Konfiguration automatisch gespeichert; eine Betätigung der Funktion "Save Options" (siehe 4.3.1.5.6) erübrigt sich, was insbesondere für Änderungen in anderen Untermenüs interessant ist.

- EDIT AUTO SAVE

  Ist dieser Schalter auf "ON" gesetzt, so wird der Quellenprogrammtext selbständig vor "kritischen Situationen" gespeichert; insbesondere geschieht dies vor jedem Übersetzungs- und Bindevorgang sowie vor jedem Programmstart. Auf diese Weise wird ein Verlust der Programmdatei bei einem eventuellen Absturz vermieden. Die Erfahrung lehrt, daß dieser Schalter immer auf "ON" stehen sollte.

- BACKUP FILES

  Steht dieser Schalter auf "ON", so erhält die Textdatei nach jedem Abspeicherungsvorgang mit dem vor der Abänderung erreichten Zustand die Endung .BAK, während die aktuelle Datei aus dem Arbeitsspeicher in eine Datei mit der voreingestellten Endung (i.d.R. .PAS) auf die Platte kopiert wird.

- TAB SIZE

  Mit dieser Funktion kann man den Tabulatorabstand des Editors (zwischen 2 und 16 Bildschirmspalten) festlegen. Nach Aktivierung der Funktion öffnet sich ein Fenster, in dem ein neuer Wert eingetragen werden kann. Werteingaben außerhalb des angegebenen Bereichs werden abgelehnt.

- ZOOM WINDOWS

Die Schalterstellung "ON" bewirkt, daß im Editor sowohl das Text- als auch das Watch-Fenster auf volle Bildschirmgröße gebracht wird. Zwischen beiden Fenstern kann man mit <F6> hin und her schalten. Das Umlegen dieses Schalters geschieht mit <RETURN> oder <Z> oder <F5>, wobei <F5> in jeder anderen Ebene des Entwicklungssystems wirksam ist.

- SCREEN SIZE

Bei guten Grafikkarten (EGA/VGA) lassen sich bis zu 50 Zeilen Text am Bildschirm darstellen. Der Zeilenmodus läßt sich über diese Funktion bestimmen. Nach Aktivierung dieser Funktion kann man in diesem Untermenü zwischen der normalen und der komprimierten Darstellung auswählen.

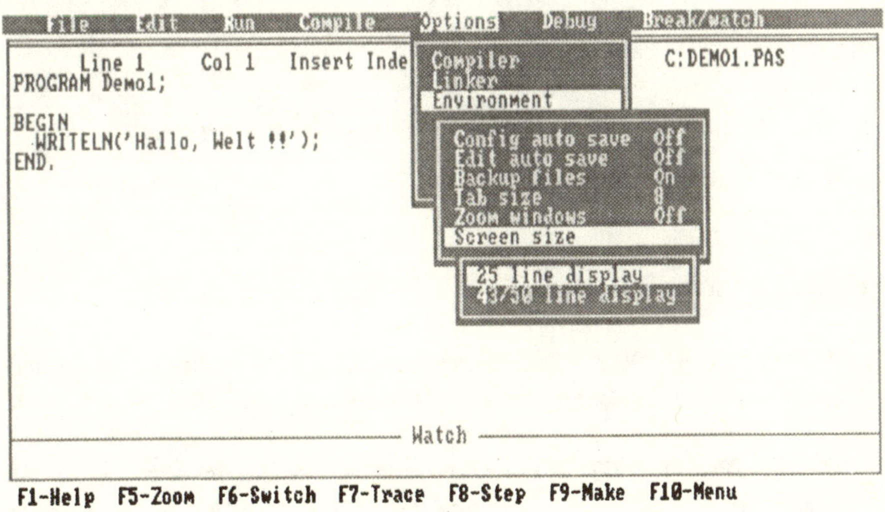

Abb. 4.24: Funktion OPTIONS/ENVIRONMENT/SCREEN SIZE

Sind die Hardware-Voraussetzungen nicht gegeben, läßt sich die Einstellung "25 line display" nicht verändern.

4.3.1.5.4 Directories

Mit diesem Menü lassen sich Suchwege zu den unterschiedlichen Directory-Typen bestimmen. Die Angabe geschieht analog zum DOS-Befehl "PATH".

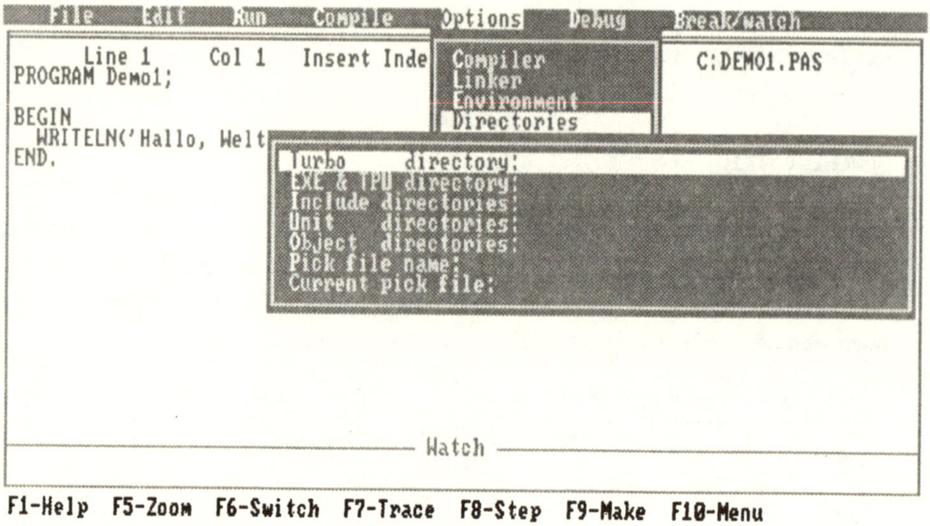

Abb. 4.25: Funktion OPTIONS/DIRECTORIES

Die einzelnen Directory-Typen bedeuten:

- TURBO DIRECTORY : Das Plattenverzeichnis, in dem alle Komponenten des Turbo-Pascal-Entwicklungssystems verwaltet werden.

- EXE & TPU DIRECTORY : Das Plattenverzeichnis, in dem die lauffähigen Programme (EXE) und die Compilate (TPU) der PASCAL-Dateien (PAS) verwaltet werden.

- INCLUDE DIRECTORIES : Ein oder mehrere Plattenverzeichnisse, in denen Code-Passagen verwaltet werden, die mit Hilfe von Include-Befehlen in den zu übersetzenden Programmtext eingefügt werden.

- UNIT DIRECTORIES : Ein oder mehrere Plattenverzeichnisse, in denen Units verwaltet werden, die beim Übersetzen und Binden über die USES-Liste (siehe Abschnitt 4.4) angesprochen werden.

- OBJECT DIRECTORIES : Ein oder mehrere Plattenverzeichnisse, in denen mit anderen Übersetzern (meistens Assembler oder C) erstellte Objectcodes verwaltet werden und die beim Link-Vorgang in das zu erstellende "EXE-File" mit eingebunden werden.

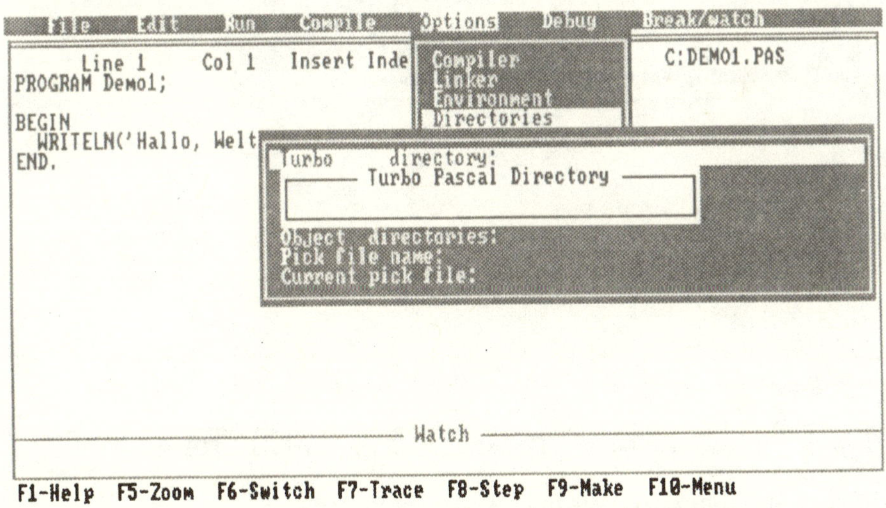

Abb. 4.26: Funktion OPTIONS/DIRECTORIES/TURBO DIRECTORY

Für die Directory-Typen INCLUDE, UNIT und OBJECT können mehrere Directories angegeben werden, die beim Übersetzen bzw. Binden in der angegebenen Reihenfolge durchsucht werden.

Die Funktion "Pick File Name" dient der Definition oder Aktivierung einer Pick-Liste, in der die zuletzt mit dem Editor bearbeiteten Dateinamen verwaltet werden sollen (siehe Abschnitt 4.3.1.1.).

Die Zeile "Current pick file" ist keine Funktion, sondern dient lediglich der Benutzerinformation über die bisher aktuelle Pick-Liste. Eine Aktualisierung der Anzeige erfolgt, sobald die neu eingegebene Pick-Liste das erste Mal benutzt wurde.

4.3.1.5.5 Parameters

Nach Aktivierung dieser Funktion öffnet sich ein Fenster, in welchem man Compileroptionen und Eingangsparameter für das zu compilierende Programm als String eingeben kann. Bezüglich der zahlreichen möglichen Setzungen sowie deren Syntax wird auf das TURBO-PASCAL-Handbuch Band 1 Kapitel 10 verwiesen.

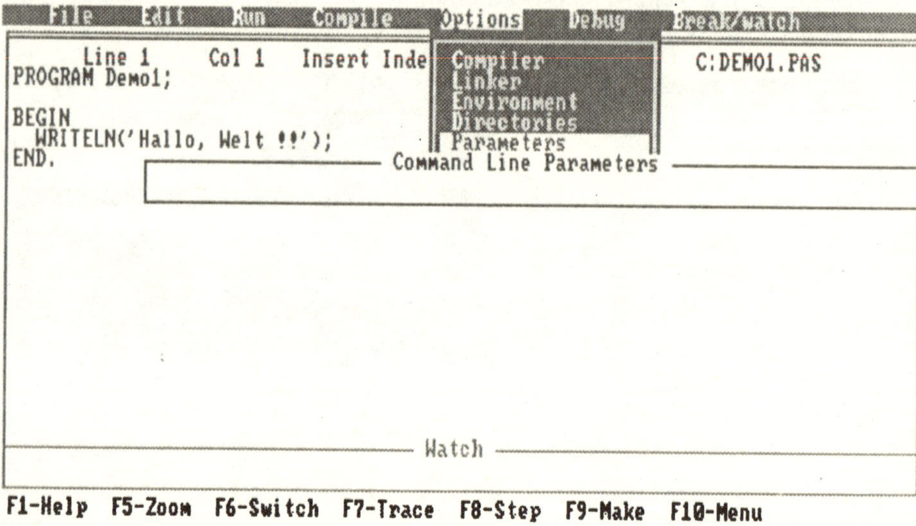

Abb. 4.27: Funktion OPTIONS/PARAMETERS

4.3.1.5.6 Save Options

Diese Funktion dient dem Abspeichern sämtlicher Einstellungen, die man unter der Funktion "Options" vorgenommen hat. Diese Funktion ist jedoch nicht so umfassend wie die unter "Environment" einstellbare Funktion "Config auto save", da sich jene auch auf die bei "Compile" und "Debug" vorgenommenen Einstellungen erstreckt.

Nach Aufruf dieser Funktion öffnet sich ein Fenster, in das man ggf. mit Laufwerks- und Pfadangabe die Datei angeben kann, in der die o.g. Einstellungen abgelegt werden. Erscheint im Fenster bereits ein Dateiname und beantwortet man die Frage nach dem Dateinamen mit <RETURN>, so wird diese Datei nach vorheriger Kontrollabfrage mit dem neuen Inhalt überschrieben. Ändert man den Dateinamen, so repräsentiert dieser bis auf weiteres die aktuelle Options-Datei.

Hinweis : "Save Options" ist kein Schalter, sondern eine Funktion, die bei Bedarf jeweils neu zu aktivieren ist.

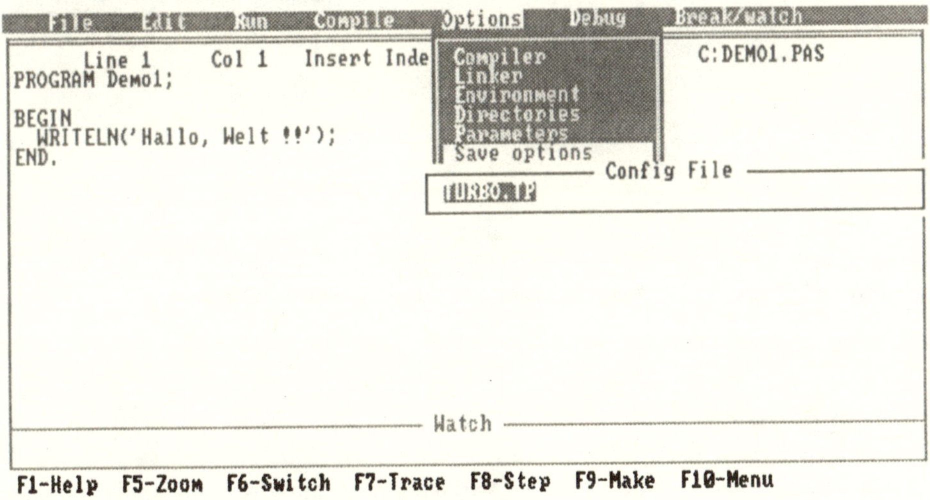

Abb.4.28: Funktion OPTIONS/SAVE OPTIONS

4.3.1.5.7 Retrieve Options

Aktiviert man diese Funktion, so öffnet sich ein Fenster, in welchem man den Namen einer existierenden Options-Datei angeben kann. Diese wird geladen und stellt mit ihren Einstellungen bis auf weiteres die aktuelle Options-Datei dar.

Gibt man anstelle eines Dateinamens <*.tp> an, so öffnet sich ein Fenster, in dem alle existierenden .TP - Dateien zur Auswahl angeboten werden.

4.3.1.6 Debug

In diesem Untermenü finden sich diverse Funktionen zur Einstellung des integrierten Source-Level-Debugger. Im Einzelnen handelt es sich um :

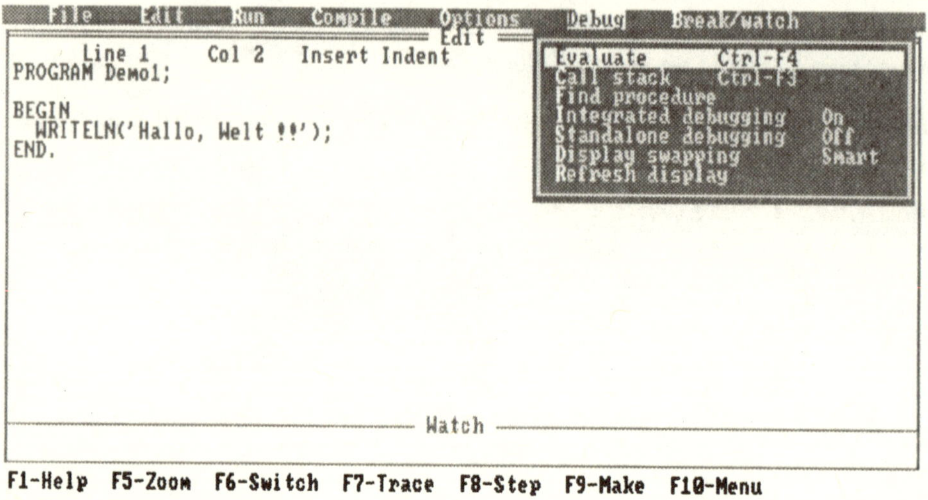

Abb.4.29: Funktion DEBUG

- EVALUATE

  Mit Hilfe dieser Funktion können Variablenwerte des zu testenden Programms angefordert und auch mit neuen Werten belegt werden. Nach Aktivieren dieser Funktion erscheint das in Abb. 4.30 gezeigte Fenster mit drei Unterteilungen :

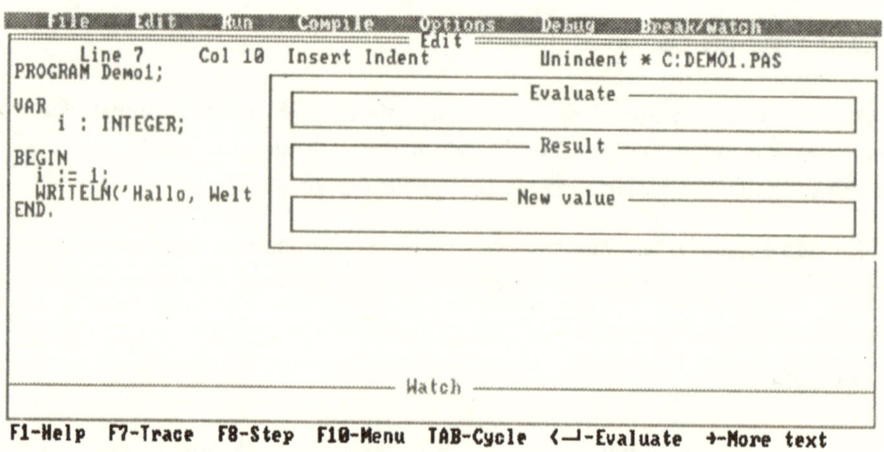

Abb. 4.30: Funktion DEBUG/EVALUATE

Im Teilfenster "Evaluate" läßt sich jeweils eine Variable eintragen, deren Wert sogleich im Teilfenster "Result" erscheint. Im Teilfenster "New value" kann dieser Variable ein neuer Wert zugewiesen werden, der dann für den weiteren Programmablauf relevant ist.

Hinweis : Es können sowohl einfache, als auch indizierte Variablen eingegeben werden. Gibt man den Namen eines ARRAY an, so werden alle Elemente im Teilfenster "Result" ausgegeben, wobei notfalls durch Cursorbewegungen nach links und rechts die nicht sichtbaren Werte in das Fenster hereingeholt werden können. Eine Modifizierung des gesammten ARRAY im Teilfenster "New value" ist nicht möglich.

CALL STACK

Diese Funktion dient der Anzeige des Prozedur-Pfades in Programmen mit geschachtelten Unterprogrammen. Dabei steht jeweils an oberster Stelle des Anzeigefensters der Name der zuletzt aufgerufenen Prozedur zusammen mit den aktuellen Parameterübergaben.

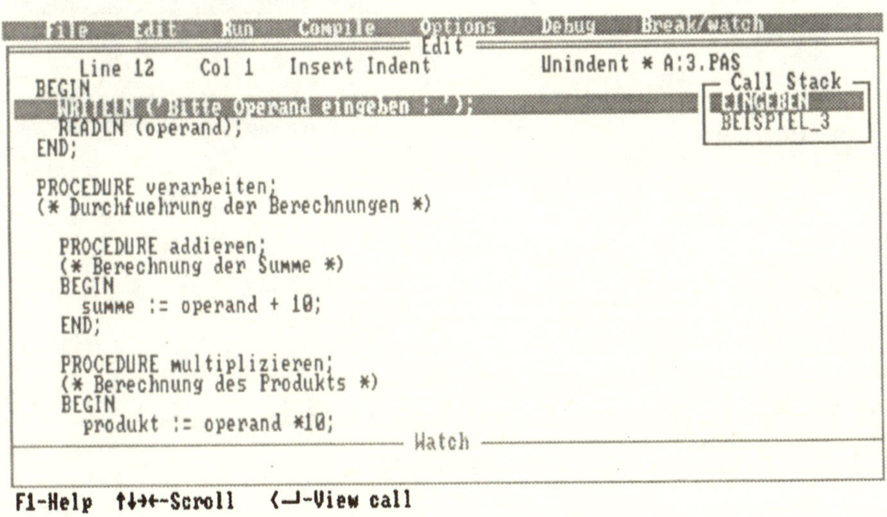

Abb. 4.31: Funktion DEBUG/CALL STACK

Auf diese Weise läßt sich feststellen, ob das Programm korrekt in ein bestimmtes Unterprogramm hineingelaufen ist. Dies ist insbesondere dann von Bedeutung, wenn man den Trace-Lauf mit den Kommandos GO TO CURSOR (<F4>) oder STEP OVER (<F8>) betrieben hat, bzw. wenn man die Korrektheit einer Rekursion an Hand der Parameterübergaben verfolgen möchte.

Bei Fortsetzung des Trace-Laufs (z.B. mit <F7>) verschwindet das Fenster wieder. Verläßt man die Anzeige mit <ESC>, so landet man nicht im Untermenü DEBUG, sondern im Editor, was in vielen Fällen etwas störend wirkt.

FIND PROCEDURE

Diese Funktion dient dem Aufsuchen von Prozeduren in großen Programmen. Nach Aktivieren dieser Funktion öffnet sich ein Fenster "Enter subprogram symbol", in das der Name einer Prozedur oder Funktion eingetragen werden kann.

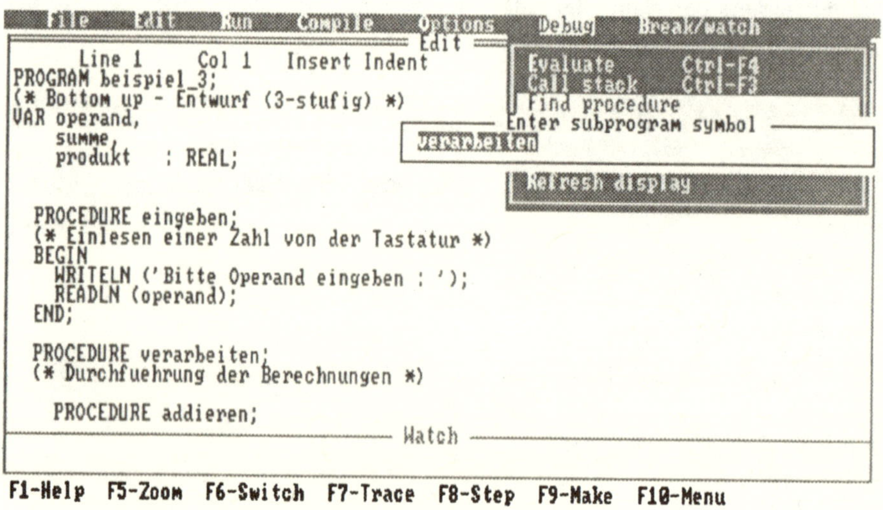

Abb. 4.32: Funktion DEBUG/FIND PROCEDURE

Verläßt man diese Eingabe mit <RETURN>, so setzt ein Suchprozeß ein, der sich auch über alle Units eines Programmsystems erstreckt.

Wird ein gleichnamiges Unterprogramm gefunden, so landet man im Editor und der Cursor steht auf dem BEGIN des Prozedurkörpers. Diese Position kann man ausnutzen, um mit GO TO CURSOR (<F4>) den Trace-Lauf bis zu dieser Stelle voranzutreiben.

Hinweis : Um diese Funktion nutzen zu können, muß das Programm mit DEBUG INFORMATION "ON" übersetzt worden sein.

INTEGRATED DEBUGGING

Hierbei handelt es sich um einen Schalter, mit dem festgelegt werden kann, ob Debugging-Informationen für Trace innerhalb des integrierten Systems erzeugt werden sollen oder nicht.

Das Umlegen dieses Schalters geschieht in der üblichen Weise durch Anwahl und <RETURN> oder durch <I>.

Hinweise :
1. Eine Umschaltung ist nur wirksam, wenn das Programm danach wieder übersetzt und gebunden wird.
2. Die Schalterstellung "ON" ist nur wirksam, wenn im Menü O/C/D ebenfalls die Stellung "ON" gewählt wurde.

STANDALONE DEBUGGING

Mit diesem Schalter wird festgelegt, ob Debugging-Informationen für Trace mit einem externen Debugger (z.B. CodeView oder Turbo Debugger) erzeugt und auf die externe Platte gespeichert werden sollen.

Das Umlegen dieses Schalters geschieht in der üblichen Weise durch Anwahl und <RETURN> oder durch <S>.

Die zu INTEGRATED DEBUGGING gemachten Hinweise gelten auch hier.

- DISPLAY SWAPPING

Mit diesem Schalter können drei Einstellungen gewählt werden, die die Steuerung der automatischen Ausgabe des Benutzerbildschirmes während des Trace-Laufs betreffen.

In der Stellung "NONE" findet überhaupt keine automatische Umschaltung auf den Benutzerbildschirm während des Trace-Laufs statt. Evtl. ablaufende Bildschirmausgaben des Benutzerprogramms werden jedoch in den Trace-Bildschirm hineingeschrieben. Ein Refresh des Benutzerbildschirms findet nicht statt; d.h. eine Schaltung mit <ALT><F5> zeigt stets einen Zustand des Benutzerbildschirms, der vor Beginn des Trace-Laufs, bzw. vor dem Umschalten auf "NONE" erreicht wurde.

In der Stellung "SMART" findet eine automatische Ausgabe des Benutzerbildschirms immer dann statt, wenn das im Trace befindliche Benutzerprogramm einen Ausgabebefehl ausgeführt hat.

In der Schalterstellung "ALWAYS" findet eine automatische Ausgabe des Benutzerbildschirms nach jeder Programmoperation statt, womit u.a. sichergestellt wird, das auch Ausgabeprozeduren, die nicht in TURBO-PASCAL erstellt wurden, berücksichtigt werden.

- REFRESH DISPLAY

Diese Funktion dient der Erneuerung des Trace-Bildschirms, der in der Schalterstellung DISPLAY SWAPPING "NONE" evtl. durch Benutzerausgaben zerstört sein kann.

4.3.1.7 Break/Watch

In diesem Untermenü sind Funktionen zum Setzen und Aufheben von Aufsetzpunkten und sogen. "Spionen" (watches) zusammengefaßt.

- ADD WATCH

Nach Aktivierung dieser Funktion öffnet sich ein Fenster, in das der Name einer Variablen eingetragen werden kann, die man während des Trace-Laufs ständig beobachten möchte.

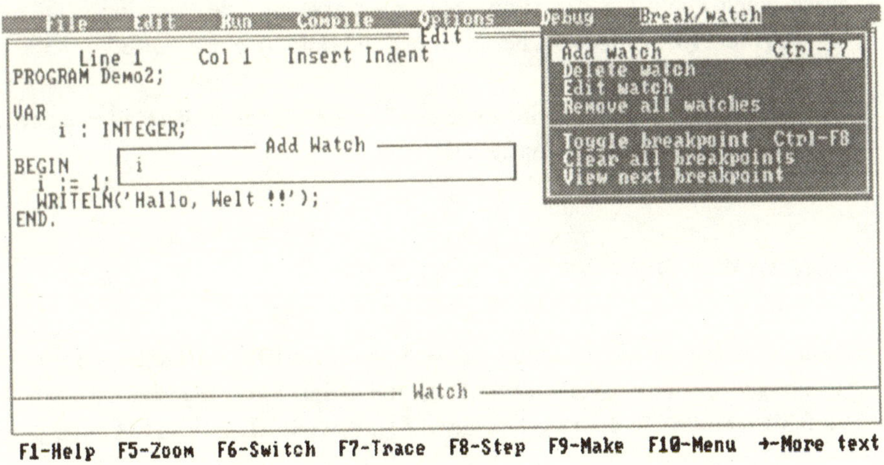

Abb. 4.33: Funktion BREAK/ADD WATCH

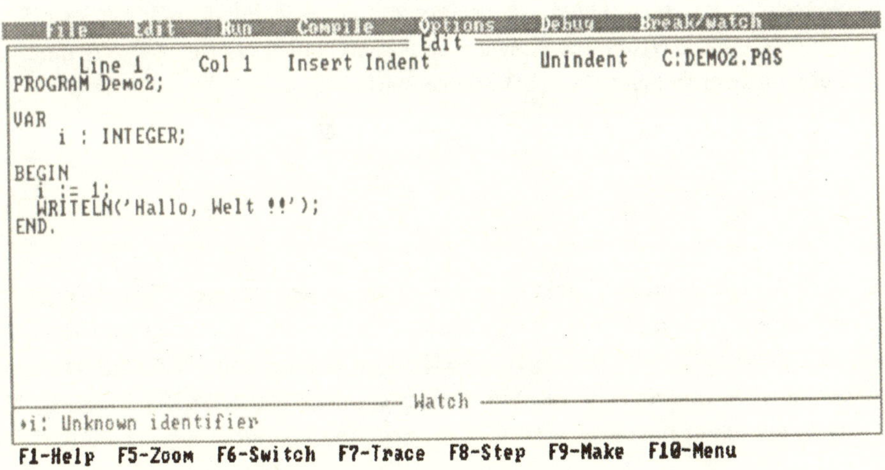

Abb. 4.34: Funktion BREAK/Aktiv-Markierung

Verläßt man diese Eingabe mit <RETURN>, so erscheint der Name zusammen mit dem gerade aktuellen Wert im Watch-Fenster. Befinden sich bereits andere Variable im Watch-Fenster, so wird jeder Neuzugang oben angefügt.

Die jeweils zuletzt hinzugefügte Watch-Variable wird als aktuell markiert, was man durch einen Punkt vor dem Variablennamen erkennt. Die Funktionen DELETE WATCH und EDIT WATCH beziehen sich stets auf diese markierte Variable.

Sobald eine Watch-Variable im Zuge des Trace-Laufs eine Wertänderung erfährt, wird diese sofort im Watch-Fenster angezeigt.

- DELETE WATCH

Nach Aktivierung dieser Funktion wird die markierte Variable ohne weitere Rückfrage aus dem Watch-Fenster gelöscht. Im Watch-Fenster ist stets eine Variable markiert. In der Regel ist dies die zuletzt mit ADD WATCH hinzugefügte.

Diese Markierung läßt sich mit folgender Prozedur ändern : Mit <F6> gelangt man in das Watch-Fenster, wobei sich ein Zeilen-Cursor auf die aktuell markierte Watch-Variable setzt. Durch Neupositionierung des Zeilen-Cursor mit <CURUP> bzw. <CURDOWN> und Eingabe von <RETURN> wird die jetzt unter dem Zeilen-Cursor stehende Watch-Variable markiert.

- EDIT WATCH

Nach Aktivieren dieser Funktion erscheint die aktuell markierte Watch-Variable in einem Fenster "Edit Watch", wo sie sich korrigieren oder mit einem anderen Namen überschreiben läßt. Verläßt man dieses Eingabefenster mit <RETURN>, so wird der korrigierte Name in das Watch-Fenster eingetragen. Die Markierung bleibt dabei erhalten.

Bezüglich der Änderung einer Markierung siehe DELETE WATCH.

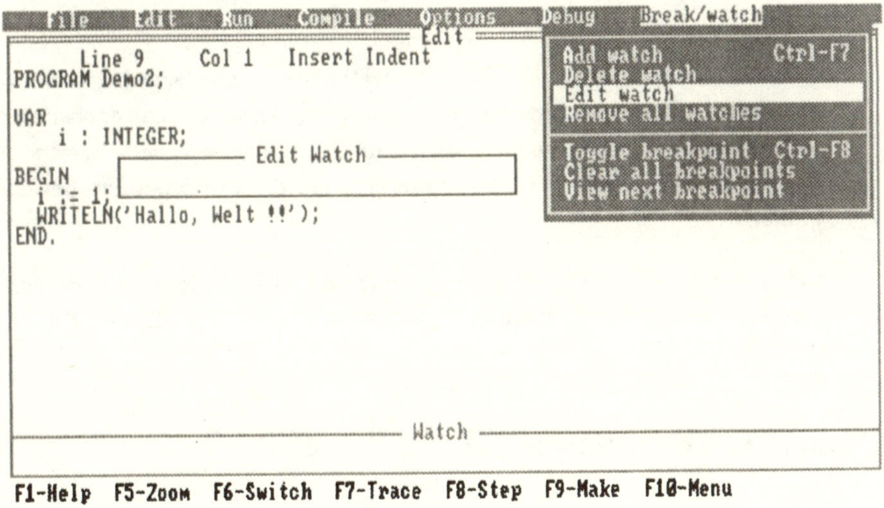

Abb. 4.35: Funktion BREAK/EDIT WATCH

- REMOVE ALL WATCHES

Nach Aktivierung dieser Funktion werden alle Watch-Variablen ohne weitere Rückfragen aus dem Watch-Fenster entfernt.

- TOGGLE BREAKPOINT

Diese Funktion dient dazu, einzelne Zeilen des Quellenprogramms als Aufsetzpunkt (Break Points) zu markieren. Nach Aktivierung dieser Funktion wird die Zeile im Quellencode markiert, auf der zuletzt im Editor der Cursor positioniert war.

Unmittelbar nach Ausführung dieser Funktion gelangt man in den Editor, um ggf. eine neue Cursorposition für eine neue Markierung bestimmen zu können.

Im Gegensatz zu den Standalone-Debugger-Systemen CodeView und Turbo-Debugger werden die bisher markierten Breakpoints dem Benutzer nicht angezeigt.

Hinweise :

1. Da die Funktion TOGGLE BREAKPOINT ohne weitere Rückfrage sofort die im Editor erreichte Cursorposition markiert, kann es zu unerwünschten Markierungen kommen; daher sollte auf jeden Fall vor dem Setzen eines Breakpoint in den Editor gegangen werden, um die Cursorposition bewußt zu wählen.

2. Hat sich an einer für die Markierung ausgewählten Stelle bereits ein Breakpoint befunden, so wird dieser durch die Funktion TOGGLE BREAKPOINT nunmehr gelöscht.

- CLEAR ALL BREAKPOINTS

Nach Aktivierung dieser Funktion werden alle Aufsetzpunkte (Break Points) aus dem aktuellen Quellentext ohne weitere Rückfragen entfernt.

- VIEW NEXT BREAKPOINT

Der Cursor springt auf den nächsten gesetzten Aufsetzpunkt (Break Point), ohne daß der Trace-Lauf bis dahin mitgeführt wird. Insofern dient diese Funktion lediglich der Überprüfung der aktuellen Setzungen. Allerdings ist die Bedienung dieses Prüfprozesses nicht sehr handlich, weil man für das Suchen des nächsten Aufsetzpunktes aus dem Editor nur mit <F10><B> zurück zu VIEW NEXT BREAKPOINT gelangt und mit <V> die nächste Aktion einleiten muß.

4.3.1.8 Direktkommandos (Short Cuts)

Zahlreiche Funktionen lassen sich auch durch Funktionstasten und Tastenkombinationen aus allen möglichen Situationen des TURBO-PASCAL-Systems heraus starten. Nachfolgend wird eine Übersicht dieser sogen. "Short-Cuts" gegeben.

<F1>	: Die integrierte Hilfe wird aufgerufen.
<F2>	: Speichert den aktuellen Text (Entspricht Menü F/S).

<F3> : Lädt einen Text. (Entspricht Menü F/L)
<F5> : Vergrößert Editor- bzw. Watch-Fenster (Entspricht Menü O/E/Z).
<F6> : Schaltet zwischen Editor- und Watch-Fenster um.
<F7> : Schaltet eine Programmzeile weiter; geht ggf. in Unterprogramme (Entspricht Menü R/T).
<F8> : Schaltet eine Programmzeile weiter; ignoriert Unterprogramme (Entspricht Menü R/S).
<F9> : Führt einen Make-Lauf durch (Entspricht Menü C/M).
<F10> : Schaltet das Haupt-Menü ein.
<ALT> <F1> : Das letzte Hilfefenster wird nochmal dargestellt.
<ALT> <F5> : Schaltet auf den DOS-Bildschirm um.
<ALT> <F6> : Schaltet auf das WATCH-Fenster um.
<ALT> <F9> : Führt einen Compile-Lauf durch (Entspricht Menü C/C).
<CTRL> <F2> : Versetzt das Programm in den Ausgangszustand (Entspricht Menü R/P).
<CTRL> <F3> : Stellt den Subroutine-Stack dar (Entspricht Menü D/C).
<CTRL> <F4> : Berechnet den Wert einer Variable (Entspricht Menü D/E).
<CTRL> <F7> : Setzt einen Spion (Entspricht Menü B/A).
<CTRL> <F8> : Setzt/Löscht einen Aufsetzpunkt (Entspricht Menü B/T).
<CTRL> <F9> : Compiliert und startet ein Programm (Entspricht Menü R/R).
<ALT> <X> : Beendet TURBO-PASCAL in jeder Ebene (Entspricht Menü F/Q).

4.3.2 Der Compiler

Der Compiler übersetzt den eingegebenen Quellentext in eine vom Prozessor verarbeitbare "Maschinensprache". Er wird in der integrierten Entwicklungsumgebung über das Untermenü COMPILE gestartet.

Wird eine Unit mittels MAKE compiliert, so wird immer eine TPU-Datei auf Disk oder Diskette erzeugt, gleichgültig ob Destination auf DISK oder auf MEMORY eingestellt ist (da der Schalter nur Wirkung auf .EXE-Dateien hat).

MAKE überprüft zunächst alle .PAS- und .TPU-Files der über USES eingebundenen Units auf Datum und Uhrzeit und compiliert sie neu, wenn

a) der Quellentext der Units neueren Datums ist als die zugehörige .TPU-Datei.

b) eine Unit selbst eine oder mehrere Units einbindet, deren Quellentexte neueren Datums sind als die zugehörigen .TPU-Dateien.

c) Include-(.INC) oder Object-(.OBJ) Dateien in das Hauptprogramm oder in von ihm direkt oder indirekt benötigte Units eingebunden werden, die neueren Datums sind als die entsprechenden .EXE- bzw. .TPU-Dateien.

Wird der zu einer .TPU-Datei gehörende Quellentext nicht gefunden, so wird angenommen, daß die .TPU-Datei auf dem neuesten Stand ist.

BUILD compiliert und bindet alle an einem Programm beteiligten Module (.TPU-, .OBJ- und .INC- sowie .PAS-Dateien) neu. Eine Überprüfung von Datum und Uhrzeit findet nicht statt. Speziell bei sehr großen Programmen sollte man nicht BUILD, sondern MAKE verwenden, da der Zeitunterschied erheblich werden kann. Die Verwendung von BUILD ist jedoch bei bedingter Compilierung notwendig, da hier bei Angabe von CONDITIONAL DEFINES zwar keine Datums- oder Uhrzeitänderung feststellbar ist, eine Neucompilierung trotzdem erfolgen muß.

4.3.3 Fehlermeldungen in Turbo-Pascal

Bei den Fehlermeldungen des TURBO-PASCAL-Systems lassen sich zwei Kategorien unterscheiden:

a) Fehler, die bei der Übersetzung vom Compiler entdeckt werden (z.B. Strichpunkt fehlt, Definionen falsch oder fehlend, o.ä.). Diese Fehler betreffen die formale Richtigkeit des Pogramms und heißen daher "Formale Fehler".

b) Fehler, die zur Laufzeit des Programms auftreten (z.B. Division durch Null, Bereichsadresse überschritten, o.ä). Diese Fehler betreffen die dynamische Richtigkeit des Programms und heißen daher "Laufzeitfehler".

Zu diesen Fehlerarten kommt noch eine weitere Kategorie, die die inhaltliche (semantische, logische) Richtigkeit eines Programms betrifft; d.h. das Programm liefert nicht die gewünschten Resultate. Diese Art von Fehlern ist nur durch Testen aufzudecken, wird also vom TURBO-PASCAL-System nicht entdeckt. Bisweilen kommt es aufgrund fehlerhafter Algorithmen jedoch zu Laufzeitfehlern, mit denen man auf die Spur dieser inhaltlichen Fehler geführt wird.

Tritt einer der oben zu a) oder b) genannten Fehler beim Übersetzen oder Testen in der integrierten Entwicklungsumgebung auf, so erscheint die Fehlermeldung in der Statuszeile. Man kann sie durch Druck auf eine beliebige Taste quittieren, woduch sich der Cursor auf der Stelle im Quelltext positioniert, an der TURBO-PASCAL den Fehler vermutet. Die Diagnosefähigkeiten des System sind jedoch begrenzt, weil stets nach dem ersten entdeckten Fehler abgebrochen und analysiert wird. Das folgende Beispiel illustriert diese Schwäche:

```
BEGIN
  FOR i:= 1 TO 10
    BEGIN
      IF x[i] < 4 THEN
         BEGIN
           summe := summe + x[i];
           event := event + 1;
                                        <-- Hier fehlt ein END zum IF-BEGIN!
    END;
    .
    .
END.                                    <-- Hier wird der Fehler erst erkannt, ausgegeben (37 END expected)
                                              und der Cursor wird positioniert !
```

In den allermeisten Fällen liegt die tatsächliche Fehlerstelle jedoch **vor** der Cursorposition.

4.3.3.1 Liste der Fehlermeldungen des Compilers

Die folgende Liste umfaßt Fehlercode, Klartext (in Englisch), sinngemäße Übersetzung desselben und ggf. eine nähere Erläuterung zum Fehler, Hinweise zur Fehlerbeseitigung oder Beispiele zur Fehlersituation.

1 **out of memory** : kein Speicherplatz mehr
Bei großen Programmen drängen sich integrierte Entwicklungsumgebung, Compiler, Debugger, Quellentext u.v.a. im Arbeitsspeicher, der in dieser

Fehlersituation seine Kapazität erschöpft hat. Folgende Maßnahmen zur Einsparung von Speicherplatz sollten versucht werden: Übersetzen und Binden auf Disk (Destination = Disk, Link Buffer = Disk), Verkleinerung des Programms durch Auslagern von Prozeduren in Units und gleichzeitige Overlay-Deklaration.

2 **Identifier expected** : Bezeichner erwartet

Dieser Fehler kann z.B. auftreten, wenn bei einer Definition von Typen, Konstanten und Variablen die Bezeichner vergessen wurden, ferner wenn man versehentlich ein reserviertes Wort als Bezeichner verwendet hat.

Beispiel:

```
TYPE = BOOLEAN;
VAR  end : INTEGER;
```

3 **Unknown identifier** : unbekannter Bezeichner

Entweder hat man einen Bezeichner vergessen zu deklarieren oder man hat sich bei der Verwendung eines korrekt deklarierten Bezeichners vertippt.

Beispiel:

```
VAR
  test : INTEGER;
BEGIN
  tests := 'Hallo';
  tets := 4;
END.
```

4 **Duplicate intentifier** : doppelter Bezeichner

Bei der Definition von Typen, Konstanten und Variablen wurden versehentlich identische Bezeichner verwendet. Häufig kommt auch vor, daß man bei einer Unterprogrammdefinition versehentlich in der Parameterklammer und im Definitionsteil die gleiche Variable definiert.

Beispiel:

```
TYPE
  test = INTEGER;
CONST
  test = 4;
VAR
  test : INTEGER;
    .
    .
    .
  test : REAL;
```

5 **Syntax error** : Syntaxfehler

Hier wird ein unzulässiges Zeichen im Quellentext entdeckt; z.B. eines der Sonderzeichen !"§%&? oder ein Umlaut, das an der betreffenden Stelle für den Aufbau eines Ausdrucks, einer Anweisung oder eines Befehls nicht vorgesehen ist. Meistens handelt es sich um Tippfehler.

Beispiele:

```
a := (3.5 - b)/ü;      (* Umlaute sind in Ausdrücken nicht erlaubt *)
q := d % 100.0;        (* unzulässiger Operator *)
```

6 **Error in real constant** : Fehler bei einer REAL-Konstante

Die Konstanten-Definition liegt außerhalb des zulässigen Wertebereichs.

Beispiel:

```
CONST
  r1 =  1.1E+4931;              (* noch zulässig *)
  r2 =  1.2E+4931;              (* nicht mehr zulässig *)
  r3 =  1.1E+4932;              (* nicht mehr zulässig *)
  r4 =  0.3E-4931;              (* noch zulässig *)
  r5 =  0.2E-4931;              (* nicht mehr zulässig *)
  r6 = -6.3E+4931;              (* noch zulässig *)
  r7 = -6.4E+4931;              (* nicht mehr zulässig *)
  r8 = -6.3E+4932;              (* nicht mehr zulässig *)
  r9 = -0.4E-4931;              (* noch zulässig *)
  rA = -0.3E-4931;              (* nicht mehr zulässig *)
  rB = -0.4E-4932;              (* nicht mehr zulässig *)
```

7 **Error in integer constant** : Fehler bei einer INTEGER-Konstante

Die Konstanten-Definition liegt außerhalb des zulässigen Wertebereichs.

Beispiel:

```
CONST
  i1 = 2147483647;              (* noch zulässig *)
  i2 = 2147483648;              (* nicht mehr zulässig *)
  i3 = -2147483648;             (* noch zulässig *)
  i4 = -2147483649;             (* nicht mehr zulässig *)
```

8 **String constant exceeds line** : STRING-Konstante geht über das Zeilenende hinaus

String-Konstanten dürfen nicht mehr als eine Zeile beanspruchen. Meist tritt der Fehler auf, wenn man ein abschließendes Hochkomma vergißt.

Beispiel:

```
BEGIN
  WRITELN ('HALLO!);
END.
```

9 **Too many nested files** : Include-Verschachtelung ist zu tief
Verschachtelungen von Include-Dateien (eine Include-Datei, die eine Include-Datei einbindet, die eine Include-Datei einbindet, die ...u.s.w.) sind nur in bis zu 15 Ebenen gestattet.

10 **Unexpected end of file** : Unerwartetes Programmende
Neben der "typischen" Ursache (kein abschließendes END.), erscheint diese Meldung auch, wenn man vergessen hat, einen Kommentar "(*" bzw. "{" zu beenden.

11 **Line too long** : Zeile zu lang
Eine Zeile im Quelltext darf nur 126 Zeichen umfassen

12 **Type identifier expected** : Typ-Bezeichner erwartet
Beispiel:

```
VAR
  a : b;      (* Fehler: b wurde nicht als TYPE definiert *)
```

13 **Too many open files** : zu viele Dateien geöffnet
In der DOS-Datei CONFIG.SYS ist festgelegt, wieviele Dateien gleichzeitig geöffnet sein dürfen: FILES = XXX. Dieser Parameter sollte erhöht werden.

14 **Invalid file name** : Ungültiger Dateiname
Häufige Ursache: Falsche Pfadangabe.

15 **File not found** : Datei nicht gefunden
Auch hier empfiehlt es sich, die Pfade zu überprüfen und ggf. im Menü Options/Directories neu zu setzen.

16 **Disk full** : Diskette oder Harddisk voll
Der Massenspeicher kann eine beim Editieren, Übersetzten oder Binden entstehende Datei nicht mehr aufnehmen. Abbhilfe : Löschen überflüssiger Dateien, z.B. .BAK-Files.

17 **Invalid compiler directive** : Compiler-Anweisung ungültig
In einer mit "{$buchstabe}" angegebenen Compiler-Anweisung steht ein unzulässiger Buchstabe.

18 **Too many files** : zu viele Dateien
Eine interne Tabelle des Compilers, in der z.B. Include-Dateien oder .TPU-Dateien verzeichnet sind, ist voll. Bei diesem Fehler ist man bereits an der Kapazitätsgrenze des TURBO-PASCAL-Systems angelangt. Die einzig möglichen Therapien bestehen in der Zusammenfassung mehrerer Codestücke in einem einzigen Include-File oder in der Zusammenfassung mehrerer Units zu einer.

19 **Undefined type in pointer definition** : Undefinierter Typ in der Zeigerdefinition
Es wurde versucht, einen Zeiger auf einen nicht definierten Typ zu vereinbaren.

Beispiel:

```
VAR
  pb :^b;     (* Fehler: b wurde nicht als Typ definiert *)
```

20 **Variable identifier expected** : Variablen-Bezeichner erwartet
Dieser Fehler tritt immer auf, wenn ein formaler Variablenparameter einer Procedure oder Function beim Aufruf anstatt mit einer Variablen mit einem Ausdruck aktualisiert wird.

Beispiel:

```
PROGRAM test;
VAR
  k : REAL;

  PROCEDURE pp (VAR r : REAL);
  BEGIN
    .
    .
  END;

BEGIN (* test *)
  .
  .
  pp (5.3);     (* Fehler, weil Aktualparameter eine Konstante ist *)
  .
  .
  pp (k*3);     (* Fehler, weil Aktualparameter ein arithmetischer Ausdruck ist *)
  .
  .
END.
```

21 **Error in type** : Fehler in einer Typdefinition
Es wurde ein unzulässiges Zeichen (z.B. Druckercode) in einer Typ-Definition verwendet.

22 **Structure too large** : Datenstruktur zu groß
Eine einzelne Datenstruktur (z.B. RECORD, ARRAY) darf maximal 65520 Bytes umfassen.

23 **Set base type out of range** : Basistyp einer Menge außerhalb des gültigen Bereichs Erlaubt sind i.d.R. Aufzählungs- und Ausschnittstypen, sowie der Typ CHAR.

Beispiel:

```
TYPE
  soi = SET OF INTEGER; (* hat eine größere Wertemenge als 255 *)
```

24 **File components may not be files** : Files dürfen keine File-Komponenten sein Eine Schachtelung wie z.B. bei den Records ist unzulässig.

Beispiel:

```
TYPE
  a = FILE OF INTEGER;

VAR
  b : FILE OF a;     (* Konstrukte dieser Art sind nicht erlaubt *)
```

25 **Invalid string length** : Ungültige String-Länge
Strings in TURBO-PASCAL können nur eine definierte Maximallänge zwischen 1 und 255 haben. Die tatsächliche Länge liegt zwischen 0 und der definierten Maximallänge.

26 **Type mismatch** : Typen sind nicht miteinander vereinbar
Dieser Fehler kennt vier Ursachen

(1) Ausdrücke:
Kombination von Operanden unterschiedlichen Typs in einem Ausdruck.

Beispiel:

```
VAR
  a    : INTEGER;
  b, c : CHAR;
BEGIN
  IF a < b THEN ...;
  c := b + a;
END.
```

(2) Indizierungen:
Es wird ein falscher Indextyp verwendet.

Beispiel:

```
VAR
  a : ARRAY[2..55] OF INTEGER;
  b : REAL;
BEGIN
  a[b] := 3;
END;
```

(3) Zuweisungen:
Eine Variable und der darin abzulegende Wert sind nicht typenverträglich.

Beispiel:

```
VAR
  a : INTEGER;
  b : REAL;
BEGIN
  b := 4.5;
  a := b;
END.
```

Anmerkung: Es gibt in TURBO-PASCAL standardmäßig Prozeduren und Funktionen zur Typenumwandlung (siehe Anhang A und B).

(4) Prozedur- und Funktionsaufrufe:
Formale und aktuelle Parameter sind nicht kompatibel.

Beispiel:

```
VAR
  a : REAL;

PROCEDURE p(VAR b : INTEGER);
BEGIN
  .
  .
END;

BEGIN
  p (a);
END.
```

27 **Invalid subrange base type** : Basistyp des Unterbereichs unzulässig
Der Basistyp muß ordinal sein, d.h. INTEGER, CHAR oder ein zusammenhängender Bereich eines vorausgehenden Aufzählungstyps; nicht erlaubt sind Elemente vom Typ REAL oder STRING.

28 **Lower bound greater than upper bound** : Untergrenze größer Obergrenze
Diese Fehlermeldung bezieht sich auf Ausschnittstypen und tritt immer dann auf, wenn die hinter den Elementen stehenden Ordinalzahlen nicht in aufsteigender Reihenfolge stehen.

Beispiel:

```
TYPE

  test10  = (AA,AB,AC,AD);
  test11  = AD..AA;
  test2 = 'i'..'a';
  test3 = 54..29;
```

29 **Ordinal type expected** : Ordinal-Typ erwartet
REAL-, STRING-, strukturierte und Zeiger-Typen sind hier nicht gestattet.

Beispiel:

```
VAR
  a : INTEGER;
BEGIN
 .
 .
  IF a in [2.3..4.8] THEN ;
END;
```

30 **Integer constant expected** : INTEGER-Konstante erwartet
Tritt ab Version 5.0 praktisch nicht mehr auf.

31 **Constant expected** : Konstante erwartet
Tritt ab Version 5.0 praktisch nicht mehr auf.

32 **Integer or real constant expected** : INTEGER- oder REAL-Konstante erwartet
Tritt ab Version 5.0 praktisch nicht mehr auf.

33 **Type identifier expected** : Typbezeichner erwartet
Dieser Fehler tritt bei Parameter- und Function-Definitionen auf, wenn in der Parameterklammer oder bei einer Funktion die Typenangabe fehlt, ferner wenn versehentlich ein Konstanten- oder Variablen-Bezeichner verwendet wurde.

34 **Invalid function result type** : Ungültiger Ergebnistyp der Funktion
Funktionen dürfen nur einfache Ergebnistypen haben.

Beispiele:

```
TYPEfnt1 = ARRAY[1..5] OF REAL;
    fnt2 = ^INTEGER;
    fnt3 = STRING[3];

FUNCTION fn : RECORD OF                 (* unzulässig *)
  a : STRING;
  b : CHAR;
END;

FUNCTION fn1(e:CHAR):fnt1               (* unzulässig *)
```

Einfache Ergebnistypen sind auch alle Zeiger und Strings; daher sind folgende Definitionen gültig:

```
FUNCTION fn2 (d:INTEGER;f:REAL):fnt2;  (* erlaubt *)
FUNCTION fn3 :fnt3;                    (* erlaubt *)
```

35 **Label identifier expected** : Label Bezeichner erwartet

Dieser Fehler tritt nur im Zusammenhang mit der GOTO-Programmierung auf, die in modernen Programm-Konstrukten ohnehin keine Berechtigung mehr hat.

36 **BEGIN expected** : BEGIN erwartet

Fehlerursache leicht erkennbar.

37 **END expected** : END erwartet

Fehlerursache leicht erkennbar.

38 **INTEGER expression expected** : INTEGER-Ausdruck erwartet

Fehlerursache leicht erkennbar.

39 **Ordinal expression expected** : Ordinal-Ausdruck erwartet

Fehlerursache i.d.R. leicht erkennbar. Ordinale Ausdrücke sind solche, deren Wertemenge sich in die Menge der natürlichen Zahlen abbilden läßt; demnach gehören Ausdrücke des Typs BOOLEAN, CHAR, INTEGER, Aufzählung und Ausschnitt zu den "Ordinalen Ausdrücken". Hingegen gehören Ausdrücke des Typs STRING, ARRAY, RECORD und FILE nicht dazu, weil ihre Wertevorräte nicht skalar sind und sich damit nicht in die natürliche Zahlenskala abbilden lassen.

Beispiele:

```
TYPE z = ARRAY[1..4] OF CHAR;
VAR  x,y : z; r : REAL;
IF x IN[z] THEN;                             (* fehlerhaft *)
IF r IN[1.5..2.3] THEN;                      (* fehlerhaft *)
IF x IN[z[1]..z[4]] THEN;                    (* zulässig *)
IF x IN[z[2], 'a', CHR(179), z[4]] THEN;     (* zulässig *)
```

40 **Boolean expression expected** : BOOLEAN-Ausdruck erwartet

Fehlerursache leicht erkennbar.

41 **Operand types do not match operator** : Typ des Operanden paßt nicht zum Operator

Beispiele:

```
'A' * 10        (* CHARs kann man nicht Multiplizieren *)
2.3 DIV 7.4     (* REALs dividiert man mit "/"  *)
r MOD 3.5       (* REALs können nicht Modulo-Operanden sein *)
```

42 **Error in expression** : Fehlerhafter Ausdruck

Der Compiler erkennt, daß es sich um einen Ausdruck handelt, diesen aber nicht auswerten kann.

Beispiele:

```
VAR r : REAL;
    a : ARRAY [1..r] OF CHAR;
    a := a-;                              (* <-- Fehler! *)
```

43 **Illegal assignment** : illegale Zuordnung

Es gibt mehrere Gründe für diese Fehlermeldung.

Beispiel 1:

```
VAR
  a : FILE OF CHAR;
BEGIN
  .
  .
  a := 'c';
  .
  .
END.          (* es wurde versucht, einer FILE-Variablen einen Wert direkt zuzuordnen *)
```

Beispiel 2:

```
  FUNCTION a : INTEGER;
  BEGIN
  .
  .
  END;
  .
  .
BEGIN           (* HPRG *)
  .
  .
  a := 5;       (* <-- Fehler! *)
  .
  .
END. (* es wurde versucht, einer Funktion außerhalb ihres Definitionskörpers einen Wert zuzuordnen *)
```

44 **Field identifier expected** : Feldbezeichner erwartet

Dieser Fehler tritt im Zusammenhang mit der Adressierung von Teilvariablen eines RECORD-Typs auf.

Beispiel:

```
VAR
  a :RECORD OF
       b : INTEGER;
       c : CHAR;
     END;

BEGIN
  .
  .
  a.d := 4;  (* <-- Hier wurde eine nicht vorhandene Satzvariable adressiert *)
  .
  .
END.
```

45 **Object file too large** : Object-Datei zu groß
Der Compiler übersetzt den Quellentext zunächst in einen Objectcode mit der Extension "TPU" . Aus diesem bindet der Linker dann die .EXE-Datei, also das lauffähige Programm, zusammen. Überschreitet eine .TPU-Datei die Maximalgröße von 64 KBytes, so tritt die o.g. Fehlermeldung auf. Abhilfe schafft die Auslagerung von Prozeduren aus dem Hauptprogramm in Units. Wird die .TPU-Datei einer Unit zu groß, so sind aus ihr Prozeduren in weitere Units auszulagern.

46 **Undefined external** : keine externe Definition vorhanden
Dieser Fehler tritt nur im Zusammenhang mit dem Einbinden von .OBJ-Files auf, die in anderen Sprachen wie z.B. C oder ASSEMBLER erzeugt wurden.

47 **Invalid object file record** : Ungültiger Datensatz in Objektdatei
Auch hier handelt es sich um eine Linker-Meldungen im Zusammenhang mit eingebundenen C- oder ASSEMBLER-Programmen. Es sei auf das TURBO-Handbuch 2 S. 404 sowie Kap. 25 verwiesen.

48 **Code Segment too large** : Zu großes Codesegment
Das Codesegment wird größer als 64 KBytes. Diese Begrenzung kommt aus dem Betriebssystem DOS. Abhilfe: Modularisierung des Programmes durch Bildung von Units.

49 **Data segment too large** : Datensegment zu groß
Die globalen Datenstrukturen (Strings, Arrays, Records) des Programms und **aller** Units belegen zusammen mehr als 64 KB und verletzen damit die von DOS gesetzte Oberschranke. Die Behebung dieses Fehlers erfordert die Auslagerung der Datenstrukturen in den sog. Long Heap, was durch Redefinition in Zeiger-Typen und eine geeignete Allokationsverwaltung geschieht (s. Anhang B).

50 **DO expected** : DO erwartet
Der Compiler erwartet an dieser Stelle ein DO.
Beispiel:

```
FOR I := 1 TO 10        (* <-- Fehler! *)
BEGIN
  .
  .
END;
```

51 **Invalid PUBLIC-definition** : ungültige PUBLIC-Definition

52 **Invalid EXTRN-definition** : ungültige EXTRN-Definition

53 **Too many EXTRN-definition** : zu viele EXTRN-Defintionen

Die letzten drei Fehlerarten sind Meldungen des Linkers, die bei reiner PASCAL-Programmierung nicht auftreten. Weitere Details siehe TURBO-Handbuch 1, Seite 405.

54 **OF expected** : OF erwartet

55 **INTERFACE expected** : INTERFACE erwartet
Dieser Fehler tritt in Zusammenhang mit der Unit-Definition auf: Der Compiler erwartet an der angegebenen Stelle die o.g. Compiler-Anweisung.

56 **Invalid relocatable reference** : falscher Zugriff auf relozierbares Element
Dieser Fehler ist nur für Programme von Bedeutung, die Assembler-Routinen enthalten.

57 **THEN expected** : THEN erwartet

58 **TO or DOWNTO expected** : TO oder DOWNTO erwartet
Dieser Fehler tritt bei einer fehlerhaften FOR-Schleifenkonstruktion auf.

59 **Undefined FORWARD** : FORWARD nicht definiert
Diese Fehlermeldung hat zwei Gründe:

- Eine Funktion (Prozedur) wurde im INTERFACE-Bereich einer Unit spezifiziert, aber im IMPLEMENTATION-Bereich nicht definiert.
- Eine Funktion wurde als FORWARD definiert, aber der zugehörige Code wurde vom Compiler nicht gefunden.

60 **Too many procedures** : Zu viele Prozeduren
In einem TURBO-PASCAL-Programm oder einer -Unit sind maximal 512 Prozeduren und Funktionen gestattet. Diese Grenze wurde überschritten. Abhilfe bringt Auslagerung in eine weitere Unit.

61 **Invalid typecast** : Unzulässige Typenumwandlung
Dieser Fehler tritt praktisch kaum auf.

62 **Division by zero** : Division durch Null
Dieser Fehler tritt nur dann auf, wenn in einem INTEGER-Ausdruck explizit durch die Konstante Null dividiert wird.

63 **Invalid file type** : ungültiger Dateityp
Manche Dateifunktionen dürfen nicht auf alle Dateitypen angewendet werden. Beispielsweise darf SEEK nicht bei einer Textdatei benutzt werden.

64 **Cannot read or write variables of this type** : Variablen dieses Typs können nicht mit READ gelesen, bzw. mit WRITE geschrieben werden
READ und WRITE haben bestimmte Definitionsgrenzen, die verletzt wurden. Folgendes Programm zeigt viermal diesen Fehler:

```
VAR
  satz : RECORD OF
           BEGIN
             a1 : INTEGER;
             a2 : STRING;
           END;
  feld : ARRAY OF [1..10] OF REAL;
  wahr : BOOLEAN;

BEGIN
  READLN (wahr);         (* eine boolesche Variable kann nicht eingelesen werden *)
  WRITELN (satz);        (* eine RECORD-Variable kann nicht in "einem Stück" ausgegeben werden *)
  READLN (feld);         (* eine ARRAY-Variable kann nicht in "einem Stück" eingelesen werden *)
  READLN (satz);         (* eine RECORD-Variable kann nicht in "einem Stück" eingelesen werden *)
END.
```

65 **Pointer variable expected** : Zeiger-Variable erwartet
Fehlerursache leicht erkennbar.

66 **String variable expected** : STRING-Variable erwartet
Fehlerursache leicht erkennbar.

67 **String expression expected** : STRING-Ausdruck erwartet
Fehlerursache leicht erkennbar.

68 **Circular unit reference** : Units rufen sich gegenseitig
Beispiel:

```
UNIT u1;                        UNIT u2;
  .                               .
  .                               .
  USES u2;                        USES u1;
```

Diese Konstruktion ist ab der Version 5.0 im IMPLEMENTATION-Teil der Units erlaubt, weiterhin jedoch nicht im INTERFACE-Teil.

69 **Unit name mismatch** : Unit-Name stimmt nicht
Der Name einer Unit, der mit der Programmzeile

```
UNIT name;
```

angegeben wird, und der Name des .PAS-File, in dem die Unit definiert ist, müssen gleich sein, damit die diversen USES-Anweisungen in einem Programm, bzw. in anderen Units, auf die daraus entstehende .TPU-Datei korrekt zugreifen können.

70 **Unit version mismatch** : Unit-Version stimmt nicht
Eine aufgerufene Unit wurde seit der letzten Compilierung mit dem Editor geändert und noch nicht wieder übersetzt. Beim Aufruf dieser Unit entdeckt der Compiler diesen Mangel und zeigt den o.g. Fehler an. Durch Compile/Make bzw. Compile/Build oder durch gezieltes Übersetzen der betreffenden Unit kann dieser Fehler behoben werden.

71 **Duplicate unit name** : Doppelter Unit-Name
Ein Unit-Name taucht in einer USES-Liste mehrfach auf.
Beispiel:

```
USES
  u1,
  u2,
  u3,
  u1,      <-- Fehler
  u4;
```

72 **Unit file format error** : Unit Dateiformat falsch
In der USES-Anweisung wurde eine Datei angegeben, die keine Unit ist.

73 **IMPLEMENTATION expected** : IMPLEMENTATION erwartet
Dieser Fehler tritt in Zusammenhang mit der Unit-Definition auf: Der Compiler erwartet an der angegebenen Stelle die o.g. Compiler-Anweisung.

74 **Constant and case type do not match** : Konstante und Selektor in Case stimmen im Typ nicht überein

Beispiel:

```
VAR
  a : CHAR;          (* Selektor-Typ ist CHAR *)
BEGIN
  .
  .
  CASE a OF
     1  : ....;     (* Konstanten-Typ ist INTEGER *)
  '12' : ....;     (* Konstanten-Typ ist STRING  *)
  .
  .
  END;
```

75 **Record variable expected** : RECORD-Variable erwartet
Fehlerursache leicht erkennbar.

76 **Constant out of range** : Konstante nicht im Wertebereich
Bei diesem Fehler gibt es drei mögliche Ursachen:

(1) Übergabe einer Konstante an eine Prozedur, deren formaler Parameter nur einen gewissen Wertebereich besitzt, der durch den Aktualparameter überschritten wird.

(2) Indizierung eines Feldes mit einer Konstante, die außerhalb der Definition der ARRAY-Grenzen liegt.

(3) Zuweisung eines konstanten Wertes an eine Variable, deren durch ihren Typ festgelegter Wertebereich durch die Konstante überschritten wird.

Beispiel:

```
CONST
  a = 400;
VAR
  b     : BYTE;                        (* Wertebereich von Byte ist 0..255 *)
  cfeld : ARRAY [1..3] OF INTEGER;

  PROCEDURE test (VAR testv : BYTE);
  BEGIN
    .
    .
  END;

BEGIN
  test(a);                             (* Fehler Typ (1) *)
  cfeld[a] := 4;                       (* Fehler Typ (2) *)
  b := a;                              (* Fehler Typ (3) *)
END.
```

77 **File variable expected** : FILE-(Datei-) Variable erwartet
Fehlerursache leicht erkennbar.

78 **Pointer expression expected** : Zeiger-Ausdruck erwartet
Fehlerursache leicht erkennbar.

79 **Integer or real expression expected** : INTEGER- oder REAL-Ausdruck erwartet
Fehlerursache leicht erkennbar.

80 **Label not within current block** : Label nicht im gleichen Block

81 **Label already defind** : Label schon definiert

82 **Undefined label in preceding statement part** : Undefiniertes Label im vorangehenden Anweisungsteil

Die letzten drei Fehlerarten treten nur im Zusammenhang mit der GOTO-Programmierung auf, die in modernen Programm-Konstrukten ohnehin keine Berechtigung mehr hat.

83 **Invalid @ argument** : Unzulässiges @ Argument
Das "@"-Zeichen ist ein Adress-Operator, für den als Argumente nur Variablen, Prozeduren und Funktionen erlaubt sind.

84 **UNIT expected** : UNIT erwartet
Dieser Fehler tritt in Zusammenhang mit der Unit-Definition auf: Der Compiler erwartet an der angegebenen Stelle die o.g. Compiler-Anweisung.

85 **";" expected** : ";" erwartet
Fehlerursache leicht erkennbar.

86 **":" expected** : ":" erwartet
Fehlerursache leicht erkennbar.

87 **"," expected** : "," erwartet
Fehlerursache leicht erkennbar.

88 **"(" expected** : "(" erwartet
Fehlerursache leicht erkennbar.

89 **")" expected** : ")" erwartet
Fehlerursache leicht erkennbar.

90 **"=" expected** : "=" erwartet
Fehlerursache leicht erkennbar.

91 **":=" expected** : ":=" erwartet
Fehlerursache leicht erkennbar.

92 **"[" expected** : "[" erwartet
Fehlerursache leicht erkennbar.

93 **"]" expected** : "]" erwartet
Fehlerursache leicht erkennbar.

94 **"." expected** : "." erwartet
Fehlerursache leicht erkennbar.

95 **".." expected** : ".." erwartet
Fehlerursache leicht erkennbar.

96 **Too many variables** : Zu viele Variablen
Gemeint ist nicht die Anzahl, sondern der beanspruchte Speicherplatz; denn es gibt zwei mögliche Fehlerursachen

(1) Die globalen Variablen eines Programms und aller damit verbundenen Units belegen mehr als 64 KBytes.

(2) Innerhalb einer Prozedur oder Funktion werden mehr als 64 KBytes für lokale Variablen belegt.

97 **Invalid FOR control variable** : ungültiger Laufindex
Der Laufindex einer FOR-Schleife muß eine einfache ordinale Variable sein; auch Zeiger auf ordinale Variablen sind nicht erlaubt.

Beispiel:

```
VAR
  a : ARRAY[1..3] OF BOOLEAN;
  b : ^INTEGER;
  i : INTEGER;
  c : (rot,gruen,blau,gelb);
  d : rot..blau;
  e : 'a'..'h';

BEGIN
  FOR a := 1 TO 3 DO...;                <-- Fehler!
  FOR b := 1 TO 3 DO...;                <-- Fehler!
  FOR c := rot TO gruen DO...;          <-- Erlaubt!
  FOR d := rot TO blau DO...;           <-- Erlaubt!
  FOR e := 'a' TO 'f' DO...;            <-- Erlaubt!
  FOR i := 1 TO 3 DO...;                <-- Erlaubt!
END.
```

98 **Integer variable expected** : INTEGER-Variable erwartet

Fehlerursache leicht erkennbar.

99 **Files are not allowed here** : Hier keine Datei erlaubt

Der Typ einer typisierten Konstante darf kein FILE sein.

Beispiel:

```
CONST
  a : FILE OF INTEGER = 100;          <-- Fehler!
```

100 **String length mismatch** : Stringlänge stimmt nicht

Dieser Fehler tritt nur auf, wenn die Option O/C/V auf den Wert "Strict" gesetzt wurde.

101 **Invalid ordering of fields** : Reihenfolge der Felder stimmt nicht

Bei der Definition einer RECORD-Konstante muß die gleiche Feldreihenfolge eingehalten werden, wie bei der RECORD-Typ-Deklaration.

Beispiel:

```
TYPE
  a = RECORD
        x : INTEGER;
        y : CHAR;
      END;
CONST
  b : a = (x:100;y:'b');          (* richtig *)
  c : a = (y:'b';x:100);          (* falsch  *)
```

102 **String constant expected** : STRING-Konstante erwartet

Dieser Fehler tritt ab Version 5.0 praktisch nicht mehr auf.

103 **Integer or real variable expected** : INTEGER- oder REAL-Variable erwartet
Fehlerursache leicht erkennbar.

104 **Ordinal variable expected** : Variable ordinalen Typs erwartet
Fehlerursache leicht erkennbar.

105 **Inline error** : Inline-Fehler
Diese Fehlerursache tritt nur in Verbindung mit der INLINE-Anweisung auf, mit der kurze Passagen von Maschinencode in sedezimaler Schreibweise in das PASCAL-Programm mit eingeflochten werden können.

106 **Character expression expected** : Ausdruck vom Typ CHAR erwartet
Fehlerursache leicht erkennbar.

107 **Too many relocation items** : Zu viele relozierbare Items
Die Tabellen des Linkers überschreiten 64 KBytes, d.h. das Programm ist in Bezug auf die Adressbeziehungen (nicht unbedingt in Bezug auf den benötigten Speicherplatz) zu groß für TURBO-PASCAL bzw. MS-DOS. Abhilfe kann nur durch die Zerlegung in kleinere Programme und durch Anwendung der Verkettungstechnik (CHAINING) geschaffen werden.

108-109 Nicht belegt (bzw. nur für den internen Gebrauch)

110 **Can't run a Unit** : Unit nicht ausführbar
Diese Fehlermeldung tritt auf, wenn man das RUN-Kommando auf eine Unit anwendet. Der Programmcode wird zwar übersetzt und gebunden, wobei eventuelle Fehler entdeckt werden, jedoch entdeckt das System, daß es sich um kein lauffähiges Programm handelt.

111 **Compilation terminated** : Übersetzung abgebrochen
Diese Fehlermeldung tritt auf, wenn man einen Übersetzungslauf mit <CTRL> <BREAK> beendet.

112 **Case constant out of range** : CASE-Konstante nicht im Wertebereich

Beispiel 1:

```
VAR
  a : BYTE;
BEGIN
  CASE a OF
    127 : ...;                    (* zulässig *)
    255 : ...;                    (* zulässig *)
    256 : ...;                    (* nicht mehr zulässig *)
    .
    .
  END;
  .
  .
END.
```

Beispiel 2:

```
TYPE
  x = (a,b,c,d);
  y = a..c;
VAR
  z :y
BEGIN
  CASE z OF
    a : ...;                      (* zulässig *)
    b : ...;                      (* zulässig *)
    d : ...;                      (* nicht mehr zulässig; Fehler wird jedoch nicht angezeigt. *)
    .
    .
  END;
  .
  .
END.
```

113 **Error in statement** : Fehler im Befehl

Hier wurde gegen die Syntaxregeln bei der Definition eines Befehls verstoßen. Häufigste Fehlerquelle ist, die Vertauschung der Seiten bei einer Wertzuweisung; allerdings wird dies nur erkannt, wenn der fälschlich auf der linken Seite angeordnete Ausdruck einfach ist oder wenn er zusammengesetzt und eingeklammert ist.

Beispiel:

```
VAR
  b : INTEGER;
BEGIN
  -b := b;
  (2+3) := b;
5 := b;
```

114 **Cannot call an interrupt procedure** : kein direkter Aufruf von INTERRUPT-Prozeduren

Prozeduren, die als INTERRUPT deklariert sind, können nicht mehr normal aufgerufen werden.

115 reserviert für den internen Gebrauch

116 **Must be in 8087 mode to compile this** : 8087-Modus notwendig

Die Datentypen SINGLE, DOUBLE, EXTENDED und COMP setzen einen mathematischen Coprozessor voraus. Besitzt man keinen, so kann ab der Version 5.0 der 8087-Emulator eingestellt werden. Dies geschieht in der integrierten Umgebung mit O/C/E oder direkt in dem betreffenden Programm (bzw. Unit) mit `{$E+}`.

117 **Target address not found** : Zieladresse nicht gefunden

Der Fehler tritt bei der Suche der Adresse eines Laufzeitfehlers mit Hilfe der Compilerfunktion Compile/Find Error auf, wenn der Laufzeitfehler nicht im betreffenden Programm liegt, oder eventuell eine falsche Fehleradresse eingegeben wurde.

118 **Include files are not allowed here** : An dieser Stelle sind keine Includes erlaubt

Man darf innerhalb des Ablaufteils eines Programms oder einer Prozedur keine Includes (`{I name}`) verwenden.

119 Nicht benutzt

120 **Nil expected** : NIL erwartet

NIL ist der Nullwert einer Zeigervariable.

121 **Invalid qualifiers** : Ungültige Qualifizierung

Dieser Fehler hat drei mögliche Ursachen:

(1) Man versuchte auf Felder einer Variablen zuzugreifen, die kein Record sind.

Beispiel:

```
VAR
  test : ARRAY[1..10] OF INTEGER;
BEGIN
  test.a := 2;
END.
```

(2) Man versuchte eine Variable, die nicht als Zeiger (Pointer) deklariert ist, als Pointer zu verwenden.

Beispiel:

```
VAR
  a·: LONGINT;
  .
  .
BEGIN
  a^ := 36;
  .
  .
```

(3) Man versuchte eine Variable zu indizieren, die nicht Element eines Feldes (ARRAY) ist.

Beispiel:

```
VAR
   a : REAL;
   b : REAL;

BEGIN
   a[4] := 2.3;
   b := a[5];
END.
```

122 **Invalid variable reference** : Ungültiger Variablenbezug
Dieser Fehler tritt in Zusammenhang mit Pointer-Variablen auf, wird jedoch ab der Version 5.0 durch die Fehlerkennung 26 (Type mismatch) abgefangen.

123 **Too many symbols** : Zu viele Symbole
Für den integrierten Debugger werden Tabellen mit Symbolen angelegt. Diese dürfen nicht größer als 64 KBytes werden.

Folgende Möglichkeiten zur Lösung bieten sich an:

- Auslagern von Funktionen/Prozeduren in separaten Units
- Compilierung mit deaktiviertem Debugger `{$D-}`

124 **Statement part too large** : Anweisungsteil zu groß
TURBO-PASCAL hat eine interne Grenze für die Größe einer einzelnen Prozedur, Funktion oder des Hauptprogramms. Sie liegt bei etwa 24 KBytes. Sollte dieser Fehler auftauchen, muß das Programm in weitere Prozeduren und Funktionen unterteilt werden (was übrigens auch die Lesbarkeit erhöht !).

125 nicht belegt

126 **Files must be var parameters** : Dateien können nur VAR deklariert sein
In Parameterlisten von Prozeduren und Funktionen können FILE-Variablen nur als "VAR-Parameter" deklariert werden.

Beispiel:

```
TYPE
  a = FILE OF RECORD
            x : INTEGER;
          END;

PROCEDURE p(f:a);                        (* Fehler !*)
BEGIN
  :
END;
  .
  .

PROCEDURE p1(VAR f:a);                   (* Richtig !*)
BEGIN
  :
END;
  .
  .
```

127 **Too many conditional symbols** : Zu viele Symbole bei bedingter Compilierung

128 **Misplaced conditional directive** : Bedingte Anweisung an falscher Stelle

129 **ENDIF directive missing** : ENDIF fehlt

130 **Error in initial conditional defines** : Direkt definierte bedingte Symbole fehlerhaft

Die Fehlerarten von 127 bis 130 beziehen sich ausschließlich auf die bedingte Compilierung.

131 **Header does not match previous definition** : Parameterlisten sind nicht identisch
Hierfür gibt es zwei Fehlerursachen:

(1) Bei einer Unit sind die Parameterlisten einer Prozedur- oder Funktions-Definition im INTERFACE-Bereich nicht mit der im IMPLEMENTATION-Bereich identisch. Dieser Fehler wird allerdings nicht gemeldet, wenn man im IMPLEMENTATION- Bereich auf jegliche Parameter-Angaben verzichtet.

(2) Eine als FORWARD definierte Prozedur oder Funktion hat bei der eigentlichen Definition eine andere Parameterliste. Auch hier wird dieser Fehler nicht gemeldet, wenn man bei der eigentlichen Definition auf eine Parameterliste verzichtet.

132 **Critical disk error** : Kritischer Disk-Fehler

Diese Fehlerart wird aus dem DOS gemeldet. Mögliche Ursachen sind : Fehlerhafte Diskette, keine Diskette, Laufwerk offen, u.a.m.

133 **Cannot evaluate this expression** : Ausdruck läßt sich nicht berechnen

In einem Konstanten-Term wurde ein Ausdruck verwendet, den der Compiler nicht für Konstanten zuläßt.

Beispiel:

```
CONST
   a = 3.7 + SIN(2);
```

134 **Expression incorrectly terminated** : Ausdruck inkorrekt abgeschlossen

Dieser Fehler tritt recht selten auf, da eine Vielzahl möglicher Syntaxfehler durch andere Fehlerdiagnosen abgefangen wird.

135 **Invalid format specifier** : ungültige Formatangabe

Diese Fehlerart tritt in Verbindung mit der Formatsteuerung im WRITE(LN)-Befehl auf; sie ist jedoch recht selten, da eine Vielzahl möglicher Syntaxfehler durch andere Fehlerdiagnosen abgefangen wird. Andererseits werden einige unsinnige Konstrukte als richtig akzeptiert.

Beispiel:

```
PROGRAM garbage;

TYPE t = INTEGER;
VAR  a : REAL;
BEGIN
  WRITE (a:t(4):3);                 (* wird akzeptiert, obwohl t nur als Typ definiert *)
  WRITE (a:1:5);                    (* wird akzeptiert, obwohl sinnlos *)
END.
```

136 **Invalid indirect reference** : unzulässiger indirekter Bezug

Dieser Fehler tritt nur beim Debugger-Betrieb auf: Es wird versucht, auf einen Bezeichner zuzugreifen, dessen Adresse momentan nicht definiert ist.

137 **Structured variables are not allowed here** : Es sind hier keine strukturierten Variablen erlaubt

An der angegebenen Stelle darf keine strukturierte Variable stehen. So kann man z.B. über WRITELN keinen RECORD ausgeben oder zwei RECORDs miteinander multiplizieren.

138 **Cannot evaluate without system unit** : Eine Auswertung ohne die Unit SYSTEM ist nicht möglich
Die Unit SYSTEM **muß** in der Datei TURBO.TPL enthalten sein, was sie standardmäßig auch ist; es sei denn, man hat sie mit dem Programm TPUMOVER versehentlich herausgelöscht oder man hat das TURBO-PASCAL-System nicht komplett installiert.

139 **Cannot access this symbol** : Kein Zugriff auf dieses Symbol
Dieser Fehler tritt beim Debugger-Betrieb auf: Vor dem Einsatz der Debugger-Funktion EVALUATE muß die Programmzeile mit dem betreffenden Symbol abgearbeitet sein. Man betätige also F7 bzw. F8!

140 **Invalid floating point operation** : Ungültige Gleitkommaoperation
Dieser Fehler tritt auf, wenn man in einem REAL-Ausdruck explizit durch Null dividiert. Null-Resultate von Funktionen oder Ausdrücken im Nenner werden allerdings erst zur Laufzeit erkannt, z.B. a/COS(1.0) oder a/(b * 0.0).

141 **Cannot compile overlays to memory** : Compilierte Overlays können nicht im Speicher abgelegt werden
Abhilfe: Man setze Compile/Destination auf "Disk".

142 **Procedure or function variable expected** : PROCEDURE- oder FUNCTION-Variable erwartet
Dieser Fehler tritt auf, wenn bei der Unterprogramm-Definition Prozeduren oder Funktionen als Parameter vereinbart wurden und als Aktualparameter etwas anderes eingesetzt wird.

143 **Invalid procedure or function reference** : Ungültige Prozedur- oder Funktionsreferenz
Die häufigste Fehlerursache ist, daß man einen Prozedurnamen in einem Ausdruck verwendet oder einen Funktionsnamen wie einen Prozeduraufruf benutzt.

144 **Cannot overlay this unit** : Diese Unit ist nicht overlay-fähig
Es wurde versucht, eine Unit, die ohne {$O+} compiliert wurde, im Hauptprogramm als Overlay zu deklarieren.

145 **Too many nested scopes** : Zu viele Verschachtelungen
Jede mit USES eingebundene Unit, jede Record-Deklaration und jede WITH-Anweisung zählen als eine Ebene. TURBO-PASCAL kann maximal 128 Ebenen pro Unit verarbeiten.

4.3.3.2 Laufzeit-Fehler (sog. Runtime-Errors)

Diese Fehler treten erst zur Laufzeit (also nach dem Start) eines Programms auf. Es handelt sich um logische Fehler und Hardware-Fehler, die erst aufgrund eines im Programmablauf erreichten Programm- oder Gerätezustands erkannt werden. Den Fehlernummern liegt folgende Systematik zugrunde:

001 - 099	Fehlercodes von DOS
100 - 149	Fehler bei der Dateibehandlung
150 - 199	sog. "kritische Fehler"
200 - 249	Fehler mit sofortigem Programmabbruch

Beim Abbruch durch einen Laufzeitfehler wird eine Meldung der Form

Runtime Error nnn at xxxx:yyyy

am Bildschirm gezeigt. Dabei bedeuten

nnn	die Fehlernummer
xxxx:yyyy	die Fehleradresse

4.3.3.2.1 Fehlermeldungen von DOS

2	**File not found** :	Datei nicht gefunden
3	**Path not found** :	Pfad nicht gefunden
4	**Too many open files** :	Zu viele Dateien geöffnet
5	**File access denied** :	Dateizugriff verweigert
6	**Invalid file handle** :	Datei-Handle ungültig
12	**Invalid file access mode** :	Ungültiger Dateizugriffsmodus
15	**Invalid drive number** :	Ungültige Laufwerksbezeichnung

16	**Cannot remove current directory :**	momentanes Verzeichnis kann nicht gelöscht werden
17	**Cannot rename across drives :**	"Rename" funktioniert nur innerhalb eines Laufwerks

4.3.3.2.2 Fehler bei der Dateibehandlung

100	**Disk read error :**	Fehler beim Lesen von Diskette oder Disk
101	**Disk write error :**	Fehler beim Schreiben auf Diskette oder Disk
102	**File not assigned :**	Einer Dateivariable wurde keine physische Datei zugewiesen
103	**File not open :**	Datei ist nicht geöffnet
104	**File not open for input :**	Nur Lesezugriff erlaubt
105	**File not open for output :**	Nur Schreibzugriff erlaubt
106	**Invalid numeric format :**	Ungültiges numerisches Format

4.3.3.2.3 "Kritische" Fehler

150	**Disk is write protected :**	Diskette ist schreibgeschützt
151	**Unknown Unit :**	Peripheriegerät unbekannt
152	**Drive not ready :**	Laufwerk nicht betriebsbereit oder verfügbar
153	**Unknown command :**	Unbekannter Befehl
154	**CRC error in data :**	Fehler in der Prüfsumme, d.h. Übertragungsfehler
155	**Bad drive request structure length :**	Ungültiger Disk-Parameterblock
156	**Disk seek error :**	Datei-Positionierungsfehler
157	**Unknown media type :**	Unbekanntes Sektorformat
158	**Sector not found :**	Sektor nicht gefunden
159	**Printer out of paper :**	Druckerpapier zu Ende
160	**Device write fault :**	Peripherie-Schreibfehler
161	**Device read fault :**	Peripherie-Lesefehler
162	**Hardware failure :**	Hardware-Fehler

4.3.3.2.4 "Fatale" Fehler

200 **Division by zero** :	Division durch Null
201 **Range check error** :	Überschreiten des Werte- oder Feldbereichs
202 **Stack overflow error** :	Stack-Überlauf
203 **Heap overflow error** :	Heap-Überlauf
204 **Invalid pointer operation** :	Ungültige Pointer-Operation
205 **Floating point overflow** :	Gleitkomma-Überlauf (Zahl zu groß)
206 **Floating point underflow** :	Gleitkomma-Unterlauf (Zahl zu klein)
207 **Invalid floating point operation** :	Fehler bei Gleitkomma-Operation
208 **Overlay manager not installed** :	Overlay-Manager nicht installiert
209 **Overlay file read error** :	I/O-Fehler beim Lesen einer Overlay-Datei

4.4 Units und Overlays

TURBO-PASCAL unterstützt neben dem Konzept der hierarchischen Prozedurschachtelung eine Modularisierung auch mit Hilfe des sogenannten "Unit"-Konzeptes. Einzelne oder mehrere Prozeduren/Funktionen können in Unterprogramm-Bibliotheken, den sog. Units, zusammengefaßt und getrennt von anderen Programmteilen compiliert werden. Beim Binden werden die Units mit dem Hauptprogramm vereinigt.

Zur Unterstützung der Entwicklung sehr großer Programm-Systeme wird das Overlay-Konzept angeboten. Mit dessen Hilfe können einzelne Units als Overlays deklariert werden und dadurch zur Programmlaufzeit einen gemeinsamen Bereich im Arbeitsspeicher, den sog. Overlay-Buffer, abwechselnd benutzen. Das bedeutet, daß ein Programm-System wesentlich größer sein kann, als der verfügbare Platz im Arbeitsspeicher.

Allerdings ist dieses Konzept nicht unbegrenzt anwendbar, da die Tabellen zur Verwaltung der dynamischen Adressen, der Overlay-Buffer und vor allem das Datensegment auch irgendwann zu groß werden.

4.4.1 Definition von Units

Das allgemeine Definitionsschema einer Unit hat folgenden Aufbau:

```
UNIT Name;

INTERFACE

USES Liste anderer Units, deren Typen, Konstanten oder Varia-
     blen, im INTERFACE-Bereich dieser Unit benötigt werden

  Definition der zu exportierenden Typen, Konstanten, Variablen,
  sowie Funktionen- und Prozeduren-Köpfe

IMPLEMENTATION

USES Liste anderer Units, deren Typen, Konstanten, Variablen,
     Prozeduren oder Funktionen im IMPLEMENTATION-Bereich
     dieser Unit benötigt werden

  Definition lokaler Typen, Konstanten, Variablen, Funktionen und
  Prozeduren

  Definition der zu exportierenden Funktionen und Prozeduren

BEGIN
  evtl. Initialisierung der Export-Variablen
END.
```

4.4.2 Beispiel für die Definition und Anwendung von Units

Datei : "unittest.pas"

```
PROGRAM unittest;

USES unit1, unit2, CRT;  (* CRT ist eine vom Sytem bereitgestellte Unit *)

VAR i : INTEGER;

BEGIN
  U2_summe := 0;
  FOR i := 1 TO 10 DO
      U1_kumulieren (i);  (* Die Verwendung von Namenszusätzen erleichert das Auf-
                             finden der definierenden Unit *)
  U2_ausgeben;
END.
```

Datei : "unit1.pas"

```
UNIT unit1;

INTERFACE

   PROCEDURE U1_kumulieren (zahl : INTEGER);

IMPLEMENTATION

USES unit2;
```

```
   PROCEDURE U1_kumulieren (zahl : INTEGER);
   BEGIN
     U2_summe := U2_summe + zahl;
   END;

END.
```

Datei : "unit2.pas"

```
UNIT unit2;

INTERFACE

   VAR U2_summe : INTEGER;

   PROCEDURE U2_ausgeben;

IMPLEMENTATION

USES CRT;

   PROCEDURE U2_ausgeben;
   BEGIN
     CLRSCR;
     WRITELN ('Die Summe ist : ', U2_summe);
     READLN;
   END;

END.
```

4.4.3 Beispiel für die Definition und Anwendung von Overlays

Datei : "unittest.pas"

```
PROGRAM unittest;

USES ovlinit, unit1, unit2, CRT;  (* Die Unit "ovlinit" muß als erste genannt werden ! *)

{$O unit1} {$O unit2}

VAR i : INTEGER;

BEGIN
END.
```

Datei : "unit1.pas"

```
{$F+}
{$O+}
UNIT unit1;

INTERFACE

   PROCEDURE U1_kumulieren (zahl : INTEGER);

IMPLEMENTATION

USES unit2;
```

```
    PROCEDURE U1_kumulieren (zahl : INTEGER);
    BEGIN
    END;

END.
```

Datei : "unit2.pas"

```
{$F+}
{$O+}

UNIT unit2;

INTERFACE

   VAR U2_summe : INTEGER;

   PROCEDURE U2_ausgeben;

IMPLEMENTATION

USES CRT;

   PROCEDURE U2_ausgeben;
   BEGIN
   END;

END.
```

Datei : "ovlinit.pas"

```
UNIT ovlinit;

INTERFACE

IMPLEMENTATION

USES overlay;                    (* "overlay" ist eine System-Unit *)

BEGIN

  ovrinit ('unittest.ovr');
  ovrsetbuf (60000);             (* Größe des Overlay-Buffer in Bytes *)

END.
```

Anhang A : Bibliotheks-Funktionen

Tabelle wichtiger Bibliotheks-Funktionen in TURBO-PASCAL

Funktion	Funktionstyp	Argumenttyp	Bedeutung
ABS (x)	I,R	I, R	Absolutwert
ARCTAN (x)	R	I, R	Arcustangens
CHR (x)	C	I	ASCII-Zeichen
COS (x)	R	I, R	Cosinus
EOF (x)	B	F, -	end of file
EOLN (x)	B	F, -	end of line
EXP (x)	R	I, R	Exponentialfunktion (e^x)
LN (x)	R	I, R	Logarithmus naturalis
ODD (x)	B	I	Test auf ungerade Zahl
ORD (x)	I	A, C, I	Ordinalzahl
PRED (x)	A, C, I	A, C, I	Vorgänger
ROUND (x)	I	R	REAL=>INTEGER (gerundet)
SIN (x)	R	I, R	Sinus
SIZEOF (x)	I	B, C, F, R, I, A, usertype	Größe des Arguments in Bytes
SQR (x)	I, R	I, R	Quadrat
SQRT (x)	R	I, R	Quadratwurzel
SUCC (x)	A, C, I	A, C, I	Nachfolger
TRUNC (x)	I	R	REAL=>INTEGER (abgeschnitten)

Abkürzungen:

B : BOOLEAN
C : CHAR
F : FILE
R : REAL
I : INTEGER
R : REAL
A : Aufzählung, Ausschnitt
- : Argument kann fehlen

Anhang B : Bibliotheks-Prozeduren

Wichtige Bibliotheks-Prozeduren in TURBO-PASCAL

1. Ein/Ausgabe-Prozeduren (werden automatisch von der Unit SYSTEM bereitgestellt):

ASSIGN (*f*; *name* : STRING)

Weist der Dateivariablen *f* einen Dateinamen *name* zu. *name* kann optional Laufwerk, Pfad und Extension enthalten.

BLOCKREAD (VAR *f* : FILE; VAR *buffer*; *n* : WORD [; *result* : WORD])

Nur für untypisierte Dateien: Liest, ab der aktuellen Position des Dateizeigers, *n* Datensätze aus der untypisierten Datei *f* in den durch *buffer* spezifizierten Teil des Hauptspeichers. Falls der Parameter *results* angegeben wurde, enthält dieser nach Ausführung des Befehls die Anzahl der vollständig gelesenen Sätze. *results* wird kleiner als *n*, wenn ab der Position des Datenzeigers weniger als *n* Datensätze verfügbar sind.

Eine untypisierte Datei ist eine formatlose Byte-Kette. Sie wird mit Hilfe des Systemtyps "FILE" definiert und die Satzlänge wird bei RESET bzw. REWRITE angegeben.

Der Datenzeiger wird durch RESET auf den Dateianfang gesetzt und steht nach dem BLOCKREAD hinter dem n-ten Satz.

BLOCKWRITE (VAR *f* : FILE; VAR *buffer*; *n* : WORD [; *result* : WORD])

Nur für untypisierte Dateien: Schreibt, ab der aktuellen Position des Dateizeigers, *n* Datensätze aus dem durch *buffer* spezifizierten Teil des Hauptspeichers in die untypisierten Datei *f* .

Falls der Parameter *result* angegeben wurde, enthält dieser nach Ausführung des Befehls die Anzahl der vollständig geschriebenen Sätze.

CLOSE (*f*)

Schließt die durch die Dateivariable *f* spezifizierte Datei, die zuvor durch RESET oder REWRITE geöffnet worden sein muß.

ERASE (*f*)

Löscht die durch die Dateivariable *f* spezifizierte Datei, die **nicht** offen sein darf.

FLUSH (VAR *f* : TEXT)

Nur für Textdateien: Der Inhalt des Dateipuffers, der beim Öffnen der mit *f* spezifizierten Textdatei angelegt wurde, wird auf das externe Speichermedium geschrieben.

READ (f, v_1 [, v_2,...,v_n])

Nur für typisierte Dateien: Liest einen oder mehrere Werte aus der mit *f* spezifizierten Datei in die Variablen v_1 bis v_n ein.

Die Variablen v_1 bis v_n müssen im Datensatz-Typ von *f* definiert sein. Die Datei muß zuvor geöffnet worden sein.

READ ([VAR *f* : TEXT;] v_1 [, v_2,...,v_n])

Nur für Textdateien: Liest einen oder mehrere Werte aus der mit *f* spezifizierten Textdatei in die Variablen v_1 bis v_n ein. Die Datei muß zuvor geöffnet worden sein.

Wird der Parameter *f* weggelassen, so wird aus der Datei INPUT gelesen, die standardmäßig der Tastatur entspricht. Die Variablen v_1 bis v_n können vom Typ CHAR, INTEGER, REAL oder STRING sein.

Bei Eingaben vom Typ INTEGER oder REAL, die nicht dem vorgegebenen Format entsprechen, wird ein Laufzeitfehler gemeldet und eine Programmunterbrechung erzeugt.

READLN ([VAR *f* : TEXT;] v_1 [, v_2,...,v_n])

Nur für Textdateien: Liest einen oder mehrere Werte aus der mit *f* spezifizierten Textdatei in die Variablen v_1 bis v_n ein. Die Datei muß zuvor geöffnet worden sein.

Wird der Parameter *f* weggelassen, so wird aus der Datei INPUT gelesen, die standardmäßig der Tastatur entspricht. Die Variablen v_1 bis v_n können vom Typ CHAR, INTEGER, REAL oder STRING sein.

Nach jedem Lesevorgang wird der Dateizeiger auf die nächste Zeile der Textdatei gesetzt. Beim Einlesen von der Tastatur muß jeder Eingabetext mit der <RETURN>-Taste beendet werden.

Bei Eingaben vom Typ INTEGER oder REAL, die nicht dem vorgegebenen Format entsprechen, wird ein Laufzeitfehler gemeldet und eine Programmunterbrechung erzeugt.

RENAME (*f*; *name* : STRING)

Benennt die durch die Dateivariable *f* spezifizierte Datei um. *name* enthält den neuen Namen.

RESET (*f* [:FILE; *recsize* : WORD])

Öffnet eine existierende Datei. Der Dateivariablen *f* muß zuvor ein Dateiname mit ASSIGN zugewiesen worden sein.

f kann eine untypisierte Dateivariable sein; in diesem Fall kann die Größe eines Datensatzes dieser Datei mit *recsize* spezifiziert werden. Unterbleibt die Angabe, so wird die Größe mit eins vorbesetzt.

REWRITE (*f* [:FILE; *recsize* : WORD])

Erzeugt eine Datei. Der Dateivariablen *f* muß zuvor mit ASSIGN ein Dateiname zugewiesen worden sein.

Falls eine Datei unter dem Namen bereits existiert, wird diese durch Verschieben der EOF-Marke auf den Dateianfang vorher gelöscht.

f kann eine untypisierte Dateivariable sein; in diesem Fall kann die Größe eines Datensatzes dieser Datei mit *recsize* spezifiziert werden. Unterbleibt die Angabe, wird die Größe mit eins vorbesetzt.

SEEK (*f*; *n* : LONGINT)

Nicht für Textdateien: Positioniert den Dateizeiger zum n-ten Element der Datei *f*, wobei die Zählung der Elemente mit 0 beginnt.

WRITE (f, v_1 [, v_2,...,v_n])

Nur für typisierte Dateien: Schreibt den Inhalt der Variablen v_1 bis v_n in die mit f spezifizierte Datei. Die Datei muß zuvor geöffnet worden sein. Die Variablen v_1 bis v_n müßen im Datensatz-Typ von *f* definiert sein.

WRITE ([VAR *f* : TEXT;] v_1 [, v_2,...,v_n])

Nur für Textdateien: Schreibt den Inhalt der Variablen v_1 bis v_n in die mit *f* spezifizierte Textdatei. Die Datei muß zuvor geöffnet worden sein.

Wird der Parameter *f* weggelassen, so wird in die Datei OUTPUT geschrieben, die standardmäßig dem Bildschirm entspricht.

Die Variablen v_1 bis v_n können vom Typ CHAR, INTEGER, REAL, STRING, gepackter STRING oder BOOLEAN sein. Bei Variablen vom Typ INTEGER oder REAL können optional Formatanweisungen für die Anzahl der Vorkomma- und Nachkommastellen angegeben werden.

WRITELN ([VAR *f* : TEXT;] v_1 [, v_2,...,v_n])

Nur für Textdateien: Schreibt den Inhalt der Variablen v_1 bis v_n in die mit *f* spezifizierte Textdatei. Die Datei muß zuvor geöffnet worden sein.

Wird der Parameter *f* weggelassen, so wird in die Datei OUTPUT geschrieben, die standardmäßig dem Bildschirm entspricht.

Die Variablen v_1 bis v_n können vom Typ CHAR, INTEGER, REAL, STRING, gepackter STRING oder BOOLEAN sein. Nach jedem Schreiben aller Variablen wird zusätzlich eine Zeilenende-Markierung (CR/LF) in die Textdatei geschrieben. Bei Ausgabe auf dem Bildschirm wird nach der Ausgabe einer Variable der Cursor auf die nächste Bildschirmzeile positioniert. Bei Variablen vom Typ INTEGER oder REAL können optional Formatanweisungen für die Anzahl der Vorkomma- und Nachkommastellen angegeben werden.

2. Bildschirm-Routinen (sind mit USES CRT anzufordern):

CLREOL

Löscht alle Zeichen der Zeile von der aktuellen Cursorposition an.

CLRSCR

Löscht den gesamten Bildschirm.

DELAY (*ms* : WORD)

Ruft eine Warteroutine auf, die *ms* Millisekunden dauert.

DELLINE

Löscht die gesamte Zeile in der der Cursor steht.

GOTOXY (*x*, *y* : BYTE)

Positioniert den Cursor in Spalte *x* und Zeile *y*. Die Koordinaten beziehen sich auf das gerade aktive Text-Window. Die Position links oben wird immer durch die Koordinaten (1, 1) spezifiziert.

TEXTBACKGROUND (*color* : BYTE)

Setzt die Hintergrundfarbe für alle nachfolgenden Textausgaben. Die Farbpalette reicht von BLACK (0) bis LIGHTGRAY (7).

Beim Prozeduraufruf sind als Aktualparameter für *color* die entsprechenden Zahlenwerte mit Hilfe von Variablen oder Konstanten zu übergeben.

TEXTCOLOR (*color* : BYTE)

Setzt die Vordergrundfarbe für alle nachfolgenden Textausgaben. Die Farbpalette reicht von BLACK (0) bis LIGHTGRAY (7).

Beim Prozeduraufruf sind als Aktualparameter für *color* die entsprechenden Zahlenwerte mit Hilfe von Variablen oder Konstanten zu übergeben.

WINDOW (x_1, y_1, x_2, y_2 : BYTE)

Definiert ein Text-Window am Bildschirm, wobei die x_1, y_1 die Koordinaten der linken oberen Ecke und x_2, y_2 die Koordinaten der rechten unteren Ecke darstellen.

Zweck dieser Funktion ist die Neueinteilung des Bildschirms; d.h. sämtliche Ein- / Ausgabe- (einschließlich Farb- und Cursorprozeduren) beziehen sich solange auf den angegebenen Ausschnitt, bis eine Neudefinition erfolgt.

Die x-Werte geben immer die Spalte, die y-Werte immer die Zeile an. Die maximale Größe eines Text-Window ist durch die Koordinaten (1, 1, 80, 25) definiert.

3. Sonstige Prozeduren (werden automatisch von der Unit SYSTEM bereitgestellt):

DEC (*x* [, *n*])

Dekrementiert die ordinale Variable *x* um den Integer-Wert *n*. Wird *n* nicht angegeben, wird *x* um eins dekrementiert.

DELETE (VAR *s* : STRING; *index* : INTEGER; *count* : INTEGER)

Löscht aus dem STRING *s* einen Teilstring, der an der Position *index* beginnt, auf einer Länge von *count* Zeichen.

EXIT

Beendet eine Prozedur oder Funktion an dieser Stelle und kehrt zum rufenden Programm zurück.

FREEMEM (VAR *p* : POINTER; *size* : WORD)

Disalloziert Speicherplatz vom Heap für eine Variable, auf die *p* zeigt und die zuvor mit GETMEM alloziert wurde. Der Parameter *size* gibt den Umfang der zuvor erfolgten Speicherallokation in Bytes an.

GETMEM (VAR *p* : POINTER; *size* : WORD)

Alloziert Speicherplatz am Heap für eine Variable, auf die *p* zeigt. Der Parameter *size* gibt den Umfang der Speicherallokation in Bytes an.

HALT ([*exitcode* : WORD])

Beendet das aktuelle Programm sofort und übergibt an die Betriebssystemvariable ERRORLEVEL den Wert des Parameters *exitcode*, sofern dieser angegeben ist.

INC (*x* [, *n*])

Inkrementiert die ordinale Variable *x* um den Integer-Wert *n*. Wird *n* nicht angegeben, wird *x* um eins inkrementiert.

INSERT (*source* : STRING; VAR *s* : STRING; *index* : INTEGER)

Fügt an den STRING *s* ab der Position *index* den Teil-String *source* ein.

STR (*x* [:*width* [:*decimals*]], VAR *s* : STRING)

Wandelt einen numerischen Wert *x* in eine korrespondierende Zeichenkette *s* (STRING) um. Der Parameter *x* muß vom Typ INTEGER oder REAL sein. Optional können bei der Umwandlung Formatanweisungen in Form von Vorkommastellen (*width*) und Nachkommastellen (*decimals*) angegeben werden.

VAL (*s* : STRING; *v*, *code* : INTEGER);

Wandelt eine Zeichenkette *s* (STRING) in den entsprechenden numerischen Wert um. Der Parameter *v* muß vom Typ INTEGER oder REAL sein. Der STRING *s* muß den Formatbedingungen für numerische Zeichenketten entsprechen. Der Parameter *code* erhält einen Wert ungleich Null, falls *s* eine unzulässige Zeichenkette darstellt, ansonsten wird *code* gleich Null gesetzt.

Anmerkung: Sämtliche Parameterangaben zu allen Prozeduren und Funktionen sind Formalparameter, die beim Prozeduraufruf durch typengleiche Aktualparameter (Ausdrücke, Variable) zu ersetzten sind.

Anhang C : ASCII-Code

Tabelle des ASCII-Code
(American Standard Code for Information Interchange)

Dezimal-wert	Sedezimal-wert	Steuer-zeichen
0	00	NUL
1	01	SOH
2	02	STX
3	03	ETX
4	04	EOT
5	05	ENQ
6	06	ACK
7	07	BEL
8	08	BS
9	09	HT
10	0A	LF
11	0B	VT
12	0C	FF
13	0D	CR
14	0E	SO
15	0F	SI
16	10	DLE
17	11	DC1
18	12	DC2
19	13	DC3
20	14	DC4
21	15	NAK
22	16	SYN
23	17	ETB
24	18	CAN
25	19	EM
26	1A	SUB
27	1B	ESC
28	1C	FS
29	1D	GS
30	1E	RS
31	1F	US
32	20	SP
33	21	!
34	22	"
35	23	#

Dezimal-wert	Sedezimal-wert	Steuer-zeichen
36	24	$
37	25	%
38	26	&
39	27	'
40	28	(
41	29	)
42	2A	*
43	2B	+
44	2C	,
45	2D	-
46	2E	.
47	2F	/
48	30	0
49	31	1
50	32	2
51	33	3
52	34	4
53	35	5
54	36	6
55	37	7
56	38	8
57	39	9
58	3A	:
59	3B	;
60	3C	<
61	3D	=
62	3E	>
63	3F	?
64	40	@
65	41	A
66	42	B
67	43	C
68	44	D
69	45	E
70	46	F
71	47	G

Dezimal-wert	Sedezimal-wert	Steuer-zeichen
72	48	H
73	49	I
74	4A	J
75	4B	K
76	4C	L
77	4D	M
78	4E	N
79	4F	O
80	50	P
81	51	Q
82	52	R
83	53	S
84	54	T
85	55	U
86	56	V
87	57	W
88	58	X
89	59	Y
90	5A	Z
91	5B	[
92	5C	\
93	5D	]
94	5E	^
95	5F	_
96	60	`
97	61	a
98	62	b
99	63	c
100	64	d
101	65	e
102	66	f
103	67	g
104	68	h
105	69	i

Dezimal-wert	Sedezimal-wert	Steuer-zeichen
106	6A	j
107	6B	k
108	6C	l
109	6D	m
110	6E	n
111	6F	o
112	70	p
113	71	q
114	72	r
115	73	s
116	74	t
117	75	u
118	76	v
119	77	w
120	78	x
121	79	y
122	7A	z
123	7B	{
124	7C	|
125	7D	}
126	7E	~
127	7F	DEL

Anhang D : Wertebereiche

Wertebereiche (Integer):

Datentyp	Wertebereich			interne Darstellung
SHORTINT	-128	bis	127	1 Byte mit Vorzeichen
BYTE	0	bis	255	1 Byte ohne Vorzeichen
INTEGER	-32768	bis	32767	2 Bytes mit Vorzeichen
WORD	0	bis	65535	2 Bytes ohne Vorzeichen
LONGINT	-2147483648	bis	2147483647	4 Bytes mit Vorzeichen

Wertebereiche (Real):

Datentyp	Wertebereich			Mantissenlänge	interne Darstellung
SINGLE	1.5 E-45	bis	3.4 E+38	07-08 Stellen	04 Bytes
REAL	2.9 E-39	bis	1.7 E+38	11-12 Stellen	06 Bytes
DOUBLE	5.0 E-324	bis	1.7 E+308	15-16 Stellen	08 Bytes
EXTENDED	1.9 E-4951	bis	1.1 E+4932	19-20 Stellen	10 Bytes

Anmerkung: E±n bedeutet $10^{\pm n}$

Anhang E : MS-DOS

Kurzbeschreibung des Betriebssystems MS-DOS ab Version 2.11

Das Betriebssystem DOS wird nach Einschalten des Rechners bzw. nach Betätigen des RESET-Knopfes von der Systemdiskette in Laufwerk A oder (falls installiert) von der Festplatte z.B. von Laufwerk C in den Arbeitsspeicher geladen und gestartet. Im Grundzustand meldet sich das Betriebssystem mit dem aktuellen Laufwerk, gefolgt von dem Zeichen '>'; hierdurch wird Eingabebereitschaft signalisiert. Alle Betriebssystemkommandos werden unmittelbar im Anschluß an dieses Zeichen eingetippt und durch Betägigen der RETURN-Taste 'abgeschickt'.

Jede Datei auf einer Diskette oder Disk ist über einen Dateinamen vom Benutzer erreichbar. Ein vollständiger Dateiname lautet:

laufwerk:\pfad\name.erweiterung bzw. in Englisch:
drive:\path\filename.extension

Das laufwerk wird durch einen Buchstaben (A, B usw.) und nachfolgenden ":" angegeben. Die *pfad*-Angabe besteht aus einem oder mehreren Inhaltsverzeichnis-Namen, die in "\" zu kleiden sind. Ist die Datei auf dem aktuellen Laufwerk und im eingestellten *pfad* (Hierarchie der Inhaltsverzeichnisse) gespeichert, so können diese Angaben entfallen. Der *name* darf maximal 8 Buchstaben enthalten; Sonderzeichen sollten vermieden werden. Die *erweiterung* kennzeichnet den Typ der Datei und ist in den meisten Fällen anzugeben.

Häufige Erweiterungen (Extensions) sind:

TXT	-	Textdatei
BAK	-	Backup-Kopie
BAT	-	Batch-Datei mit einer Folge von Betriebssystembefehlen
PAS	-	PASCAL-Quellenprogramm
FOR	-	FORTRAN-Quellenprogramm
LIB	-	Unterprogrammbibliothek
OBJ	-	Objektcode
EXE	-	Lauffähiges Programm
COM	-	Lauffähiges Programm
SYS	-	Systemdatei

Grundfunktion	Kommandoname	Parameter/Bemerkung
Benutzerdiskette formatieren	FORMAT	Laufwerk: (nicht System-Laufwerk !)
Systemdiskette formatieren	FORMAT	Laufwerk:/S
Programm starten	Programmname ohne Erweiterung	
Dateien übertragen	COPY	Quelle Ziel (Quelle bzw. Ziel sind Dateinamen)
Datei löschen	ERASE o. DEL	Dateiname
Datei umbenennen	REN	Altname Neuname (Altname bzw. Neuname sind Dateinamen)
Inhaltsverzeichnis (directory) einer Diskette	DIR	Laufwerk:\pfad\ (beides optional)
Textdatei am Bildschirm ausgeben	TYPE	Dateiname
Batch-Datei ausführen	Name der Datei ohne Erweiterung	
Wechsel des aktuellen Laufwerks	Laufwerk:	
Unterverzeichnis anlegen	MKDIR (MD)	Name des Unterverzeichnisses (subdirectory)
Unterverzeichnis löschen	RMDIR (RD)	Name des leeren Unterverzeichnisses (subdirectory)
Wechsel des aktuellen Unterverzeichnisses	CHDIR (CD)	Name des gewünschten Unterverzeichnisses (subdirectory) bzw. ".." für nächsthöheres und "\" für höchstes directory

Regel: Kommando und Parameter sind durch Leerzeichen zu trennen.

Verwendung einer Startup-Datei:

Die Batch-Datei mit dem Namen AUTOEXEC.BAT wird nach dem Laden des Systems automatisch gestartet. Dies ist z.B. für die Belegung der Tastatur mit Hilfe eines der Programme KEYB??.COM oder für das Laden diverser Dienstprogramme (utilities) sinnvoll.

Verwendung hierarchischer Inhaltsverzeichnisse (directories):

Die Verwendung hierarchischer Inhaltsverzeichnisse soll anhand eines Beispiels mit zweistufiger Hierarchie gezeigt werden: Auf einer Benutzerdiskette werden die Programmierprojekte PROJ1 und PROJ2 verwaltet.

(1) Anlegen der Verzeichnissse mit MD (make directory):
MD PROJ1
MD PROJ2

(2) Aufruf eines Verzeichnisses : CHDIR PROJ1
CHDIR (change directory) kann durch CD abgekürzt werden.

(3) Rückkehr in das Hauptverzeichnis (rootdirectory): CD\ oder (mehrmals) CD ..

(4) Löschen eines Verzeichnisses: RMDIR PROJ1
RMDIR (remove directory) kann durch RD abgekürzt werden.

(5) Kopieren von PROJ1 nach PROJ2 (PROJ1 ist aktuelles directory):
COPY dateiname \PROJ2

Verwendung von wild chars: "*" und "?"

(1) Kopieren einer ganzen Diskette auf eine andere Diskette in Laufwerk B:
COPY *.* b:

(2) Auflisten aller PASCAL-Quellenprogramme: DIR *.PAS
(Aufruf bezieht sich auf das aktuelle Verzeichnis)

(3) Auflisten aller PASCAL-Quellenprogramme eines Verzeichnisses:
DIR b:\subdirectory*.pas

(4) Kopieren aller Dateien mit den Anfangsbuchstaben PROG1 vom eingestellten Verzeichnis in das eingestellte Verzeichnis auf Laufwerk B:
COPY PROG1*.* b:

(5) Kopieren aller zum Programm PROG1 gehörenden Dateien nach Laufwerk B:
COPY PROG1.* b:

(6) Auflisten aller Dateien, deren Dateiname als dritten Buchstaben ein 'M' besitzt:
DIR ??M*.*

Formatierung einer Benutzerdiskette:

Eine Benutzerdiskette muß zunächst formatiert werden, bevor sie zur Abspeicherung von Dateien verwendet werden kann. Für ein Gerät mit 2 Diskettenlaufwerken ist der folgende Arbeitsablauf erforderlich:

(1) Einlegen der Systemscheibe in Laufwerk A

(2) Einschalten des Rechners

(3) Aufruf des Formatierungsprogramms: FORMAT B:, um Diskette in Laufwerk B zu formatieren

(4) Betätigen einer Taste zum Starten des Formatierungsprozesses.

Beseitigung von "lost clusters":

Durch Aufruf des Programms CHKDSK mit den Parametern Laufwerk:/F. Eine im Fall von lost clusters auftretende Benutzerabfrage ist mit "Ja" zu beantworten. Dateien mit den Erweiterungen ".CHK" können danach gelöscht werden. Es ist sinnvoll, diesen Vorgang hin und wieder durchzuführen.

Anhang F : Aufgaben

Aufgabensammlung zu TURBO-PASCAL

Aufgabe 1:

Programmieren Sie einen Taschenrechner mit den vier Grundrechnungsarten (+,-,*,/) bei beliebig vielen Operanden. Die Eingabe der Operatoren und Operanden erfolgt in algebraischer Schreibweise. Alle Operatoren sind gleichwertig (Vernachlässigung der *Punkt-vor-Strich* - Regel).

Aufgabe 2:

Erstellen Sie ein Programm zur Lösung quadratischer Gleichungen der Form

$$ax^2 + bx + c = 0.$$

Verwenden Sie hierfür folgende Formel:

$$x_{1,2} = -b \pm SQRT\ (b^2 - 4ac)\ /2a$$

Beachten Sie, daß $b^2 - 4ac \geq 0$ sein muß. Auch lineare Gleichungen (a = 0) sollen gelöst werden können.

Aufgabe 3:

Von zehn Meßwerten (Datentyp REAL), die in ein Feld eingelesen werden, soll neben dem größten bzw. kleinsten Wert auch der Mittelwert aller Meßwerte und die größte Abweichung vom Mittelwert berechnet und am Bildschirm ausgegeben werden. Schreiben Sie ein entsprechendes PASCAL-Programm.

Aufgabe 4:

Simulieren Sie mit Hilfe eines PASCAL-Programms eine Registrierkasse, die ausschließlich 5 DM-, 2 DM- und 1 DM- Münzen enthält.

Eingabe: Anzahl der 5 DM-, 2 DM- und 1 DM- Münzen in der Kasse, Rechnungssumme und die vom Kunden geleistete Zahlung.

Ausgabe: Aufteilung des Wechselgeldes in 5 DM-, 2 DM- und 1 DM- Münzen oder evt. Fehlermeldung, daß die Zahlung nicht ausreichend bzw. der Wechselbetrag nicht auszahlbar ist.

Aufgabe 5:

Bei der Vergabe eines Kredites durch eine Bank wird einem Kunden ein bestimmter Darlehensbetrag ausbezahlt, der jährlich mit einem konstant bleibenden Zinssatz verzinst wird. Der Kunde wendet pro Jahr einen festen Rückzahlungsbetrag auf, mit dem zunächst die Zinsschuld beglichen wird. Der Restbetrag dient als Tilgungszahlung.

Erstellen Sie ein Programm, das (nach dem Einlesen der nötigen Daten) bis zur Tilgung des Kredits folgende Werte ermittelt und ausgibt:

- Jahr
- vom Kunden gezahlter Betrag (aufgeschlüsselt in Zinsen und Tilgung)
- die restliche Schuld

Aufgabe 6:

Schreiben Sie ein PASCAL-Programm, das alle Zahlen zwischen 1 und 80, die durch 8 teilbar sind oder deren Quersumme 8 ergibt errechnet und ausgibt.

Hinweis: Verwenden Sie den SET-Typ.

Aufgabe 7:

Implementieren Sie ein Programm zur Speicherung von Adressen in einer Datei. Folgende Funktionen sind zu realisieren:

a) Errichten einer neuen Datei.

b) Einlesen beliebig vieler Adressen von der Tastatur und Speicherung in der Datei.

c) Auflisten aller gespeicherten Adressen am Bildschirm.

d) Anfügen einer Adresse an das Ende der bestehenden Datei.

Verwenden Sie folgende Typdeklaration:

```
TYPE adresstyp =  RECORD
                    name,
                    vorname,
                    strasse,
                    plz,
                    ort,
                    telnr  : STRING[20];
                  END;
```

Aufgabe 8:

Erweitern Sie das Programm aus Aufgabe 7 um folgende Funktionen:

a) Durchsuchen der Datei nach einem bestimmten Namen und Ausgabe der zugehörigen Adresse auf dem Bildschirm.

b) Veränderung einer bereits gespeicherten Adresse in der Datei.

c) Alphabetische Sortierung der Adressen nach Nachnamen. Verwenden Sie als Sortierverfahren den sogen. **Bubblesort**.

Aufgabe 9:

Vervollständigen Sie Ihr Adressverwaltungsprogramm aus den Aufgaben 7 und 8 durch folgende Spezifikationen:

a) Durchsuchen der Datei nach einem beliebigen Kriterium und Ausgabe aller gefundenen Adressen am Bildschirm (z.B. Ausgabe aller gespeicherten Adressen mit Postleitzahl 8400).

b) Löschen einer bereits gespeicherten Adresse.

c) Ausgabe aller gespeicherten Adressen auf dem Drucker

Aufgabe 10:

Erstellen Sie ein Druckprogramm, das Textdateien auf dem Drucker ausgibt. Implementieren Sie folgende Funktionen:

a) Zeilennumerierung

b) 60 Zeilen je Seite

c) Kopfzeile mit Dateiname und Seitennumerierung

d) optional mehrfacher Ausdruck

Aufgabe 11:

Schreiben Sie ein PASCAL-Programm das eine beliebige Textdatei nach einer einzugebenden Zeichenkette durchsucht und anschließend ausgibt, wie oft diese gefunden wurde.

Aufgabe 12:

Zur Erleichterung der zukünftigen Programmierarbeit sollen von einer Unit "bild" folgende Funktionen zur Verfügung gestellt werden:

a) Eine Auswahlfunktion, die in die unterste Bildschirmzeile den Inhalt der Variable "ausgabe_str" schreibt und solange auf eine Eingabe von der Tastatur wartet, bis ein in der Variable "zulaessig" enthaltenes (gültiges) Zeichen eingegeben wurde.

   Verwenden Sie folgendes INTERFACE:

   ```
   INTERFACE
   USES CRT;
   TYPE zeichensatz = SET OF CHAR;
   FUNCTION menue (ausgabe_str: STRING; zulaessig: zeichensatz): CHAR;
   ```

b) Eine Prozedur "warten_auf_leertaste", die den Programmlauf so lange unterbricht, bis die Leertaste gedrückt wurde (verwenden Sie hierfür die "FUNCTION menue").

Schreiben Sie zum Testen dieser Funktionen ein eigenes Testprogramm und verwenden Sie in den folgenden Aufgaben diese Unit.

Zusatzaufgabe:

Erweitern Sie die "FUNCTION menue" so, daß die zulässigen Zeichen in der Menüzeile blinken.

Aufgabe 13:

Implementieren Sie in einer Unit "eingabe" eine Prozedur, die eine sichere Eingabe von INTEGER-Zahlen ermöglicht (Ausschließen eines Laufzeitfehlers durch falsche Benutzereingaben). Die Eingaben sollen dafür zunächst in eine Variable vom Typ STRING eingelesen und sofort auf ihre Gültigkeit überprüft werden. Darüberhinaus soll das Eingabefeld mit einem vorausgehenden Kommentar versehen werden.

Mögliche Deklaration:

PROCEDURE zahl_einlesen (eingabe : STRING; VAR zahl : INTEGER);

Testen Sie diese Funktion in einem gesonderten Testprogramm.

Aufgabe 14:

Lösen Sie die folgenden mathematischen Probleme sowohl rekursiv als auch iterativ:

a) Berechnung der Fakultät einer Zahl (n!).
Bildungsvorschrift : 0! := 1;
1! := 1;
n! := (n-1)! * n;

b) Berechnung einzelner Zahlen der Fibonnacci-Zahlenreihe, die sich durch Addition der beiden vorhergehenden Zahlenwerte ergeben.
Bildungsvorschrift: fib(0) := 0;
fib(1) := 1;
fib(n) := fib(n-1) + fib(n-2);

Aufgabe 15:

Ein beliebig geklammerter arithmetischer Ausdruck, der in einer Variablen vom Typ STRING vorliegt, soll rekursiv berechnet werden. Zur Vereinfachung werden nur die Operatoren + und - und als Operanden nur positive ganze Zahlen zugelassen; der String soll keine Leerzeichen enthalten.

z.B. ausdruck := '((5+(3-5)-123+(12-(4+1)))+27)';

Aufgabe 16:

Schreiben Sie ein Programm, das

a) mehrere Zeichenfolgen von der Tastatur einliest und in einer linearen Liste auf dem Heap speichert,
b) diese Liste nach beliebigen Zeichenfolgen durchsucht,
c) den Inhalt der Liste auf dem Bildschirm ausgibt,
d) beim Beenden des Programms die Liste wieder löscht.

Verfolgen Sie die Wirkungen der Datenallokationen auf den verfügbaren Speicherplatz mit Hilfe der PASCAL-Funktion "MEMAVAIL".

Aufgabe 17:

Implementieren Sie eine

FUNCTION vorgaenger (ptr : zeiger) : zeiger;

die zu einem gegebenen Zeiger auf ein Element der linearen Liste aus Aufgabe 15 den Zeiger auf das Vorgängerelement liefert.

Erweitern Sie mit Hilfe dieser Funktion Aufgabe 16 so, daß die lineare Liste in umgekehrter Reihenfolge auf den Bildschirm geschrieben wird.

Aufgabe 18:

Schreiben Sie das nachfolgende Programm so um, daß unter Verwendung von Prozedur-Parametern die CASE-Struktur vermieden wird.

```
(*------------------------------------------------------------------*)
(*   Programm   :  Aufgabe_18                                        *)
(*   Lerninhalt :  Prozedurale Parameter                             *)
(*------------------------------------------------------------------*)

PROGRAM Aufgabe_18;

USES
    CRT;

  PROCEDURE Addiere (Summand1,Summand2 : INTEGER; VAR Ergebnis : REAL);
  BEGIN
    Ergebnis := Summand1 + Summand2;
  END;
```

```
  PROCEDURE Subtrahiere (Minuend, Subtrahend : INTEGER; VAR Ergebnis : REAL);
  BEGIN
    Ergebnis := Minuend - Subtrahend;
  END;


  PROCEDURE Multipliziere (Faktor1, Faktor2 : INTEGER; VAR Ergebnis : REAL);
  BEGIN
    Ergebnis := Faktor1 * Faktor2;
  END;


  PROCEDURE Dividiere (Dividend, Divisor : INTEGER; VAR Ergebnis : REAL);
  BEGIN
    IF Divisor <> 0 THEN
       Ergebnis := Dividend / Divisor
    ELSE
       BEGIN
         Ergebnis := 0;
         WRITELN (CHR(7)); (* Bell *)
       END;
  END;

VAR
   antwort : INTEGER;
   op1,
   op2     : INTEGER;
   erg     : REAL;


BEGIN (* aufgabe_18 *)

  REPEAT
    ClrScr;
    WRITELN;
    WRITELN;
    WRITELN('      M E N Ü');
    WRITELN;
    WRITELN('      1 - Addieren');
    WRITELN('      2 - Subtrahieren');
    WRITELN('      3 - Multiplizieren');
    WRITELN('      4 - Dividieren');
    WRITELN;
    WRITELN('      5 - ENDE');
    WRITELN;
    WRITE('  Bitte wählen Sie : '); READLN(antwort);

    IF antwort <> 5 THEN
       BEGIN
         WRITELN;
         WRITELN;
         WRITE('  Erster  Operand : '); READLN(op1);
         WRITE('  Zweiter Operand : '); READLN(op2);
         WRITELN;

         CASE antwort OF
          1 : addiere (op1,op2,erg);
          2 : subtrahiere (op1,op2,erg);
          3 : multipliziere (op1,op2,erg);
          4 : dividiere (op1,op2,erg);
         END;

         WRITELN('Das Ergebnis lautet : ',erg:7:2);
         WRITELN;
         WRITELN('Weiter mit <RETURN>');
         READLN;
       END;
  UNTIL antwort >= 5;

END.
```

Anhang G : Lösungen

Lösungen zu den Aufgaben 1 bis 18

Musterlösung zu Aufgabe 1:

```
(*------------------------------------------------------------------*)
(*   Programm   :  Taschenrechner                                    *)
(*   Lerninhalt :  Schleifen, CASE-Anweisung                         *)
(*------------------------------------------------------------------*)

PROGRAM Taschenrechner;
USES CRT;

VAR operand,
    ergebnis : REAL;
    operator : CHAR;

  PROCEDURE operator_einlesen (VAR oper: CHAR);
  BEGIN
    WRITE ( 'Bitte geben Sie den Operator ein    ');
    REPEAT
      READLN ( oper )
    UNTIL oper IN ['+', '-', '*', '/', '='];
  END;

  PROCEDURE operand_einlesen (VAR op: REAL);
  BEGIN
    WRITE ( 'Bitte geben Sie den Operanden ein   ');
    READLN ( op);
  END;

  PROCEDURE berechnen (op : REAL; oper : CHAR; VAR erg : REAL);
  BEGIN
    CASE oper OF
      '+': erg := erg + op;
      '-': erg := erg - op;
      '*': erg := erg * op;
      '/': IF op <> 0 THEN
              erg := erg / op
           ELSE
              WRITE ('neuer Operator:');
      ELSE;
    END
  END;

  PROCEDURE ausgeben (erg: REAL);
  BEGIN
    WRITELN ( 'Das Ergebnis der Operation(en):    ', erg:10:2)
  END;

BEGIN
  CLRSCR;
  WRITELN ( 'TASCHENRECHNER ');
  WRITELN;
  WRITELN ( 'Funktion        erforderliche Eingabe:   ');
  WRITELN ( '---,-----------------------------------   ');
  WRITELN ( 'Addition                  +              ');
  WRITELN ( 'Subtraktion               -              ');
  WRITELN ( 'Mulitplikation            *              ');
  WRITELN ( 'Division                  /              ');
  WRITELN ( 'Abbruch erfolgt bei       =              ');
  WRITELN;
  operand_einlesen  (ergebnis);
  operator_einlesen (operator);
```

```
  WHILE operator <> '=' DO
    BEGIN
      operand_einlesen (operand);
      berechnen (operand, operator, ergebnis);
      operator_einlesen (operator);
    END;
  ausgeben (ergebnis);
END.
```

Musterlösung zu Aufgabe 2:

```
(*----------------------------------------------------------------------*)
(*   Programm    :  Quadratische Gleichung                              *)
(*   Lerninhalt  :  Variablen - und Werteparameter                      *)
(*----------------------------------------------------------------------*)

PROGRAM QuadratischeGleichung;
USES CRT;
VAR a, b, c: INTEGER;

  PROCEDURE eingeben (VAR wert1, wert2, wert3: INTEGER);
  BEGIN
    WRITELN;
    WRITELN ('Bitte Parameter der quadratischen Gleichung eingeben: ');
    WRITE('    a =  '); READLN(wert1);
    WRITE('    b =  '); READLN(wert2);
    WRITE('    c =  '); READLN(wert3);
  END;

  PROCEDURE verarbeiten (param1, param2, param3: INTEGER);
  VAR x1, x2: REAL;
  BEGIN
    IF param1 = 0 THEN
       BEGIN
         IF param2 = 0 THEN
            BEGIN
              IF param3 = 0 THEN
                 WRITELN ('Jede reelle Zahl ist Loesung! ')
              ELSE
                 WRITELN ('Es existiert keine Loesung! ');
            END
         ELSE
            WRITELN ('Loesung: ',  (-param3/param2):8:2);
       END
    ELSE
       IF (SQR (param2) - (4 * param1 * param3) < 0) THEN
          WRITELN ('Unzulaessige Parameter a, b, c !')
       ELSE
          BEGIN
            IF sqr(param2) - 4 * param1 * param3 = 0 THEN
               WRITELN ('Loesung: ',  (-param2 / (2 * param1)):8:2)
            ELSE
               BEGIN
                 x1 := (-param2 + SQRT(sqr(param2) - 4 * param1 * param3)) /
                       (2 * param1);
                 x2 := (-param2 - SQRT(sqr(param2) - 4 * param1 * param3)) /
                       (2 * param1);
                 WRITELN ('Loesung x1: ', x1:8:2);
                 WRITELN ('Loesung x2: ', x2:8:2);
               END;
          END;
  END;

BEGIN
  CLRSCR;
  eingeben (a, b, c);
  verarbeiten (a, b, c);
END.
```

Musterlösung zu Aufgabe 3:

```
(*---------------------------------------------------------------------*)
(*   Programm   :  Messwerte                                            *)
(*   Lerninhalt :  Werte- und Variablenparameter, Funktionen            *)
(*---------------------------------------------------------------------*)

PROGRAM Messwertberechnung;
USES CRT;

CONST anzahl = 10;
TYPE  feldtyp = ARRAY [1..anzahl] OF REAL;
VAR   messwerte : feldtyp;

  PROCEDURE eingeben (VAR wert_feld : feldtyp);
  VAR i : INTEGER;
  BEGIN
    WRITELN;
    FOR i := 1 TO anzahl DO
      BEGIN
        WRITE ('Bitte ', i : 2,'-ten Messwert eingeben : '); READLN (wert_feld [i]);
      END;
  END;

  FUNCTION kleinster (messung : feldtyp): REAL;
  VAR i    : INTEGER;
      merk : REAL;
  BEGIN
    merk := messung [1];
    FOR i := 2 TO anzahl DO
      IF messung [i] < merk THEN
         merk := messung [i];
    kleinster := merk
  END;

  FUNCTION groesster (werte : feldtyp): REAL;
  VAR i    : INTEGER;
      merk : REAL;
  BEGIN
    merk := werte[1];
    FOR i := 2 TO anzahl DO
      IF werte [i] > merk THEN
         merk := werte [i];
    groesster := merk
  END;

  FUNCTION mittelwert (werte_menge : feldtyp): REAL;
  VAR i    : INTEGER;
      hilf : REAL;
  BEGIN
    hilf := 0;
    FOR i := 1 TO anzahl DO
      hilf := hilf + werte_menge[i];
    mittelwert := hilf / anzahl;
  END;

  FUNCTION abweichung (alle_werte : feldtyp): REAL;
  VAR i                       : INTEGER;
      mittel, differenz, hilf : REAL;
  BEGIN
    hilf   := 0;
    mittel := mittelwert (alle_werte);
    FOR i := 1 TO anzahl DO
      BEGIN
        differenz := ABS (mittel - alle_werte[i]);
        IF differenz > hilf THEN
           hilf := differenz;
      END;
    abweichung := hilf;
  END;
```

```
  PROCEDURE verarbeiten (wert_menge : feldtyp);
  BEGIN
    WRITELN;
    WRITELN ('Groesster Messwert   : ', groesster (wert_menge):10:2);
    WRITELN ('Kleinster Messwert   : ', kleinster (wert_menge):10:2);
    WRITELN ('Mittelwert           : ', mittelwert (wert_menge):10:2);
    WRITELN ('Groesste Abweichnung : ', abweichung (wert_menge):10:2);
    WRITELN;
  END;

BEGIN (* messwertberechnung *)
  CLRSCR;
  eingeben (messwerte);
  verarbeiten (messwerte);
END.
```

Musterlösung zu Aufgabe 4:

```
(*------------------------------------------------------------------------*)
(*   Programm   :  Registrierkasse                                        *)
(*   Lerninhalt :  Variablen- und Werteparameter                          *)
(*------------------------------------------------------------------------*)

PROGRAM Registrierkasse;
USES CRT;

VAR kasse5,
    kasse2,
    kasse1,
    summe,
    gegeben,
    rueck5,
    rueck2,
    rueck1         : INTEGER;
    ausgabe_art    : CHAR;

  PROCEDURE eingeben (VAR anzahl5, anzahl2, anzahl1,
                          rechnung, geleistet : INTEGER);
  BEGIN
    WRITE ('Anzahl der 5-DM-Stuecke      : ');
    READLN (anzahl5);
    WRITE ('Anzahl der 2-DM-Stuecke      : ');
    READLN (anzahl2);
    WRITE ('Anzahl der 1-DM-Stuecke      : ');
    READLN (anzahl1);
    WRITE ('Rechnungsbetrag             : ');
    READLN (rechnung);
    WRITE ('Vom Kunden bezahlter Betrag : ');
    READLN (geleistet);
  END;

  PROCEDURE verarbeiten (     in5, in2, in1,
                              rechnung, geleistet : INTEGER;
                          VAR aus5, aus2, aus1    : INTEGER;
                          VAR modus               : CHAR);
  VAR kasse,
      retour: INTEGER;
  BEGIN
    aus5 := 0;
    aus2 := 0;
    aus1 := 0;
    kasse := 5 * in5 + 2 * in2 + in1;
    retour := geleistet - rechnung;
    IF retour < 0 THEN
       modus := 'z'
    ELSE
       IF retour > kasse THEN
          modus := 'w'
```

```
      ELSE
         BEGIN
           modus := 'n';
           aus5 := TRUNC (retour / 5);
           IF aus5 > in5 THEN
              aus5 := in5;
           retour := retour - 5 * aus5;
           aus2 := TRUNC (retour / 2);
           IF aus2 > in2 THEN
              aus2 := in2;
           aus1 := retour - 2 * aus2;
           IF aus1 > in1 THEN
              modus := 'u';
         END;
  END;

  PROCEDURE ausgeben (aus5, aus2, aus1: INTEGER; modus: CHAR);
  BEGIN
    WRITELN;
    WRITELN;
    CASE modus OF
      'n': BEGIN
             WRITELN ('Das Rueckgeld besteht aus : ',aus5,' 5-DM-Stuecken ');
             WRITELN ('                            ',aus2,' 2-DM-Stuecken ');
             WRITELN ('                            ',aus1,' 1-DM-Stuecken ');
           END;
      'z': WRITELN ('Zahlung nicht ausreichend !');
      'w': WRITELN ('Wechselgeldbetrag nicht ausreichend !');
      'u': WRITELN ('Wechselgeld nicht passend !');
    END;
  END;

BEGIN (* Hauptprogramm *)
  CLRSCR;
  WRITELN;
  eingeben (kasse5, kasse2, kasse1, summe, gegeben);
  verarbeiten (kasse5, kasse2, kasse1, summe, gegeben,
               rueck5, rueck2, rueck1, ausgabe_art);
  ausgeben (rueck5, rueck2, rueck1, ausgabe_art);
END.
```

Musterlösung zu Aufgabe 5:

```
(*-----------------------------------------------------------------------*)
(*   Programm   :  Darlehensberechnung                                    *)
(*   Lerninhalt :  Variablen- und Werteparameter                          *)
(*-----------------------------------------------------------------------*)

PROGRAM darlehensberechnung;
USES CRT;

VAR darlehen,
    rueckzahlung,
    zinsen       : REAL;

  FUNCTION ermittle_zins (schuld, verzinsung : REAL) : REAL;
  BEGIN
    ermittle_zins := schuld * verzinsung / 100;
  END;

  PROCEDURE daten_einlesen (VAR betrag, zahlung, zins_satz: REAL);
  VAR mindestens : REAL;
  BEGIN (* daten_einlesen *)
    WRITE ('Auszuzahlender Darlehensbetrag  : ');
    READLN (betrag);
    WRITE ('Zinssatz                        : ');
    READLN (zins_satz);
    mindestens := ermittle_zins (betrag, zins_satz);
```

```
    REPEAT
      WRITE ('Jaehrlicher Rueckzahlungsbetrag   : ');
      READLN (zahlung);
      IF zahlung <= mindestens THEN
         WRITELN ('Es muessen mindestens ', mindestens:6:2, ' gezahlt werden.');
    UNTIL zahlung > mindestens;
  END;  (* daten_einlesen *)

  PROCEDURE zurueckzahlen (rest_betrag, gezahlt, zins : REAL);
  VAR jahr        : INTEGER;
      jahres_zins : REAL;

   PROCEDURE ausgeben (jahreszahl : INTEGER;
                       bezahlt,zinsbetrag,tilgung,restschuld : REAL);
   BEGIN
     IF gezahlt > (zinsbetrag + tilgung) THEN
        gezahlt:= zinsbetrag + tilgung;
     WRITELN ('Nach ', jahreszahl:2, '.Jahr: ', gezahlt:7:2,
              ' gezahlt, davon ', zinsbetrag:6:2, ' Zinsen und ',
              tilgung:7:2, ' Tilgung;');
     WRITELN ('      Restschuld: ', restschuld:10:2);
   END;

  BEGIN (* zurueckzahlen *)
    jahr := 1;
    WHILE rest_betrag + ermittle_zins (rest_betrag, zins) > gezahlt DO
      BEGIN
        jahres_zins := ermittle_zins (rest_betrag, zins);
        rest_betrag := rest_betrag - (gezahlt - jahres_zins);
        ausgeben (jahr, gezahlt, jahres_zins,
                  gezahlt - jahres_zins, rest_betrag);
        jahr := SUCC (jahr);
      END;
    IF rest_betrag > 0 THEN
       ausgeben (jahr, rest_betrag +jahres_zins, jahres_zins, rest_betrag, 0);
  END;  (* zurueckzahlen *)


BEGIN (* Hauptprogramm *)
  CLRSCR;
  daten_einlesen (darlehen, rueckzahlung, zinsen);
  zurueckzahlen (darlehen, rueckzahlung, zinsen);
END.
```

Musterlösung zu Aufgabe 6:

```
(*---------------------------------------------------------------------*)
(*   Programm   :  Durch 8 teilbar oder Quersumme = 8                  *)
(*   Lerninhalt :  SET-Typ                                             *)
(*---------------------------------------------------------------------*)

PROGRAM quersumme;
USES CRT;
TYPE menge = SET OF 1..80;
VAR  m1, m2: menge;

  PROCEDURE durch_8_teilbar (VAR m: menge);
  VAR inc: 0..80;
  BEGIN
    m := [];
    FOR inc := 1 TO 80 DO
      IF (inc MOD 8) = 0 THEN
         m := m + [inc]
  END;

  PROCEDURE quersumme_8 (VAR m: menge);
  VAR zehner_inc : 0..8;
      einer_inc  : 0..9;
```

```
BEGIN   (* gesucht : Zahlenpaare, deren Summe 8 ergibt !!! *)
  m := [];
  FOR zehner_inc := 0 TO 8 DO
    FOR einer_inc := 0 TO 9 DO
      IF (zehner_inc + einer_inc = 8) THEN
         IF ((zehner_inc * 10 + einer_inc) > 0)  AND
            ((zehner_inc * 10 + einer_inc) < 81) THEN
END;        m := m + [(zehner_inc * 10 + einer_inc)]

PROCEDURE ausgabe (ma, mb: menge);
VAR inc: 0..80;
BEGIN
  inc := 0;
  WRITELN ('durch 8 teilbar:');
  WHILE ma <> [] DO
    BEGIN
      IF inc IN ma THEN
         BEGIN
           WRITE (' ',inc);
           ma := ma - [inc];   (* Mengendifferenz *)
         END;
      IF inc < 80 THEN
         inc := inc + 1;
    END;
  inc := 0;
  WRITELN;
  WRITELN ('Quersumme 8:');
  WHILE mb <> [] DO
    BEGIN
      IF inc IN mb THEN
         BEGIN
           WRITE (' ',inc);
           mb := mb - [inc];
         END;
      IF inc < 80 THEN
         inc := inc + 1;
    END;
END;

BEGIN
  CLRSCR;
  WRITELN;
  durch_8_teilbar (m1);
  quersumme_8 (m2);
  ausgabe (m1, m2)
END.
```

Musterlösung zu Aufgabe 7:

```
(*---------------------------------------------------------------------*)
(*   Programm   :  Dateiverwaltung, 1.Teil                              *)
(*   Lerninhalt :  Dateien                                              *)
(*---------------------------------------------------------------------*)

PROGRAM Dateiverwaltung1;
USES CRT;

CONST adressname = 'ADRESSEN.DAT';

TYPE str20       = STRING [20];
     adresstyp   = RECORD
                     name,
                     vorname,
                     strasse,
                     plz,
                     ort,
                     telnr     : str20;
                   END;
     adressdatei = FILE OF adresstyp;
```

```
VAR datei   : adressdatei;
    eingabe : CHAR;

  PROCEDURE errichte_datei;
  BEGIN
    ASSIGN (datei, adressname);
    REWRITE (datei);
    CLOSE (datei);
  END;

  PROCEDURE adresse_einlesen (VAR adresse : adresstyp);
  BEGIN
    WITH adresse DO
      BEGIN
        WRITE   ('Name    : ');
        READLN (name);
        WRITE   ('Vorname : ');
        READLN (vorname);
        WRITE   ('Strasse : ');
        READLN (strasse);
        WRITE   ('PLZ     : ');
        READLN (plz);
        WRITE   ('Ort     : ');
        READLN (ort);
        WRITE   ('Telefon : ');
        READLN (telnr);
      END;
  END;

  PROCEDURE adresse_ausgeben (adresse : adresstyp);
  BEGIN
    WITH adresse DO
      BEGIN
        WRITELN (name);
        WRITELN (vorname);
        WRITELN (strasse);
        WRITE   (plz);
        WRITELN ('  ', ort);
        WRITELN (telnr);
      END;
  END;

  FUNCTION ja_oder_nein (frage : str20) : CHAR;
  VAR wahl : CHAR;
  BEGIN
    WRITE (frage);
    REPEAT
      wahl := READKEY;
    UNTIL wahl IN ['J','j','N','n'];
    ja_oder_nein := UPCASE (wahl);
  END;

  PROCEDURE schreibe_datei;
  VAR datensatz : adresstyp;
  BEGIN (* schreibe_datei *)
    ASSIGN (datei, adressname);
    REWRITE (datei);
    REPEAT
      CLRSCR;
      adresse_einlesen (datensatz);
      WRITE (datei, datensatz);
    UNTIL ja_oder_nein ('Wollen Sie noch eine Adresse eingeben (J/N) ?') = 'N';
    CLOSE (datei);
  END;  (* schreibe_datei *)

  PROCEDURE liste_datei;
  VAR datensatz : adresstyp;
  BEGIN
    ASSIGN (datei, adressname);
    RESET (datei);
```

```
    WHILE NOT EOF (datei) DO
      BEGIN
        READ (datei, datensatz);
        adresse_ausgeben (datensatz);
        WRITELN;
      END;
    CLOSE (datei);
  END;

  PROCEDURE anfuegen;
  VAR datensatz : adresstyp;
  BEGIN
    ASSIGN (datei, adressname);
    RESET (datei);
    WRITELN ('Neue Adresse : ');
    adresse_einlesen (datensatz);
    SEEK (datei,FILESIZE (datei));
    WRITE (datei, datensatz);
    CLOSE (datei);
  END;


BEGIN (* Hauptprogramm *)
  CLRSCR;
  REPEAT
    WRITELN;
    WRITE ('(1) Errichten  (2) Schreiben  (3) Listen  (4) Anfuegen  (0) Ende ');
    REPEAT
      READLN (eingabe);
    UNTIL eingabe IN ['1','2','3','4','0'];
    CASE eingabe OF
      '1' : errichte_datei;
      '2' : schreibe_datei;
      '3' : liste_datei;
      '4' : anfuegen;
      '0' : ;
    ELSE;
    END;
  UNTIL eingabe = '0';
END.
```

Musterlösung zu Aufgabe 8:

```
(*-----------------------------------------------------------------------*)
(*   Programm   :  Dateiverwaltung, 2.Teil                               *)
(*   Lerninhalt :  Dateien                                               *)
(*-----------------------------------------------------------------------*)

PROGRAM Dateiverwaltung2;

USES CRT;

CONST adressname = 'ADRESSEN.DAT';

TYPE str20       = STRING [20];
     adresstyp   = RECORD
                     name,
                     vorname,
                     strasse,
                     plz,
                     ort,
                     telnr    : str20;
                   END;
     adressdatei = FILE OF adresstyp;

VAR datei   : adressdatei;
    eingabe : CHAR;
```

```
PROCEDURE errichte_datei;
BEGIN
  ASSIGN (datei, adressname);
  REWRITE (datei);
  CLOSE (datei);
END;

PROCEDURE adresse_einlesen (VAR adresse : adresstyp);
BEGIN
  WITH adresse DO
    BEGIN
      WRITE   ('Name    : ');
      READLN (name);
      WRITE   ('Vorname : ');
      READLN (vorname);
      WRITE   ('Strasse : ');
      READLN (strasse);
      WRITE   ('PLZ     : ');
      READLN (plz);
      WRITE   ('Ort     : ');
      READLN (ort);
      WRITE   ('Telefon : ');
      READLN (telnr);
    END;
END;

PROCEDURE adresse_ausgeben (adresse : adresstyp);
BEGIN
  WITH adresse DO
    BEGIN
      WRITELN (name);
      WRITELN (vorname);
      WRITELN (strasse);
      WRITE   (plz);
      WRITELN ('  ', ort);
      WRITELN (telnr);
    END;
END;

FUNCTION ja_oder_nein (frage : STRING) : CHAR;
VAR wahl : CHAR;
BEGIN
  WRITE (frage);
  REPEAT
    wahl := READKEY;
    wahl := UPCASE (wahl);
  UNTIL wahl IN ['J','j','N','n'];
  ja_oder_nein := wahl;
END;

PROCEDURE schreibe_datei;
VAR datensatz : adresstyp;
BEGIN (* schreibe_datei *)
  ASSIGN (datei, adressname);
  REWRITE (datei);
  REPEAT
    CLRSCR;
    adresse_einlesen (datensatz);
    WRITE (datei, datensatz);
  UNTIL ja_oder_nein ('Wollen Sie noch eine Adresse eingeben (J/N) ?') = 'N';
  CLOSE (datei);
END; (* schreibe_datei *)

PROCEDURE liste_datei;
VAR datensatz : adresstyp;
BEGIN
  ASSIGN (datei, adressname);
  RESET (datei);
```

```
    WHILE NOT EOF (datei) DO
      BEGIN
        READ (datei, datensatz);
        adresse_ausgeben (datensatz);
        WRITELN;
      END;
    CLOSE (datei);
  END;

  PROCEDURE anfuegen;
  VAR datensatz : adresstyp;
  BEGIN
    ASSIGN (datei, adressname);
    RESET (datei);
    WRITELN ('Neue Adresse : ');
    adresse_einlesen (datensatz);
    SEEK (datei,FILESIZE (datei));
    WRITE (datei, datensatz);
    CLOSE (datei);
  END;

(* Hier folgen die neuen Prozeduren *)

  FUNCTION gesuchte_satznummer (schluessel : str20) : INTEGER;
  VAR gefunden   : BOOLEAN;
      satznummer : INTEGER;
      datensatz  : adresstyp;
  BEGIN
    satznummer := -1;
    gefunden   := FALSE;
    ASSIGN (datei, adressname);
    RESET (datei);
    WHILE NOT EOF (datei) AND NOT gefunden DO
      BEGIN
        READ (datei, datensatz);
        IF datensatz.name = schluessel THEN
           gefunden := TRUE;
        satznummer := SUCC (satznummer);
      END;
    CLOSE (datei);
    IF gefunden THEN
       gesuchte_satznummer := satznummer
    ELSE
       gesuchte_satznummer := -1;
  END;

  PROCEDURE suchen;
  VAR suchbegriff : str20;
      datensatz   : adresstyp;
      position    : INTEGER;
  BEGIN
    WRITE ('Name der zu suchenden Adresse : '); READLN (suchbegriff);
    position := gesuchte_satznummer (suchbegriff);
    IF position <> -1 THEN
       BEGIN
         ASSIGN (datei, adressname);
         RESET (datei);
         SEEK (datei, position);
         READ (datei, datensatz);
         adresse_ausgeben (datensatz);
         CLOSE (datei);
       END
    ELSE
       WRITELN ('Keine Adresse mit diesem Namen gespeichert.');
  END;

  PROCEDURE aendern;
  VAR suchbegriff : str20;
      datensatz   : adresstyp;
      position    : INTEGER;
```

```
BEGIN
  WRITE ('Name der zu aendernden Adresse : ');
  READLN (suchbegriff);
  position := gesuchte_satznummer (suchbegriff);
  IF position <> -1 THEN
     BEGIN
       ASSIGN (datei, adressname);
       RESET (datei);
       SEEK (datei, position);
       READ (datei, datensatz);
       adresse_ausgeben (datensatz);
       WRITELN ('Veraenderte Adresse : ');
       adresse_einlesen (datensatz);
       SEEK (datei, position);
       WRITE (datei, datensatz);
       CLOSE (datei);
     END
  ELSE
     WRITELN ('Keine Adresse mit diesem Namen gespeichert.');
END;


PROCEDURE sortiere_datei;
CONST maxadressen = 50;

TYPE feld_typ = ARRAY [1..maxadressen] OF adresstyp;

VAR  adress_feld : feld_typ;
     i,
     anzahl      : INTEGER;


   PROCEDURE bubble_sort (VAR sort_feld : feld_typ; ende : INTEGER);
   VAR austausch : BOOLEAN;
       index     : INTEGER;
       puffer    : adresstyp;
   BEGIN
     REPEAT
       austausch := FALSE;
       FOR index := 1 TO ende - 1 DO
         IF sort_feld[index].name > sort_feld[index+1].name THEN
            BEGIN
              austausch           := TRUE;
              puffer              := sort_feld[index];
              sort_feld[index]    := sort_feld[index+1];
              sort_feld[index+1]  := puffer;
            END;
        ende := ende - 1;
     UNTIL NOT austausch;
   END;


BEGIN
  FOR i := 1 TO maxadressen DO
    adress_feld[i].name := 'ZZZZZZZZZZZZZZZZZZZZ';
  ASSIGN (datei, adressname);
  RESET (datei);
  anzahl := 1;
  WHILE NOT EOF (datei) DO
    BEGIN
      READ (datei, adress_feld[anzahl]);
      anzahl := SUCC(anzahl);
    END;
  anzahl := PRED(anzahl);
  bubble_sort (adress_feld, anzahl);
  SEEK (datei, 0);
  FOR i := 1 TO anzahl DO
    WRITE (datei, adress_feld[i]);
  CLOSE (datei);
END;
```

```
BEGIN (* Hauptprogramm *)
  CLRSCR;
  REPEAT
    WRITELN;
    WRITELN
         ('(1) Errichten  (2) Schreiben (3) Listen (4) Anfuegen (5) Suchen');
    WRITE ('(6) Veraendern (7) Sortieren (0) Ende ');
    REPEAT
      READLN (eingabe);
    UNTIL eingabe IN ['1','2','3','4','5','6','7','0'];
    CASE eingabe OF
      '1' : errichte_datei;
      '2' : schreibe_datei;
      '3' : liste_datei;
      '4' : anfuegen;
      '5' : suchen;
      '6' : aendern;
      '7' : sortiere_datei;
    ELSE;
    END;
  UNTIL eingabe = '0';
END.
```

Musterlösung zu Aufgabe 9:

```
(*-----------------------------------------------------------------------*)
(*   Programm   :  Dateiverwaltung, 3.Teil                               *)
(*   Lerninhalt :  Dateien                                               *)
(*-----------------------------------------------------------------------*)

PROGRAM Dateiverwaltung3;
USES CRT, PRINTER;
CONST adressname = 'ADRESSEN.DAT';
TYPE str20       = STRING [20];
     adresstyp   = RECORD
                     name,
                     vorname,
                     strasse,
                     plz,
                     ort,
                     telnr     : str20;
                   END;
     adressdatei = FILE OF adresstyp;
VAR datei   : adressdatei;
    eingabe : CHAR;

  PROCEDURE errichte_datei;
  BEGIN
    ASSIGN (datei, adressname);
    REWRITE (datei);
    CLOSE (datei);
  END;

  PROCEDURE adresse_einlesen (VAR adresse : adresstyp);
  BEGIN
    WITH adresse DO
      BEGIN
        WRITE   ('Name    : '); READLN (name);
        WRITE   ('Vorname : ');
        READLN (vorname);
        WRITE   ('Strasse : ');
        READLN (strasse);
        WRITE   ('PLZ     : ');
        READLN (plz);
        WRITE   ('Ort     : ');
        READLN (ort);
        WRITE   ('Telefon : ');
        READLN (telnr);
      END;
  END;
```

```
PROCEDURE adresse_ausgeben (adresse : adresstyp);
BEGIN
  WITH adresse DO
    BEGIN
      WRITELN (name);
      WRITELN (vorname);
      WRITELN (strasse);
      WRITE   (plz);
      WRITELN ('  ', ort);
      WRITELN (telnr);
    END;
END;

FUNCTION ja_oder_nein (frage : STRING) : CHAR;
VAR wahl : CHAR;
BEGIN
  WRITE (frage);
  REPEAT
    wahl := READKEY;
    wahl := UPCASE (wahl);
  UNTIL wahl IN ['J','j','N','n'];
  ja_oder_nein := wahl;
END;


PROCEDURE schreibe_datei;
VAR datensatz : adresstyp;
BEGIN (* schreibe_datei *)
  ASSIGN (datei, adressname);
  REWRITE (datei);
  REPEAT
    CLRSCR;
    adresse_einlesen (datensatz);
    WRITE (datei, datensatz);
  UNTIL ja_oder_nein ('Wollen Sie noch eine Adresse eingeben (J/N) ?') = 'N';
  CLOSE (datei);
END;  (* schreibe_datei *)

PROCEDURE liste_datei;
VAR datensatz : adresstyp;
BEGIN
  ASSIGN (datei, adressname);
  RESET (datei);
  WHILE NOT EOF (datei) DO
    BEGIN
      READ (datei, datensatz);
      adresse_ausgeben (datensatz);
      WRITELN;
    END;
  CLOSE (datei);
END;

PROCEDURE anfuegen;
VAR datensatz : adresstyp;
BEGIN
  ASSIGN (datei, adressname);
  RESET (datei);
  WRITELN ('Neue Adresse : ');
  adresse_einlesen (datensatz);
  SEEK (datei,FILESIZE (datei));
  WRITE (datei, datensatz);
  CLOSE (datei);
END;


FUNCTION gesuchte_satznummer (schluessel  : str20;
                              satznummer,
                              kriterium   : INTEGER) : INTEGER;
VAR gefunden   : BOOLEAN;
    datensatz  : adresstyp;
```

```
BEGIN
  gefunden   := FALSE;
  ASSIGN (datei, adressname);
  RESET (datei);
  SEEK (datei, satznummer+1);
  WHILE NOT EOF (datei) AND NOT gefunden DO
    BEGIN
      READ (datei, datensatz);
      CASE kriterium OF
        1 : gefunden := datensatz.name    = schluessel;
        2 : gefunden := datensatz.vorname = schluessel;
        3 : gefunden := datensatz.strasse = schluessel;
        4 : gefunden := datensatz.plz     = schluessel;
        5 : gefunden := datensatz.ort     = schluessel;
        6 : gefunden := datensatz.telnr   = schluessel;
      END;
      satznummer := SUCC (satznummer);
    END;
  CLOSE (datei);
  IF gefunden THEN
    gesuchte_satznummer := satznummer
  ELSE
    gesuchte_satznummer := -1;
END;

PROCEDURE aendern;
VAR suchbegriff : str20;
    datensatz   : adresstyp;
    position    : INTEGER;
BEGIN
  WRITE ('Name der zu aendernden Adresse : '); READLN (suchbegriff);
  position := gesuchte_satznummer (suchbegriff, -1, 1);
  IF position <> -1 THEN
     BEGIN
       ASSIGN (datei, adressname);
       RESET (datei);
       SEEK (datei, position);
       READ (datei, datensatz);
       adresse_ausgeben (datensatz);
       WRITELN ('Veraenderte Adresse : ');
       adresse_einlesen (datensatz);
       SEEK (datei, position);
       WRITE (datei, datensatz);
       CLOSE (datei);
     END
  ELSE
     WRITELN ('Keine Adresse mit diesem Namen gespeichert.');
END;

PROCEDURE sortiere_datei;
CONST maxadressen = 50;
TYPE feld_typ = ARRAY [1..maxadressen] OF adresstyp;
VAR  adress_feld : feld_typ;
     i, anzahl   : INTEGER;

   PROCEDURE bubble_sort (VAR sort_feld : feld_typ; ende : INTEGER);
   VAR austausch : BOOLEAN;
       index     : INTEGER;
       puffer    : adresstyp;
   BEGIN
    REPEAT
       austausch := FALSE;
       FOR index := 1 TO ende - 1 DO
         IF sort_feld[index].name > sort_feld[index+1].name THEN
            BEGIN
              austausch          := TRUE;
              puffer             := sort_feld[index];
              sort_feld[index]   := sort_feld[index+1];
              sort_feld[index+1] := puffer;
            END;
```

```
        ende := ende - 1;
      UNTIL NOT austausch;
    END;

BEGIN
  FOR i := 1 TO maxadressen DO
    adress_feld[i].name := 'ZZZZZZZZZZZZZZZZZZZZ';
  ASSIGN (datei, adressname);
  RESET (datei);
  anzahl := 1;
  WHILE NOT EOF (datei) DO
    BEGIN
      READ (datei, adress_feld[anzahl]);
      anzahl := SUCC(anzahl);
    END;
  anzahl := PRED(anzahl);
  bubble_sort (adress_feld, anzahl);
  SEEK (datei, 0);
  FOR i := 1 TO anzahl DO
    WRITE (datei, adress_feld[i]);
  CLOSE (datei);
END;


(* Hier folgen die neuen Prozeduren *)

PROCEDURE suchen;
VAR datensatz   : adresstyp;
    suchbegriff : str20;
    gefunden    : BOOLEAN;
    eingabe,
    position    : INTEGER;
BEGIN
  REPEAT
    WRITELN;
    WRITELN
('(1) Name (2) Vorname (3) Strasse (4) Plz (5) Ort (6) TelNr. (0) Zurueck');
    REPEAT
      READLN (eingabe);
    UNTIL eingabe IN [1,2,3,4,5,6,0];
    IF eingabe <> 0 THEN
       BEGIN
         position := -1;
         gefunden := FALSE;
         WRITE ('Bitte Suchbegriff eingeben : ');
         READLN (suchbegriff);
         REPEAT
         position := gesuchte_satznummer (suchbegriff, position, eingabe);
         IF position <> -1 THEN
            BEGIN
              gefunden := TRUE;
              ASSIGN (datei, adressname);
              RESET (datei);
              SEEK (datei, position);
              READ (datei, datensatz);
              adresse_ausgeben (datensatz);
              CLOSE (datei);
            END;
         UNTIL position = -1;
         IF NOT gefunden THEN
            WRITELN ('Keine Adresse gefunden.');
       END;
  UNTIL eingabe = 0;
END;

PROCEDURE loeschen;
VAR suchbegriff : str20;
    datensatz   : adresstyp;
    position    : INTEGER;
    pufferdatei : adressdatei;
```

```
  BEGIN
    WRITE ('Name der zu loeschenden Adresse : '); READLN (suchbegriff);
    position := gesuchte_satznummer (suchbegriff, -1, 1);
    IF position <> -1 THEN
       BEGIN
         ASSIGN (datei, adressname);
         RESET (datei);
         ASSIGN (pufferdatei, 'PUFFER.TMP');
         REWRITE (pufferdatei);
         WHILE NOT EOF (datei) DO
           BEGIN
             READ (datei, datensatz);
             IF (FILEPOS (datei) - 1) <> position THEN
                WRITE (pufferdatei, datensatz);
           END;
         CLOSE (datei);
         CLOSE (pufferdatei);
         ERASE (datei);
         RENAME (pufferdatei, adressname);
       END
    ELSE
       WRITELN ('Keine Adresse mit diesem Namen gespeichert.');
  END;

  PROCEDURE drucke_datei;
  VAR datensatz : adresstyp;
  BEGIN
    ASSIGN (datei, adressname);
    RESET (datei);
    WHILE NOT EOF (datei) DO
      BEGIN
        READ (datei, datensatz);
        WITH datensatz DO
          BEGIN
            WRITELN (LST,name);
            WRITELN (LST,vorname);
            WRITELN (LST,strasse);
            WRITE   (LST,plz);
            WRITELN (LST,'  ', ort);
            WRITELN (LST,telnr);
          END;
        WRITELN (LST)
      END;
    CLOSE (datei);
  END;

BEGIN (* Hauptprogramm *)
  CLRSCR;
  REPEAT
    WRITELN;
    WRITELN
         ('(1) Errichten  (2) Schreiben (3) Listen   (4) Anfuegen (5) Suchen');
    WRITE ('(6) Veraendern (7) Sortieren (8) Loeschen (9) Drucken  (0) Ende ');
    REPEAT
      READLN (eingabe);
    UNTIL eingabe IN ['1','2','3','4','5','6','7','8','9','0'];
    CASE eingabe OF
      '1' : errichte_datei;
      '2' : schreibe_datei;
      '3' : liste_datei;
      '4' : anfuegen;
      '5' : suchen;
      '6' : aendern;
      '7' : sortiere_datei;
      '8' : loeschen;
      '9' : drucke_datei;
    ELSE;
    END;
  UNTIL eingabe = '0';
END.
```

Musterlösung zu Aufgabe 10:

```
(*----------------------------------------------------------------------*)
(*   Programm   :  Druckprogramm                                         *)
(*   Lerninhalt :  TEXT-Dateien                                          *)
(*----------------------------------------------------------------------*)

PROGRAM Druck;

USES CRT,
     PRINTER;

CONST leerer_string = '';

TYPE string64 = STRING [64];

VAR datei_name : string64;
    text_datei : TEXT;


  PROCEDURE welche_textdatei (VAR name : string64);
  BEGIN
    WRITE ('Name der zu druckenden Datei: ');
    READLN (name);
  END;


  FUNCTION datei_vorhanden (filename : string64) : BOOLEAN;
  VAR vorhanden  : BOOLEAN;
      hilfsdatei : TEXT;
  BEGIN
    ASSIGN (hilfsdatei, filename);
    {$I-}
    RESET (hilfsdatei);
    vorhanden := ioresult = 0;
    {$I+}
    IF vorhanden THEN
       CLOSE (hilfsdatei);
    datei_vorhanden := vorhanden;
  END;


  PROCEDURE uebertrage (VAR datei : TEXT);
  VAR str: STRING [255];
  BEGIN
    RESET (datei);
    WHILE NOT EOF (datei) DO
      BEGIN
        READLN (datei, str);
        WRITELN (LST, str);
      END;
    WRITE (LST, CHR (12)); (* Seitenvorschub *)
    CLOSE (datei);
  END;


BEGIN (* Hauptprogramm *)
  CLRSCR;
  welche_textdatei (datei_name);
  IF datei_name <> leerer_string THEN
     BEGIN
       ASSIGN (text_datei, datei_name);
       IF datei_vorhanden (datei_name) THEN
          uebertrage (text_datei)
       ELSE
          WRITELN ('Datei nicht gefunden');
     END;
END.
```

Musterlösung zu Aufgabe 11:

```
(*-------------------------------------------------------------------*)
(*   Programm   :  Woerter in Textdateien suchen                    *)
(*   Lerninhalt :  Textdateien                                       *)
(*-------------------------------------------------------------------*)

PROGRAM Woertersuchen;

USES CRT;

TYPE st80 = STRING[80];

VAR textdatei : TEXT;
    dateiname : st80;


  PROCEDURE dateinamen_einlesen (VAR name : st80);
  BEGIN
    CLRSCR;
    WRITE ('In welcher Datei soll gesucht werden : ');
    READLN (name);
  END;


  PROCEDURE suchen;
  VAR zeilenpuffer,
      suchbegriff  : st80;
      wortzaehler  : INTEGER;


      FUNCTION gross_schreibung (strg : st80) : st80;
      VAR i : INTEGER;
      BEGIN
        FOR i := 1 TO LENGTH (strg) DO
          strg [i] := UPCASE (strg[i]);
        gross_schreibung := strg;
      END;

  BEGIN
    WRITE ('Welches Wort soll gesucht werden     : ');
    READLN (suchbegriff);
    suchbegriff := gross_schreibung (suchbegriff);
    wortzaehler := 0;
    WHILE NOT EOF (textdatei) DO
      BEGIN
        READLN (textdatei, zeilenpuffer);
        zeilenpuffer := gross_schreibung (zeilenpuffer);
        WHILE POS (suchbegriff, zeilenpuffer) > 0 DO
          BEGIN
            wortzaehler := SUCC (wortzaehler);
            DELETE (zeilenpuffer, POS (suchbegriff, zeilenpuffer),
                    LENGTH (suchbegriff));
          END;
      END;
    WRITELN ('Der Begriff "', suchbegriff, '" wurde ', wortzaehler,
             '-mal in der Datei "', dateiname, '" gefunden.');
    CLOSE (textdatei);
  END;

BEGIN
  dateinamen_einlesen (dateiname);
  ASSIGN (textdatei, dateiname);
  {$I-} RESET (textdatei); {$I+}
  IF IORESULT = 0 THEN
     suchen
  ELSE
     WRITELN ('Datei nicht gefunden.');
END.
```

Musterlösung zu Aufgabe 12:

```
(*------------------------------------------------------------------*)
(*   Unit        :  Bild                                            *)
(*   Lerninhalt  :  Unit-Konzept                                    *)
(*------------------------------------------------------------------*)

UNIT Bild;

INTERFACE

  USES CRT;

TYPE zeichensatz = SET OF CHAR;

  FUNCTION menue ( ausgabe_str : STRING; zulaessig : zeichensatz ): CHAR;

  PROCEDURE warten_auf_leertaste;

IMPLEMENTATION


  FUNCTION menue ( ausgabe_str: STRING; zulaessig: zeichensatz ): CHAR;
  VAR zeichen : CHAR;

    PROCEDURE bell;
    BEGIN
      SOUND( 1000 );
      DELAY( 100 );
      NOSOUND;
    END;

    PROCEDURE string_ausgeben;
    VAR zaehler : INTEGER;
    BEGIN
      GOTOXY  (1,25);
      TEXTCOLOR (WHITE);
      TEXTBACKGROUND (BLACK);
      FOR zaehler := 1 TO LENGTH (ausgabe_str) DO
        BEGIN
          IF ausgabe_str[zaehler-1] = '<' THEN
             TEXTCOLOR (WHITE+BLINK)
          ELSE
             IF ausgabe_str[zaehler] = '>' THEN
                TEXTCOLOR (WHITE);
          WRITE (ausgabe_str[zaehler]);
        END;
      TEXTCOLOR (WHITE);
      TEXTBACKGROUND (BLACK);
    END;


  BEGIN (* menue *)
    string_ausgeben;
    REPEAT
      zeichen := READKEY;
      IF NOT (zeichen IN zulaessig) THEN
         bell;
    UNTIL zeichen IN zulaessig;
    GOTOXY (1,25);
    WRITE('                                                              ');
    menue := zeichen;
  END; (* menue *)


  PROCEDURE warten_auf_leertaste;
  VAR zeichen : CHAR;
  BEGIN
    zeichen := menue (' Betaetigen Sie die <space>-Taste !', [' ']);
  END;
```

Musterlösung zu Aufgabe 13:

```
(*------------------------------------------------------------------------*)
(*   Unit         :  Eingabe                                               *)
(*   Lerninhalt  :  Unit-Konzept                                          *)
(*------------------------------------------------------------------------*)

UNIT Eingabe;

INTERFACE

  USES CRT;

PROCEDURE zahl_einlesen (eingabe : STRING; VAR zahl : INTEGER);


IMPLEMENTATION

VAR position,
    xpar      :INTEGER;
    nr_str    : STRING;

   PROCEDURE lese_strg (VAR nummer_str:STRING);
   VAR position : INTEGER;
       ch       : CHAR;
   BEGIN
     position := 0;
     REPEAT
       position:=position+1;
       REPEAT
         GOTOXY (xpar-1+position,24);
         WRITE('.');
         GOTOXY (xpar-1+position,24);
         ch := READKEY;
         WRITE(ch);
         GOTOXY (xpar-1+position,24);
       UNTIL (ch IN ['0'..'9']) OR (position > 5) OR (ch = CHR(08))
                                 OR (ch = CHR(13));
       IF ch IN ['0'..'9'] THEN
          nummer_str[position]:=ch
       ELSE
          IF ch = CHR(8) THEN
             BEGIN
               nummer_str[position] := '.';
               position := position-2;
               IF position < 0 THEN
                  position := 0;
             END;
     UNTIL (position > 4) OR (ch = CHR(13));
   END;

   PROCEDURE schreibe_pkte (txt : STRING);
   VAR i : INTEGER;
   BEGIN
     xpar := LENGTH(txt) + 5;
     GOTOXY (xpar,24);
     FOR i := 1 TO 5 DO
       WRITE('.');
   END;

   PROCEDURE schreibe_eingabe (txt : STRING);
   BEGIN
     GOTOXY (1,24);
     WRITE (txt);
   END;

   PROCEDURE wandle (nr_str : STRING; VAR zahl : INTEGER);
   VAR i,
       hlp : INTEGER;
```

```
   BEGIN
     zahl := 0;
     FOR i := 1 TO 5 DO
       IF nr_str[i] <> '.' THEN
          zahl := zahl * 10 + ORD (nr_str[i]) - 48;
   END;

PROCEDURE zahl_einlesen;
BEGIN
  CLRSCR;
  nr_str := '.....';
  schreibe_eingabe (eingabe);
  schreibe_pkte (eingabe);
  lese_strg (nr_str);
  wandle (nr_str, zahl);
END;

END.


(*-----------------------------------------------------------------------*)
(*  Programm   :  Unittest                                                *)
(*  Lerninhalt :  Testrahmen fuer die Units EINGABE und BILD              *)
(*-----------------------------------------------------------------------*)

PROGRAM unittest;
USES CRT,
     EINGABE,
     BILD;

VAR zeichen : CHAR;
    nummer  : INTEGER;
BEGIN
  CLRSCR;
  REPEAT
    zahl_einlesen ('Bitte Zahl eingeben :', nummer);
    WRITELN;
    WRITELN;
    warten_auf_leertaste;
    zeichen := menue('   Weiter mit <W>, Beenden mit <E>',['W','w','E','e'] );
  UNTIL zeichen IN ['E','e'];
END.
```

Musterlösung zu Aufgabe 14:

```
(*-----------------------------------------------------------------------*)
(*  Programm   :  Fakultaet / Fibonacci-Zahlen                            *)
(*  Lerninhalt :  Rekursion                                               *)
(*-----------------------------------------------------------------------*)

PROGRAM fakultaet_und_fibonacci;

USES CRT;

VAR zahl : INTEGER;

  FUNCTION fak_rekursiv ( x : LONGINT ) : LONGINT;
  BEGIN
    IF x > 0 THEN
       fak_rekursiv := fak_rekursiv (x-1) * x `
    ELSE
       fak_rekursiv := 1;
  END;

  FUNCTION fak_iterativ ( x : LONGINT ) : LONGINT;
  VAR count,
      ergebnis : LONGINT;
```

```
BEGIN
  count      := 0;
  ergebnis   := 1;
  WHILE (count < x) DO
    BEGIN
      count    := SUCC (count);
      ergebnis := ergebnis * count;
    END;
  fak_iterativ := ergebnis;
END;


FUNCTION fib_rekursiv ( x : LONGINT ) : LONGINT;
BEGIN
  IF x < 2 THEN
     fib_rekursiv := x
  ELSE
     fib_rekursiv := fib_rekursiv (x - 1) +fib_rekursiv (x - 2);
END;


FUNCTION fib_iterativ ( x : LONGINT ) : LONGINT;
VAR i           : INTEGER;
    ergebnis,
    letzter,
    vorletzter : LONGINT;
BEGIN
  letzter    := 1;
  vorletzter := 0;
  IF x < 2 THEN
     ergebnis := x
  ELSE
     FOR i := 2 TO x DO
       BEGIN
         ergebnis   := letzter + vorletzter;
         vorletzter := letzter;
         letzter    := ergebnis;
       END;
  fib_iterativ := ergebnis;
END;


BEGIN

  CLRSCR;
  WRITELN;
  WRITELN ('F A K U L T A E T S B E R E C H N U N G');
  WRITELN;
  WRITE ('Bitte geben Sie eine Zahl ein :    ');
  READLN (zahl);
  WRITELN ('Rekursive Berechnung : ');
  WRITELN ('Ergebnis : ',fak_rekursiv (zahl) :8);
  WRITELN ('Iterative Berechnung : ');
  WRITELN ('Ergebnis : ',fak_iterativ (zahl) :8);
  WRITELN;
  WRITELN;
  WRITELN;
  WRITELN ('F I B O N A C C I   -   Z A H L E N ');
  WRITELN;
  WRITE ('Bitte geben Sie eine Zahl (nicht größer als 16!) /ein :    ');
  READLN (zahl);
  WRITELN ('Rekursive Berechnung : ');
  WRITELN ('Ergebnis : ',fib_rekursiv (zahl) :8);
  WRITELN ('Iterative Berechnung : ');
  WRITELN ('Ergebnis : ',fib_iterativ (zahl) :8);
  READLN;

END.
```

Musterlösung zu Aufgabe 15:

```
(*---------------------------------------------------------------------------*)
(*   Programm   :  Berechnung arithmetischer Ausdruecke                      *)
(*   Lerninhalt :  Rekursion                                                 *)
(*---------------------------------------------------------------------------*)

PROGRAM Arithmetik;
USES CRT, bild;
VAR ausdruck : STRING;

  FUNCTION berechne (VAR zeile : STRING) : INTEGER;
  VAR rek_ende             : BOOLEAN;
      ergebnis, fehlercode : INTEGER;

      FUNCTION ermittle_zahl (VAR zeile: STRING) : INTEGER;
      VAR nummer, merk, fehlercode : INTEGER;
      BEGIN
        nummer := 0;
        WHILE (zeile[1] IN ['0'..'9']) AND (LENGTH (zeile) > 0) DO
          BEGIN
            VAL (zeile[1], merk, fehlercode);
            nummer := 10 * nummer + merk;
            DELETE (zeile, 1, 1);
          END;
        ermittle_zahl := nummer;
      END;

   BEGIN
     rek_ende := FALSE;
     WHILE NOT rek_ende AND (LENGTH (zeile) > 0) DO
       CASE zeile[1] OF
         '('  : BEGIN
                  DELETE (zeile, 1, 1);
                  ergebnis := berechne (zeile);
                END;
         '-'  : BEGIN
                  DELETE (zeile, 1, 1);
                  ergebnis := ergebnis - berechne (zeile);
                END;
         '+'  : BEGIN
                  DELETE (zeile, 1, 1);
                  ergebnis := ergebnis + berechne (zeile);
                END;
     '0'..'9' : BEGIN
                  ergebnis := ermittle_zahl (zeile);
                  rek_ende := TRUE;
                END;
         ')'  : BEGIN
                  DELETE (zeile, 1, 1);
                  rek_ende := TRUE;
                END;
         ELSE DELETE (zeile, 1, 1);
       END;
     berechne := ergebnis;
   END;

 BEGIN
   REPEAT
     CLRSCR;
     WRITELN ('Bitte geben Sie einen beliebig geklammerten ');
     WRITELN ('arithmetischen Ausdruck ein ');
     WRITELN ('( Benutzen Sie nur die Operatoren + und - ');
     WRITELN ('  und positive ganze Zahlen als Operanden )   : '); READLN (ausdruck);
     WRITELN;
     WRITE   ('Arithmetischer Ausdruck : ');
     WRITELN (ausdruck);
     WRITELN ('Ergebnis                : ', berechne (ausdruck));
   UNTIL menue ('Wollen Sie weitermachen ? <j/n> ',['j','n']) = 'n';
 END.
```

Musterlösung zu Aufgabe 16:

```
(*-------------------------------------------------------------------*)
(*   Programm   :  Lineare Liste (einfach verkettet), 1.Teil         *)
(*   Lerninhalt :  Listen / Pointer                                  *)
((*-------------------------------------------------------------------*)

PROGRAM LineareListe1;
USES CRT;
TYPE st80          = STRING[80];
     zeiger        = ^zeilen_typ;
     zeilen_typ    = RECORD
                       name      : st80;
                       naechster : zeiger;
                     END;

VAR anfangs_zeiger       : zeiger;
    zeichen              : CHAR;
    zeichenkette         : st80;
    alter_speicherplatz  : LONGINT;

  PROCEDURE anfuegen (VAR anfang : zeiger; inhalt : st80);
  VAR hilfs_zeiger : zeiger;
  BEGIN
    GETMEM (hilfs_zeiger, SIZEOF(zeilen_typ));
    hilfs_zeiger^.naechster := anfang;
    anfang := hilfs_zeiger;
    anfang^.name := inhalt;
  END;

  PROCEDURE suchen (anfang: zeiger; zu_suchen: st80);
  VAR i         : WORD;
      gefunden  : BOOLEAN;
  BEGIN
    i         := 0;
    gefunden := FALSE;
    WHILE anfang <> NIL DO
      BEGIN
        i := SUCC (i);
        IF anfang^.name = zu_suchen THEN
          BEGIN
            gefunden := TRUE;
            WRITELN ('gefunden im ', i, 'ten Element');
          END;
        anfang := anfang^.naechster;
      END;
    IF NOT gefunden THEN
       WRITELN( 'Nicht gefunden !' );
  END;

  PROCEDURE liste_ausgeben ( anfang: zeiger );
  BEGIN
    GOTOXY (1,3);
    WHILE anfang <> NIL DO
      BEGIN
        WRITELN (anfang^.name);
        anfang := anfang^.naechster;
      END;
  END;

  PROCEDURE loeschen (anfang : zeiger);
  VAR hilfs_zeiger : zeiger;
  BEGIN
    WHILE anfang <> NIL DO
      BEGIN
        hilfs_zeiger := anfang^.naechster;
        FREEMEM(anfang, SIZEOF(zeilen_typ));
        anfang := hilfs_zeiger;
      END;
  END;
```

```
  PROCEDURE Speicher;
  BEGIN
    GOTOXY (55,1);
    WRITE ('belegter Speicher: ');
    WRITE (alter_speicherplatz-MEMAVAIL);
  END;


BEGIN  (* Hauptprogramm *)
  CLRSCR;
  anfangs_zeiger      := NIL;
  alter_speicherplatz := MEMAVAIL;
  REPEAT
    GOTOXY (1,24);
    WRITE (' <E>ingabe, <S>uchen, <A>usgeben, <B>eenden ');
    REPEAT
      zeichen := READKEY;
      zeichen := UPCASE (zeichen);
    UNTIL zeichen IN ['E','S','A','B'];
    CLRSCR;
    CASE zeichen OF
      'E'    : BEGIN
                 GOTOXY (1,10);
                 WRITE ('Zeichenkette eingeben --> ');
                 READLN (zeichenkette);
                 anfuegen (anfangs_zeiger, zeichenkette);
               END;
      'S'    : BEGIN
                 GOTOXY (1,10);
                 WRITE ('Suchstring eingeben --> ');
                 READLN (zeichenkette);
                 suchen (anfangs_zeiger, zeichenkette);
               END;
      'A'    : liste_ausgeben (anfangs_zeiger);
      'B'    : ;
      ELSE;
    END;
    Speicher;
  UNTIL zeichen = 'B';
  loeschen (anfangs_zeiger);
END.
```

Musterlösung zu Aufgabe 17:

```
(*-----------------------------------------------------------------------*)
(*   Programm   :  Lineare Liste (einfach verkettet), 2.Teil             *)
(*   Lerninhalt :  Listen / Pointer                                      *)
(*-----------------------------------------------------------------------*)

PROGRAM LineareListe2;
USES CRT;
TYPE st80          = STRING[80];
     zeiger        = ^zeilen_typ;
     zeilen_typ    = RECORD
                       name      : st80;
                       naechster : zeiger;
                     END;
VAR anfangs_zeiger      : zeiger;
    zeichen             : CHAR;
    zeichenkette        : st80;
    alter_speicherplatz : LONGINT;

  PROCEDURE anfuegen ( VAR anfang : zeiger; inhalt : st80 );
  VAR hilfs_zeiger : zeiger;
  BEGIN
    GETMEM (hilfs_zeiger, SIZEOF(zeilen_typ));
    hilfs_zeiger^.naechster := anfang;
    anfang := hilfs_zeiger;
    anfang^.name := inhalt;
  END;
```

```
PROCEDURE suchen ( anfang: zeiger; zu_suchen : st80 );
VAR i         : WORD;
    gefunden  : BOOLEAN;
BEGIN
  i        := 0;
  gefunden := FALSE;
  WHILE anfang <> NIL DO
    BEGIN
      i := SUCC( i );
      IF anfang^.name = zu_suchen THEN
         BEGIN
           gefunden := TRUE;
           WRITELN ( 'gefunden im ', i, 'ten Element');
         END;
      anfang := anfang^.naechster;
    END;
  IF NOT gefunden THEN
     WRITELN( 'Nicht gefunden !' );
END;

PROCEDURE liste_ausgeben ( anfang : zeiger );
BEGIN
  GOTOXY (1,3);
  WHILE anfang <> NIL DO
    BEGIN
      WRITELN (anfang^.name);
      anfang := anfang^.naechster;
    END;
END;

FUNCTION vorgaenger (ptr: zeiger) : zeiger;
VAR hilfs_zeiger : zeiger;
BEGIN
  hilfs_zeiger := anfangs_zeiger;
  WHILE (hilfs_zeiger <> NIL) AND (hilfs_zeiger^.naechster <> ptr) DO
    hilfs_zeiger := hilfs_zeiger^.naechster;
  vorgaenger := hilfs_zeiger;
END;

PROCEDURE umgekehrt_ausgeben (anfang : zeiger);
VAR hilfs_zeiger : zeiger;
BEGIN
  GOTOXY (1,3);
  hilfs_zeiger := anfang;
  WHILE hilfs_zeiger^.naechster <> NIL DO
    hilfs_zeiger := hilfs_zeiger^.naechster;  (* Ende der Liste finden *)
  WHILE hilfs_zeiger <> NIL DO
    BEGIN
      WRITELN (hilfs_zeiger^.name);
      hilfs_zeiger := vorgaenger (hilfs_zeiger);
    END;
END;

PROCEDURE loeschen (anfang : zeiger);
VAR hilfs_zeiger : zeiger;
BEGIN
  WHILE anfang <> NIL DO
    BEGIN
      hilfs_zeiger := anfang^.naechster;
      FREEMEM (anfang, SIZEOF(zeilen_typ));
      anfang := hilfs_zeiger;
    END;
END;

PROCEDURE Speicher;
BEGIN
  GOTOXY (55,1);
  WRITE ('belegter Speicher: ');
  WRITE (alter_speicherplatz-MEMAVAIL);
END;
```

```
BEGIN  (* Hauptprogramm *)
  CLRSCR;
  anfangs_zeiger      := NIL;
  alter_speicherplatz := MEMAVAIL;
  REPEAT
    GOTOXY (1,24);
    WRITE (' <E>ingabe  <S>uchen  <A>usgeben  <U>mgekehrt  <B>eenden ');
    REPEAT
      zeichen := READKEY;
      zeichen := UPCASE (zeichen);
    UNTIL zeichen IN ['E','S','A','U','B'];
    CLRSCR;
    CASE zeichen OF
      'E'    : BEGIN
                 GOTOXY (1,10);
                 WRITE ('Zeichenkette eingeben --> ');
                 READLN (zeichenkette);
                 anfuegen (anfangs_zeiger, zeichenkette);
               END;
      'S'    : BEGIN
                 GOTOXY (1,10);
                 WRITE ('Suchstring eingeben --> ');
                 READLN (zeichenkette);
                 suchen (anfangs_zeiger, zeichenkette);
               END;
      'A'    : liste_ausgeben (anfangs_zeiger);
      'U'    : umgekehrt_ausgeben (anfangs_zeiger);
      'B'    : ;
      ELSE;
    END;
    Speicher;
  UNTIL zeichen = 'B';
  loeschen (anfangs_zeiger);
END.
```

Musterlösung zu Aufgabe 18:

```
(*-------------------------------------------------------------------*)
(*  Programm   :  Aufgabe_18a                                        *)
(*  Lerninhalt :  Prozedurale Parameter                              *)
(*-------------------------------------------------------------------*)

{$F+}

PROGRAM Aufgabe_18a;
USES
    Crt;
TYPE
    Proc_Type = PROCEDURE (x,y: INTEGER; VAR e : REAL);
VAR
    ausfuehren : ARRAY [1..4] OF Proc_Type;
    (* Es handelt sich um eine spezielle ARRAY - Variable, deren Felder
       PROCEDURE - Definitionen vom TYPE Proc_Type sind *)


  PROCEDURE Addiere (Summand1,Summand2 : INTEGER; VAR Ergebnis : REAL);
  BEGIN
    Ergebnis := Summand1 + Summand2;
  END;

  PROCEDURE Subtrahiere (Minuend, Subtrahend : INTEGER; VAR Ergebnis : REAL);
  BEGIN
    Ergebnis := Minuend - Subtrahend;
  END;

  PROCEDURE Multipliziere (Faktor1, Faktor2 : INTEGER; VAR Ergebnis : REAL);
  BEGIN
    Ergebnis := Faktor1 * Faktor2;
  END;
```

```
PROCEDURE Dividiere (Dividend, Divisor : INTEGER; VAR Ergebnis : REAL);
BEGIN
  IF Divisor <> 0 THEN
     Ergebnis := Dividend / Divisor
  ELSE
     BEGIN
       Ergebnis := 0;
       WRITELN (CHR(7)); (* Bell *)
     END;
END;

VAR
   antwort : INTEGER;
   op1,
   op2     : INTEGER;
   erg     : REAL;

BEGIN
  ausfuehren[1] := addiere;
  ausfuehren[2] := subtrahiere;
  ausfuehren[3] := multipliziere;
  ausfuehren[4] := dividiere;

  REPEAT
    ClrScr;
    WRITELN;
    WRITELN;
    WRITELN('     M E N Ü');
    WRITELN;
    WRITELN('     1 - Addieren');
    WRITELN('     2 - Subtrahieren');
    WRITELN('     3 - Multiplizieren');
    WRITELN('     4 - Dividieren');
    WRITELN;
    WRITELN('     5 - ENDE');
    WRITELN;
    WRITE('  Bitte wählen Sie : '); READLN(antwort);
    IF antwort <> 5 THEN
       BEGIN
         WRITELN;
         WRITELN;
         WRITE('  Erster  Operand : '); READLN(op1);
         WRITE('  Zweiter Operand : '); READLN(op2);
         WRITELN;
         ausfuehren[antwort](op1,op2,erg);
         WRITELN('Das Ergebnis lautet : ',erg:7:2);
         WRITELN;
         WRITELN('Weiter mit <RETURN>');
         READLN;
       END;
  UNTIL antwort >= 5;
END.


(*-----------------------------------------------------------------*)
(*   Programm    :  Aufgabe_18b                                     *)
(*   Lerninhalt  :  Prozedurale Parameter                           *)
(*-----------------------------------------------------------------*)

{$F+}

PROGRAM Aufgabe_18b;
USES
    Crt;
TYPE
    Func_Type = FUNCTION (x,y: INTEGER): REAL;
VAR
    ausfuehren : ARRAY [1..4] OF Func_Type;
    (* Es handelt sich um eine spezielle ARRAY - Variable, deren Felder
       PROCEDURE - Definitionen vom TYPE Proc_Type sind *)
```

```
FUNCTION Addiere (Summand1,Summand2 : INTEGER): REAL;
BEGIN
  Addiere := Summand1 + Summand2;
END;


FUNCTION Subtrahiere (Minuend, Subtrahend : INTEGER): REAL;
BEGIN
  Subtrahiere := Minuend - Subtrahend;
END;


FUNCTION Multipliziere (Faktor1, Faktor2 : INTEGER): REAL;
BEGIN
  Multipliziere := Faktor1 * Faktor2;
END;


FUNCTION Dividiere (Dividend, Divisor : INTEGER): REAL;
BEGIN
  IF Divisor <> 0 THEN
     Dividiere := Dividend / Divisor
  ELSE
     BEGIN
       Dividiere := 0;
       WRITELN (CHR(7)); (* Bell *)
     END;
END;


VAR
   antwort : INTEGER;
   op1,
   op2     : INTEGER;

BEGIN
  ausfuehren[1] := addiere;
  ausfuehren[2] := subtrahiere;
  ausfuehren[3] := multipliziere;
  ausfuehren[4] := dividiere;

  REPEAT
    ClrScr;
    WRITELN;
    WRITELN;
    WRITELN('     M E N Ü');
    WRITELN;
    WRITELN('     1 - Addieren');
    WRITELN('     2 - Subtrahieren');
    WRITELN('     3 - Multiplizieren');
    WRITELN('     4 - Dividieren');
    WRITELN;
    WRITELN('     5 - ENDE');
    WRITELN;
    WRITE('  Bitte wählen Sie : '); READLN(antwort);
    IF antwort <> 5 THEN
       BEGIN
         WRITELN;
         WRITELN;
         WRITE('  Erster  Operand : '); READLN(op1);
         WRITE('  Zweiter Operand : '); READLN(op2);
         WRITELN;
         WRITELN('Das Ergebnis lautet : ',ausfuehren[antwort](op1,op2):7:2);
         WRITELN;
         WRITELN('Weiter mit <RETURN>');
         READLN;
       END;
   UNTIL antwort >= 5;

 END.
```

```
(*-----------------------------------------------------------------------*)
(*   Programm    :  Aufgabe_18c                                          *)
(*   Lerninhalt  :  Prozedurale Parameter                                *)
(*-----------------------------------------------------------------------*)

{$F+}

PROGRAM Aufgabe_18c;

USES
    Crt;

TYPE
    Proc_Type = PROCEDURE (x,y: INTEGER; VAR e : REAL);

VAR
    ausfuehren : ARRAY [1..4] OF Proc_Type;
    (* Es handelt sich um eine spezielle ARRAY - Variable, deren Felder
       PROCEDURE - Definitionen vom TYPE Proc_Type sind *)


  PROCEDURE Addiere (Summand1,Summand2 : INTEGER; VAR Ergebnis : REAL);
  BEGIN
    Ergebnis := Summand1 + Summand2;
  END;


  PROCEDURE Subtrahiere (Minuend, Subtrahend : INTEGER; VAR Ergebnis : REAL);
  BEGIN
    Ergebnis := Minuend - Subtrahend;
  END;


  PROCEDURE Multipliziere (Faktor1, Faktor2 : INTEGER; VAR Ergebnis : REAL);
  BEGIN
    Ergebnis := Faktor1 * Faktor2;
  END;


  PROCEDURE Dividiere (Dividend, Divisor : INTEGER; VAR Ergebnis : REAL);
  BEGIN
    IF Divisor <> 0 THEN
       Ergebnis := Dividend / Divisor
    ELSE
       BEGIN
         Ergebnis := 0;
         WRITELN (CHR(7)); (* Bell *)
       END;
  END;


  PROCEDURE prozedur (proc : Proc_Type; op1, op2 ,dv ,dn : INTEGER);
  VAR erg : REAL;

  BEGIN
    proc (op1,op2,erg);
    WRITELN('Das Ergebnis lautet : ',erg:dv:dn);
    WRITELN;
  END;

VAR
   antwort : INTEGER;
   op1,
   op2     : INTEGER;

BEGIN
  ausfuehren[1] := addiere;
  ausfuehren[2] := subtrahiere;
  ausfuehren[3] := multipliziere;
  ausfuehren[4] := dividiere;
```

```
  REPEAT
    ClrScr;
    WRITELN;
    WRITELN;
    WRITELN('      M E N Ü');
    WRITELN;
    WRITELN('      1 - Addieren');
    WRITELN('      2 - Subtrahieren');
    WRITELN('      3 - Multiplizieren');
    WRITELN('      4 - Dividieren');
    WRITELN;
    WRITELN('      5 - ENDE');
    WRITELN;
    WRITE('  Bitte wählen Sie : '); READLN(antwort);
    IF antwort <> 5 THEN
       BEGIN
         WRITELN;
         WRITELN;
         WRITE('  Erster  Operand : '); READLN(op1);
         WRITE('  Zweiter Operand : '); READLN(op2);
         WRITELN;
         prozedur(ausfuehren[antwort],op1,op2,7,3);
         WRITELN('Weiter mit <RETURN>');
         READLN;
       END;
  UNTIL antwort >= 5;
END.
```

Anhang H : My first program

Das erste Programm

In diesem Anhang werden alle nötigen Handgriffe gezeigt, die bis zum lauffähigen ersten Programm auszuführen sind. Das Beispiel-Programm realisiert eine einfache Bildschirmausgabe und ist bewußt so klein gehalten, damit sich der Anfänger ganz auf die Bedienung des TURBO-PASCAL-Systems konzentrieren kann.

Nach Eingabe von <turbo> erscheint folgendes Bild:

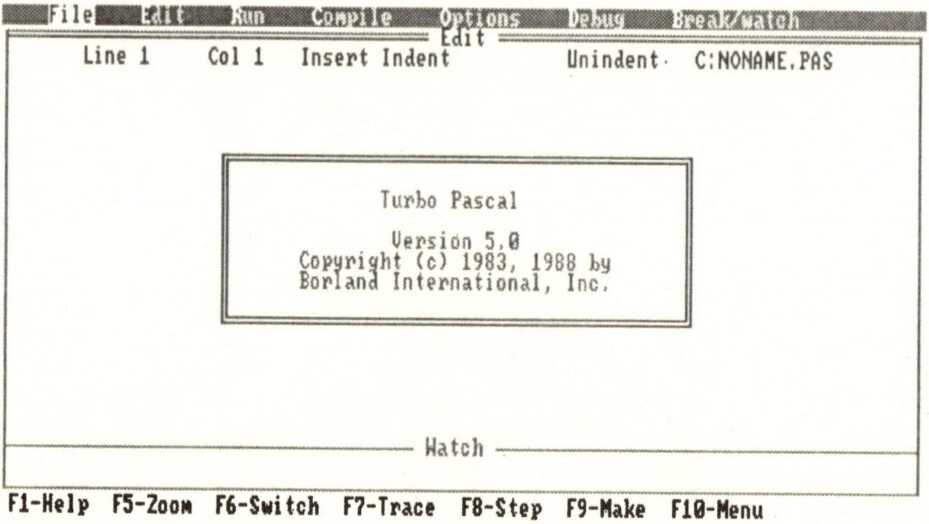

Abb. H.1

Drücken Sie auf eine beliebige Taste und anschließend auf <ESC>.

Anmerkung: Eingaben werden in spitzen Klammern geschrieben. Diese sind nicht mit einzugeben. Alle Eingaben auf DOS-Ebene werden mit der Taste <RETURN> abgeschlossen. Großbuchstaben in spitzen Klammern sind entsprechende Tasten; es genügt ein Druck auf diese. Klein geschriebene Zeichenketten sind Namen oder Kommandos, die in der angegebenen Form einzugeben sind.

Der Bildschirm sieht jetzt so aus:

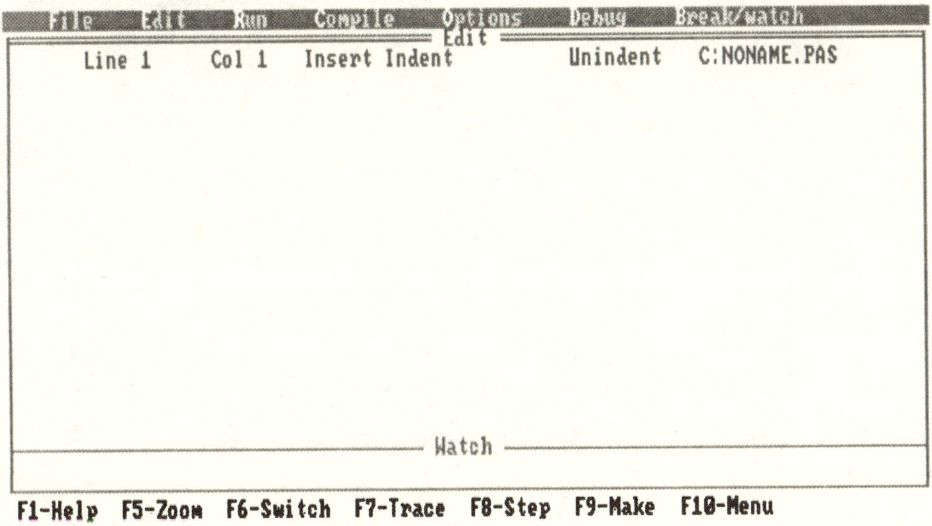

Abb. H.2

und der Cursor blinkt in der linken oberen Ecke des "Editorfensters". Manchmal kann auch dies der erste Bildschirm nach dem Einschalten sein.

Geben Sie nun folgenden Text ein :

```
PROGRAM eins;
BEGIN
  WRITELN ('Hallo, Welt');
END.
```

Die einzelnen Zeilen werden durch <RETURN> getrennt. Zur Korrektur von Tippfehlern positionieren Sie den Cursor mit Hilfe der Cursor-Tasten; die <BKSP>-Taste löscht das Zeichen direkt links neben dem Cursor und die <DEL>-Taste das Zeichen unter dem Cursor. Korrigiert wird durch Überschreiben oder Einfügen je nach dem, welcher Modus mit der <INS>-Taste eingestellt ist.

Der Bildschirm sieht nun folgendermaßen aus:

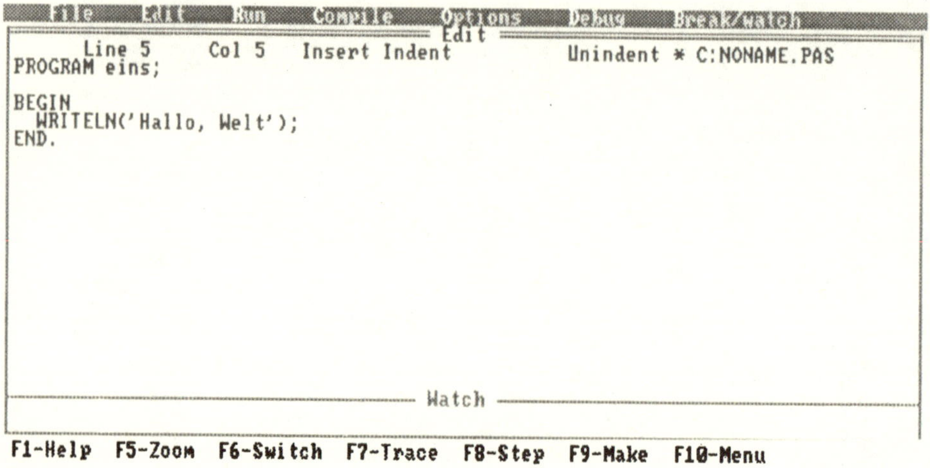

Abb. H.3

Speichern Sie dieses Programm zunächst einmal ab. Drücken Sie dazu <F10>, dann <F> und schließlich <W>. Auf dem Bildschirm erscheint ein Fenster mit der Überschrift "New Name", in dem der Cursor blinkt. An dieser Stelle geben Sie bitte <eins> (den Namen des Programms) ein. Der Bildschirm sieht aus wie in Abb. H.4

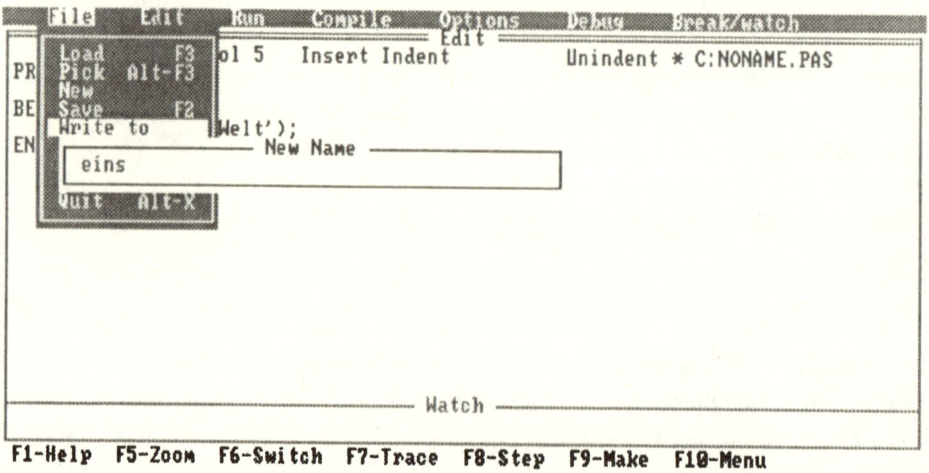

Abb. H.4

Bestätigen Sie jetzt mit <RETURN>.

Als nächstes sollten Sie das Programm übersetzen und laufen lassen. Drücken Sie dazu <F10> und danach <R>. Es erscheint ein Menü:

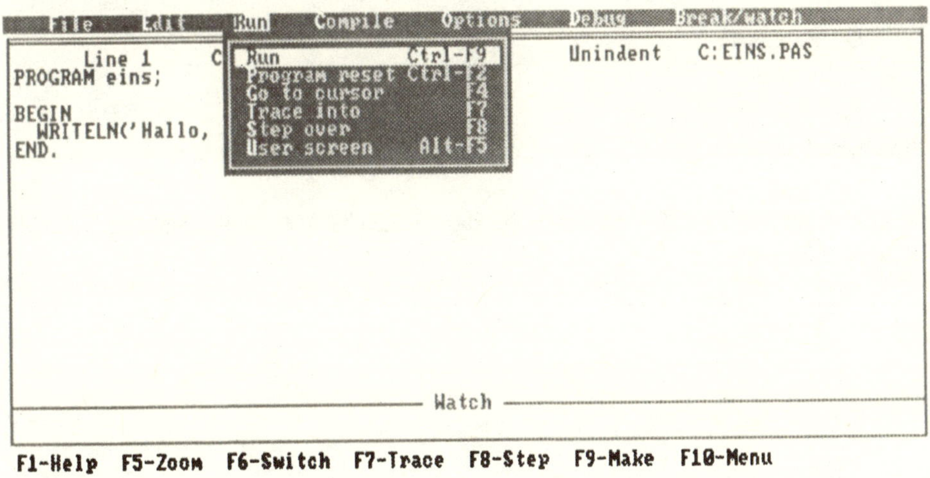

Abb. H.5

Drücken Sie bitte nochmals auf <R>.

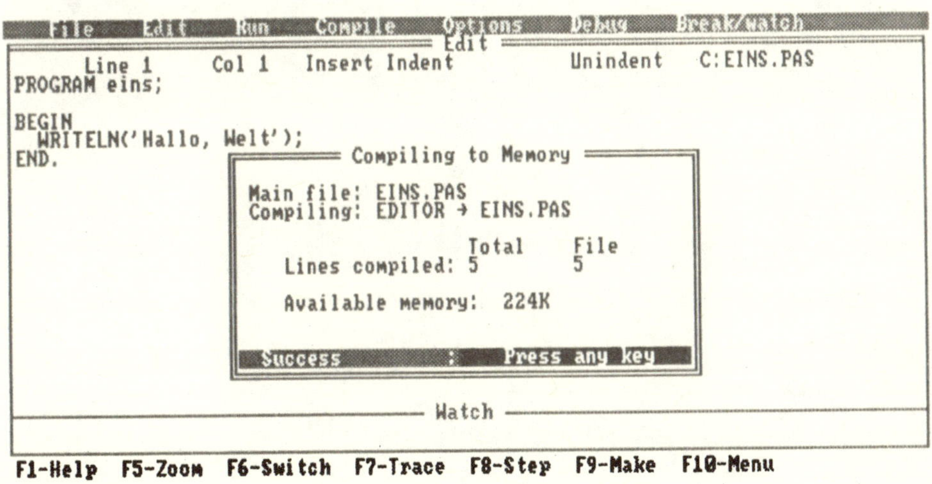

Abb. H.6

Nach einer kurzen Meldung steht der Cursor wieder im Editor. In dieser kurzen Zeitspanne wurde das Programm übersetzt, gebunden und laufen gelassen. Das Ergebnis sieht man durch Druck auf <ALT><F5>. (Diese Notation bedeutet: gleichzeitiger Druck auf <ALT> und <F5>).

```
D:\TP>turbo
Hallo, Welt
```

Durch Druck auf eine beliebige Taste gelangen Sie wieder in den Editor.

Mit Druck auf <Alt><X> verlassen Sie das TURBO-PASCAL-System und befinden sich wieder im DOS.

Literatur

[1] Borland: Turbo Pascal Handbücher, Bd.1-3, München, 1988.

[2] Bowles, K.L.: Problem Solving Using PASCAL, Berlin-Heidelberg-NewYork, 1977.

[3] Braun, K.U.: Das Arbeitsbuch zu Turbo Pascal 5.0, Sybex Verlag, 1.Auflage, 1989.

[4] Cooper, D./ Clancy, M.: Pascal-Lehrbuch für strukturiertes Programmieren, Vieweg-Verlag, 2.Auflage, 1989.

[5] Dahl, O.-J./ Dijkstra, E.W./ Hoare, C.A.R.: Structured Programming, London-New York 1972, S.1-82.

[6] Ferstl, O.: Flowcharting by Stepwise Refinement, SIGPLAN Notices, 1978.

[7] Georgiadis, K.: Turbo Pascal Programming 5.5, IWT-Verlag, 1. Auflage, 1990.

[8] Jensen, K./ Wirth, N.: PASCAL User Manual and Report, Berlin-Heidelberg-New York, 1978.

[9] Rollke, K.H.: Das Turbo Pascal 5.0 Buch, Sybex-Verlag, Düsseldorf,1.Auflage,1988.

[10] Schäpers, A.: Turbo Pascal 5.0, Bd.1-2, Addison-Wesley-Verlag, 1.Auflage, 1988.

[11] Thies, K.D.: Objektorientierte und modulare Softwareentwicklung mit Turbo-Pascal 5.5, TEWI-Verlag, München, 1990.

[12] Tischer, M.: Turbo Pascal Intern, Data-Becker-Verlag, Düsseldorf, 1.Auflage, 1989.

Sachregister

Sachregister zu Turbo-Pascal

www.ingramcontent.com/pod-product-compliance
Lightning Source LLC
LaVergne TN
LVHW042235300926
849161LV00003B/364